普通高等教育汽车类专业系列教材

二手车鉴定与评估实用教程

（第2版）

杜秀菊　纪世才　主　编

机械工业出版社

本书系统介绍了二手车交易与评估的知识，客观地反映了目前国内二手车市场运作的实际状况和具体方法，内容全面，实用性强。全书共分为八章，内容主要包括与评估相关的汽车基本知识以及二手车鉴定与评估的基本方法、车辆损耗指标及其计算方法、二手车技术状况鉴定、事故车损失评估、二手车交易实务等。本书所涵盖内容既有一定的理论深度，又有很强的实践性，是从事二手车交易的工作人员及鉴定评估人员学习和参考的实用教程和资料。

本书既可作为汽车服务工程专业的教材，也可以供有关管理人员和技术人员参考。

图书在版编目（CIP）数据

二手车鉴定与评估实用教程 / 杜秀菊，纪世才主编. —2 版. —北京：机械工业出版社，2018.2（2024.7 重印）
普通高等教育汽车类专业系列教材
ISBN 978-7-111-58812-2

Ⅰ.①二… Ⅱ.①杜… ②纪… Ⅲ.①汽车–鉴定–高等学校–教材 ②汽车–价格评估–高等学校–教材 Ⅳ.①U472.9 ②F766

中国版本图书馆 CIP 数据核字（2017）第 325398 号

机械工业出版社（北京市百万庄大街22号　邮政编码100037）
策划编辑：何士娟　李　军　责任编辑：何士娟　丁　锋
责任校对：潘　蕊　　　　　封面设计：张　静
责任印制：刘　媛
涿州市般润文化传播有限公司印刷
2024 年 7 月第 2 版第 10 次印刷
184mm×260mm・13.25 印张・306 千字
标准书号：ISBN 978-7-111-58812-2
定价：45.00 元

电话服务　　　　　　　　　网络服务
客服电话：010-88361066　　机　工　官　网：www.cmpbook.com
　　　　　010-88379833　　机　工　官　博：weibo.com/cmp1952
　　　　　010-68326294　　金　书　网：www.golden-book.com
封底无防伪标均为盗版　　　机械教育服务网：www.cmpedu.com

前　言

近十年来，我国的汽车保有量以年均24.5%的速度快速增长。2016年，我国汽车市场呈现平稳增长态势，产销量已连续八年居世界第一，平均每月产销突破230万辆，全年汽车销售超过2800万辆，再次刷新全球历史纪录。尽管如此，我国千人汽车保有量仍仅为140辆，还不及世界平均水平的三分之二，"十三五"期间我国汽车产业仍将保持快速发展势头。近几年如此大的年销量，使市场上二手车的存量也大幅增加，对于二手车经销商来说，二手车不仅占用资金和场地，还会因车辆的贬值而增加风险。二手车市场成熟的关键是让车辆在市场中快速地流通起来，这样可以大大增加成交量，减少车辆在停滞过程中的价值损耗，更有力地促进二手车全国大流通，减少流通成本和流通环节，同时又使新车销售量大大增加，使二手车市场进入良性循环过程。

二手车鉴定与评估正是在这样的市场经济条件下应运而生的。所谓二手车鉴定与评估，就是由二手车鉴定与评估机构的专业评估人员，根据特定的目的，遵循客观经济规律和公正的原则，按照法定的标准和程序，运用科学的方法，对汽车的现时价格进行评定和估算。它是汽车服务产业的重要组成部分之一。

本书是机械工业出版社汽车分社规划的"普通高等教育汽车类专业系列教材"之一，其内容覆盖了当前我国二手车鉴定与评估工作中所需的基本理论、基本方法和基本技能。在编写本书中，我们力求体现以下特色：

1. 瞄准二手车市场对高素质二手车鉴定与评估人才岗位知识和技能的要求，以二手车鉴定与评估师国家职业标准为依据，以职业能力培养为核心进行课程内容的科学整合，科学地确定教材的知识目标和能力目标，合理安排教材的知识结构和能力结构。

2. 注重知识的针对性、新颖性与系统性。注重理论分析方法的实用性和可操作性，强调理论教学与技能训练的密切结合，强调学生创造性思维与实践动手能力的培养。

3. 注重现代轿车的新结构、新技术、新方法和新标准的介绍，题材与案例新颖丰富、图文并茂、实用性强。

本书第2版由河北师范大学汽车系杜秀菊和山东交通职业学院纪世才任主编，参编人员有胡仁喜、刘昌丽、康士廷、闫聪聪、孟培、卢园、解江坤、杨雪静、王敏。

本书在编写过程中，参考了有关文献资料，谨向这些作者表示诚挚的谢意。

由于水平所限，书中不当之处在所难免，恳请读者批评指正。

编　者

本书配备教学课件，选用本书作为教材的教师可在机械工业出版社教育服务网（www.cmpedu.com）注册后免费下载。

客服人员微信：13683016884。

目 录

前 言

第1章 汽车基本知识 ·· 001

1.1 汽车基本组成 ·· 001
    1.1.1 发动机 ·· 001
    1.1.2 发动机常用术语 ··· 006
    1.1.3 发动机性能指标 ··· 010
    1.1.4 发动机型号编制规则 ··· 012

1.2 汽车底盘构造与性能参数 ·· 013
    1.2.1 底盘组成 ·· 013
    1.2.2 底盘系统参数 ··· 019
    1.2.3 底盘电控系统 ··· 019

1.3 车身 ··· 021
    1.3.1 车身基本组成部件 ··· 022
    1.3.2 车身安全防护装置 ··· 024
    1.3.3 指示仪表和报警装置 ··· 026
    1.3.4 照明及信号装置 ··· 027
    1.3.5 车身防盗装置 ··· 028

1.4 电气设备 ·· 029

1.5 汽车类型 ·· 029
    1.5.1 汽车分类 ·· 029
    1.5.2 汽车型号编制规则 ··· 034

1.6 汽车使用寿命及报废标准 ·· 035
    1.6.1 汽车使用寿命分类 ··· 036
    1.6.2 汽车报废标准 ··· 037

第2章 二手车概述 ··· 039

2.1 二手车市场 ··· 039
2.2 国外成熟二手车市场 ·· 040
    2.2.1 日本二手车交易市场 ··· 040
    2.2.2 美国二手车交易市场 ··· 044
2.3 中国二手车市场 ··· 049

2.3.1 中国二手车市场特征 ·· 049
2.3.2 中国二手车流通行业存在的问题 ·· 051
2.3.3 中国二手车市场发展方向、措施和建议 ·· 054

第3章 二手车鉴定评估概述 ·· 058

3.1 二手车鉴定评估的八大要素 ·· 058
3.1.1 二手车鉴定评估的主体 ·· 059
3.1.2 二手车鉴定评估的客体 ·· 061
3.1.3 二手车鉴定评估的目的和任务 ·· 061
3.1.4 二手车鉴定评估的业务类型 ·· 063
3.1.5 二手车鉴定评估的价值概念 ·· 063
3.1.6 二手车鉴定评估的程序 ·· 064
3.1.7 二手车鉴定评估的依据和原则 ·· 064
3.1.8 二手车鉴定评估的方法 ·· 065

3.2 二手车鉴定评估的特点 ·· 065

第4章 二手车价格评估的基本方法 ·· 067

4.1 二手车价格评估的基础知识 ·· 067
4.1.1 二手车价格评估的前提条件 ·· 067
4.1.2 二手车价格评估的方法 ·· 068

4.2 现行市价法及其评估案例 ·· 069
4.2.1 现行市价法的基本原理 ·· 069
4.2.2 现行市价法的应用前提和适用范围 ··· 069
4.2.3 现行市价法的优缺点 ··· 070
4.2.4 现行市价法的评估方法 ·· 070
4.2.5 现行市价法的评估案例 ·· 072

4.3 收益现值法及其评估案例 ·· 074
4.3.1 收益现值法的基本原理 ·· 074
4.3.2 收益现值法的应用前提和适用范围 ··· 074
4.3.3 收益现值法的特点 ··· 074
4.3.4 收益现值法的评估方法 ·· 075
4.3.5 收益现值法的评估实例 ·· 077

4.4 清算价格法及其评估案例 ·· 081
4.4.1 清算价格法的基本原理 ·· 081
4.4.2 清算价格法的应用前提和适用范围 ··· 081
4.4.3 影响清算价格的主要因素 ·· 081
4.4.4 清算价格法的计算方法 ·· 082

        4.4.5 清算价格法的评估案例 …………………………………………… 083
    4.5 重置成本法及其评估案例 …………………………………………………… 084
        4.5.1 重置成本法的基本要素 …………………………………………… 084
        4.5.2 重置成本法的应用前提和适用范围 ……………………………… 085
        4.5.3 重置成本法的优缺点 ……………………………………………… 085
        4.5.4 重置成本法的评估方法 …………………………………………… 086
    4.6 二手车鉴定评估方法的选择 ………………………………………………… 088

第5章 车辆损耗指标及其计算方法 …………………………………………………… 092
    5.1 车辆损耗指标参数 …………………………………………………………… 092
    5.2 车辆成新率计算方法 ………………………………………………………… 095
        5.2.1 使用年限法 ………………………………………………………… 095
        5.2.2 行驶里程法 ………………………………………………………… 098
        5.2.3 部件鉴定法 ………………………………………………………… 098
        5.2.4 整车观测法 ………………………………………………………… 100
        5.2.5 综合分析法 ………………………………………………………… 101
        5.2.6 综合成新率法 ……………………………………………………… 104
    5.3 重置成本—成新率法评估案例 ……………………………………………… 107

第6章 二手车技术状况鉴定 …………………………………………………………… 116
    6.1 静态检查 ……………………………………………………………………… 116
        6.1.1 静态检查内容 ……………………………………………………… 116
        6.1.2 静态检查中的识伪检查 …………………………………………… 117
        6.1.3 静态检查中的外观检查 …………………………………………… 118
    6.2 动态检查 ……………………………………………………………………… 133
        6.2.1 动态检查的主要内容 ……………………………………………… 133
        6.2.2 路试前的准备 ……………………………………………………… 134
        6.2.3 发动机工作性能检查 ……………………………………………… 135
        6.2.4 汽车路试检查 ……………………………………………………… 136
        6.2.5 自动变速器的路试检查 …………………………………………… 138
        6.2.6 路试后的检查 ……………………………………………………… 139
    6.3 仪器检测 ……………………………………………………………………… 139

第7章 事故车损失评估 ………………………………………………………………… 142
    7.1 机动车辆碰撞损失评估 ……………………………………………………… 142
        7.1.1 汽车碰撞事故分类及汽车碰撞损坏类型 ………………………… 142
        7.1.2 事故车车身碰撞损伤的诊断与测量 ……………………………… 146

7.1.3	碰撞造成的受损零件修与换的把握	148
7.1.4	汽车主要结构件的评估分析	151

7.2 机动车辆水灾损失评估 155
- 7.2.1 水灾评估时机动车辆的施救与保养 156
- 7.2.2 水淹基本情况 158
- 7.2.3 水灾损失评估 159

7.3 机动车辆火灾损失评估 162
- 7.3.1 汽车起火的分类 162
- 7.3.2 汽车自燃的原因 163
- 7.3.3 汽车火损的评估与定损 164

7.4 机动车辆修复价格评估 165
- 7.4.1 汽车维修企业的资质及开业条件 166
- 7.4.2 汽车维修工时费确定 166
- 7.4.3 汽车的修复价值 171

第8章 二手车交易实务 174

8.1 二手车鉴定评估流程 174
8.2 二手车交易流程 175
- 8.2.1 二手车交易的证件和证件检查 175
- 8.2.2 二手车交易过户、转籍的办理程序 178
- 8.2.3 二手车转籍登记 179
- 8.2.4 二手车过户 180

8.3 二手车销售实务 180

附录 183

- 附录A 国务院办公厅关于促进二手车便利交易的若干意见 183
- 附录B 二手车流通管理办法 184
- 附录C 二手车交易规范 188
- 附录D 机动车强制报废标准规定 193
- 附录E 车辆购置税征收管理办法 195
- 附录F 中华人民共和国车船税暂行条例 199
- 附录G 轿车类事故车修复工时费、拆检工时费和做漆工时费 200

参考文献 204

第 1 章　汽车基本知识

汽车作为一种现代交通工具,在日常生活中发挥着重要作用。GB/T 3730.1—2001《汽车和挂车类型的术语和定义》中对汽车的定义为:由动力驱动,具有四个或四个以上车轮的非轨道承载的车辆,主要用于载运人员和(或)货物、牵引载运人员和(或)货物及其他特殊用途。本章对汽车基本组成做了详细介绍,同时根据 GB/T 15089—2001《机动车辆及挂车分类》对汽车进行了分类,最后按照国家发展和改革委员会、公安部、国家环境保护部各阶段制定的《汽车报废标准》明确汽车使用寿命及其报废标准。

1.1　汽车基本组成

现代汽车是由多个装置和机构组成的复杂系统,不同型号、不同类型以及不同厂家生产的汽车基本构造都是由发动机、底盘、电器设备和车身四大部分组成,如图 1-1 所示。

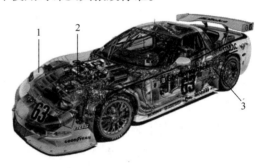

图 1-1　汽车结构组成
1—车身　2—发动机　3—底盘

1.1.1　发动机

发动机是汽车的动力来源,是一部由许多机构和系统组成的复杂机器,因此工作原理和结构形式也多种多样,但应用最广的是往复活塞式内燃机。内燃机是一种热力机器,通过使液体或气体燃料在机器内部燃烧产生热能,并转变为发动机的输出转矩驱动汽车行驶。根据燃料不同内燃机分为汽油机、柴油机和压缩天然气发动机。其中水冷式多缸四冲程汽油机和柴油机最具代表性,它们一般由机体组、曲柄连杆机构、配气机构、燃料供给系统、点火系统(柴油机无此系统)、冷却系统、润滑系统和起动系统等组成,如图 1-2 所示。

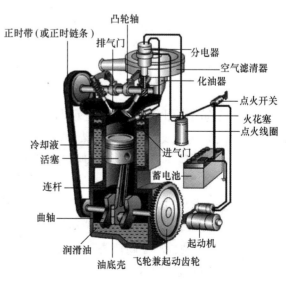

图 1-2　发动机的总体构造

1. 机体组

机体组一般由气缸体、气缸盖和油底壳组成,是发动机各机构、各系统的装配基体,同时也是这些机构和系统的组成部分。气缸体中的气缸一般有直列或V形排列两种方式,V形排列就是气缸中心线分别在两个平面内且两平面相交呈V形,这便是V形发动机名称的由来。气缸盖上有与进气门和排气门相通的孔、机油的油路、安装火花塞的孔等。油底壳用来储存机油,也起着为机油散热和封闭气缸体下部曲轴箱的作用。机油泵(常安装在曲轴箱内)将机油从油底壳中抽出并加压后源源不断地送至各运动零件表面进行润滑。

气缸体和气缸盖用螺栓连接,接合面间放密封垫片后紧固以防从接合面漏气。气缸体和气缸盖的内壁与活塞的上表面共同组成的燃烧室是承受高温高压的零件,因此气缸体和气缸盖内设有冷却液流动的水套防止活塞受热后烧伤和磨损。在油底壳的一侧装有一把机油尺用来检查油底壳内的机油量以及从机油尺端部粘附的机油的颜色判断机油滤清器过滤下的杂质、磨屑、油泥及水分等杂质对油底壳中机油的污染程度。

2. 曲柄连杆机构

燃油和空气混合后在气缸中燃烧产生高温高压气体,并形成冲击性的压力作用在活塞顶面,推动活塞向下做直线运动,曲柄连杆机构的作用就是将活塞的直线运动转变为曲轴的旋转运动而输出动力。曲柄连杆机构包括活塞、连杆、带有飞轮的曲轴等部件,是发动机最主要的运动部件。活塞上装配有活塞环和活塞销,活塞环的主要作用是密封气缸内的可燃混合气或者废气,同时防止机油进入燃烧室而造成烧机油现象;活塞销则是将活塞和连杆相连接,把活塞承受的气体压力传给连杆,本身也承受很大的冲击载荷。

活塞环和活塞销润滑条件较差,是易磨损件。活塞环和活塞销磨损严重时,会导致气缸压力不足,起动困难,产生活塞敲缸声响,机油压力明显下降,大量烧机油,机油加油口和排气管冒蓝烟和白烟等故障现象。通过检查二手车是否出现了上述故障现象,也可判断发动机主要运动部件的技术状况。新车都需磨合,曲柄连杆机构的磨合主要是指活塞环和气缸之间的配合。

3. 配气机构

配气机构的作用是在发动机运行期间,适时地开启和关闭进气门与排气门,及时把可燃混合气(汽油机)或新鲜空气(柴油机)引入气缸,并充分排出燃烧后的废气,同时驱动分电器、汽油泵等零部件工作。现代汽车配气机构主要零部件有凸轮轴、进气门和排气门等。

凸轮轴在发动机上的布置方式有下置、侧置和顶置三种形式。现代发动机常采用顶置式,凸轮轴位于气缸盖上。按凸轮轴数目的不同可分为单顶置凸轮轴(SOHC)和双顶置凸轮轴(DOHC)两种。中高档轿车发动机一般是多气门及气缸V形排列,因此常采用双顶置凸轮轴分别控制进、排气门的开启与关闭。凸轮轴由曲轴驱动,一般采用链传动或带传动方式,传动链条或传动带又称正时链条和正时带,此处的正时即是指要在正确的时间开启或关闭进、排气门。

气缸的进气压力一般略低于大气压力，借助于涡轮增压器可以压缩由空气滤清器送来的空气，使之增压进入气缸，从而增加气缸的进气量，这时可向气缸喷入更多的燃油并能充分燃烧，产生更多高温高压气体，以提高发动机的输出功率，增幅一般达10%以上。如果在轿车尾部看到单词"Turbo"，或其型号代码中有字母T，即表明该车采用了涡轮增压发动机，如帕萨特B5 1.8T。

4. 燃料供给系统

燃料供给系统的功用是把燃油和空气送入发动机，以适当的比例相互混合形成可燃混合气，燃烧后再将废气排出发动机。汽油的沸点低、容易汽化，而柴油黏度大、蒸发性差、自燃温度低，因此柴油机不是利用电火花在气缸内将柴油点燃的，而是通过压缩气缸内的空气，使空气温度超过柴油的自燃温度，再及时喷入高压柴油，雾化的柴油与空气混合的同时自燃。汽油机和柴油机的上述差别也使它们的燃料供给系统不尽相同。

（1）汽油机燃料供给系统　对于汽油机来说，首先需将汽油与空气混合形成一定浓度的可燃混合气，在气缸内被点燃燃烧产生动力。根据可燃混合气形成的地点不同，汽油发动机可分为缸外喷射和缸内喷射两种。缸外喷射式汽油发动机是将汽油和空气在节气门后的进气道内混合后再送入气缸，而缸内喷射式汽油发动机，是将汽油直接喷入气缸内再与空气混合成可燃混合气。

电喷式汽油机燃料供给系统的主要组成部件包括燃油箱、油泵、燃油滤清器、节气门、空气滤清器、进气管、排气管、排气消声器等。汽油在油泵的作用下，自燃油箱流经燃油滤清器，滤去杂质后，进入油泵，经增压后再送到节气门。空气则经空气滤清器滤去所含灰尘后，导入节气门。汽油与空气在进气道中混合形成可燃混合气，经进气管分配到各个气缸。可燃混合气在气缸内燃烧生成的废气，经排气管、排气消声器排放到大气中。

现代轿车采用的都是具有电子控制式燃油喷射系统的发动机，简称电喷发动机。如果喷油器安装在原来化油器的位置，即进气总管处，则称为单点电控燃油喷射装置，如果喷油器安装在每个气缸的进气支管上，则称为多点电控燃油喷射装置。电喷汽油机的喷油量是根据气缸的进气量、可燃混合气浓度和曲轴转速等精确计算的，以确保燃油和空气在气缸内形成理想的可燃混合气，进行燃烧产生动力。因此对于电喷汽油车来说，驾驶人在踩下加速踏板时，直接控制的是节气门开度，即进入气缸的空气量，而在柴油车上踩下加速踏板则是直接控制喷油量。

汽油中含有一种胶状物质，并且在储存和运输过程中由于氧的作用还会增加其含量，这些胶质随汽油通过汽车的燃料供给系统进入燃烧室，燃烧后就会在喷油器、燃烧室、活塞环、火花塞、进气门背部、进气道等部位产生积炭。另外，在拥堵的城市道路上，汽车长时间走走停停，发动机不能高速运转，燃油或窜入燃烧室的机油不能充分燃烧，未燃烧的部分油料在高温和氧的作用下也会形成胶质，粘附在发动机的零件表面上形成积炭。积炭过多时，会出现冷起动困难、起动后怠速抖动、加速不良和爆燃等故障现象，同时还会加剧相关零件的磨损。

(2) 柴油机燃料供给系统　柴油机燃料供给系统的作用是根据发动机的运行参数如转速、温度和压力等，定时、定量、定压地将柴油喷入气缸内，使其与空气混合，在高温高压条件下自燃并产生动力。柴油机燃料供给系统主要由柴油箱、柴油粗滤器、输油泵、低压油管、柴油细滤器、喷油泵、高压油管、喷油器和回油管、空气滤清器、进气管、气缸盖内的进气道和排气道、排气管和排气消声器等组成。

柴油箱储有经过沉淀和粗滤器过滤的柴油，输油泵将柴油从柴油箱泵出并进入低压油管，经柴油细滤器滤去对燃料供给系统会造成危害的微小颗粒杂质后，进入喷油泵，自喷油泵输出的高压柴油经高压油管和喷油器喷入燃烧室，由于输油泵的输油量比喷油泵的喷油量大，过量的柴油便经回油管回到输油泵。柴油机的空气供给过程与电喷式汽油机基本相同，为了增加进气量，提高发动机的输出功率，同样也可应用涡轮增压器。在柴油机燃料供给系统和曲轴通风装置内也会产生积炭，从而导致汽车加速能力变差。不论是汽油机还是柴油机，燃料供给系统出现积炭后都应及时采取除炭措施。标准的除炭费用是比较高的，因此在二手车鉴定评估工作中的发动机动态检测中要予以重视，如果发现有比较严重的积炭现象，应将相应的除炭费用考虑在二手车的交易价格中。

5. 点火系统

点火系统的作用是将电源提供的低电压（一般为12V或24V）升高为产生电火花所需的高电压（10000~15000V），再按发动机点火顺序分配给各气缸的火花塞以产生电火花点燃可燃混合气。点火系统的主要零件包括蓄电池、发电机、点火开关、点火线圈、断电器、分电器、电容器、火花塞以及高压线和附加电阻等。只有汽油机需要点火系统，柴油机则不需要。

汽油机起动时，由蓄电池向点火系统供电，而在发动机正常工作时，则由发电机供电。点火开关又称为点火锁，用来接通和断开低压电路。点火线圈的作用相当于变压器，将蓄电池或发电机提供的低压电变为点火所需的高压电。断电器在点火开关接通的情况下，通过触点周期性地接通和断开，与点火线圈配合产生高压电。断电器的主要部分是一对触点：一个是固定的，另一个是活动的。活动触点随发动机曲轴的转动而开合，分电器将点火线圈产生的高压电分送给各个气缸的火花塞跳火。电容器用于保护断电器触点不被烧坏，同时也协助提高点火电压。火花塞将高压电变为能够点燃可燃混合气的电火花。火花塞承受高压、高强度负荷、化学腐蚀和热负荷，在忽冷忽热交变频率很高的环境下工作。它的电极和裙部长时间遭受高温可燃混合气的腐蚀，因此必须用传热性好、耐高温和耐腐蚀的材料制成。火花塞的主要性能是热特性。要使火花塞正常地工作，必须保持适当的温度。低于这个温度，火花塞会因积炭而漏电打不着火；高于这个温度，可燃混合气接触火花塞未点火而自燃引起爆燃。这个适当的温度被称为自净温度（500~600℃）。

触点式点火系统存在以下缺点：当断电器触点打开时，触点间产生火花使触点本身逐渐烧蚀，影响断电器的使用寿命；火花塞积炭时不能点火，发动机在高转速时易缺火。为了克服上述缺陷，便产生了无触点电子点火技术，它采用传感器代替断电器触点来产生点火信号。传感器感应的信号包括发动机转速、负荷、冷却液温度等，利用微机对这些信号进行处理，计算出电路的最佳接通或断开时间，适时地为火花塞产生高压电流。

6. 冷却系统

冷却系统的作用是确保发动机在正常的温度下工作。当可燃混合气在气缸内由火花塞点燃燃烧时，气缸内的气体温度可高达 1800～2000℃。直接与高温气体接触的零件，如气缸体、气缸盖、活塞、气门等，如果温度过高，则各运动部件会因热膨胀而变形，使工作间隙不均匀，或因机油燃烧不起润滑作用而被烧损或卡滞，也会因高温而导致机械强度降低直至破坏。

冷却系统按冷却介质不同可分为风冷式和水冷式。风冷式主要用于摩托车发动机，而汽车均采用水冷方式。水冷式冷却系统既可以防止发动机温度过高，也能够在冷天加热水使发动机预热，便于发动机起动，还可以根据需要调节冷却强度。水冷式冷却系统的主要组成部件包括散热器、水泵、风扇、节温器、风扇离合器和温控开关等。冷却系统工作时，水泵将冷却液从机外吸入加压，先送入气缸体和气缸盖内的水套流动，带走邻近部件的热量，自身温度升高，然后进入散热器内。由于汽车前进以及风扇的作用，外界冷空气流经散热器，带走冷却液的热量，使其冷却，随后由水泵再次吸入加压并送入水套。如此循环便达到冷却发动机高温部件的目的。发动机正常工作时冷却液温度以 80～90℃ 为宜。

发动机的冷却必须适度。冷却过度或不足都会造成气缸充气量减少、燃烧不正常、功率下降、油耗增加、润滑不良加剧磨损等。为了防止在气缸水套内产生水垢，冷却液应采用软水，如雨水、雪水或凉开水等。对于硬水则需进行碱化处理，否则会导致传热效率低、发动机过热的后果。为了降低冷却液的结冰温度，可以在冷却液中添加乙二醇或酒精，注意应按制造厂家规定的比例来配制。防冻液内如加入少量添加剂可得到长效防冻液，常年无须更换，也不会使发动机出现锈蚀、冻结或结垢。

7. 润滑系统

润滑系统的作用是不断地把机油送到各运动零件的相对运动表面，形成油膜，减少零件表面的摩擦和磨损，使发动机运转平稳。流动的机油还能够冷却摩擦表面，带走摩擦表面上磨下的磨屑等杂质，使零件的运动阻力减小，磨损减慢，而且机油流经的零件表面也不易生锈。在气缸壁和活塞环之间形成的油膜，还可起到密封气缸的作用。如果零件的运动表面得不到润滑，不但会消耗功率，使零件表面磨损加剧，甚至会出现烧蚀熔化，使发动机无法继续运转。润滑系统主要由机油泵和机油滤清器等组成。发动机的润滑方式主要有两种：一是强制性的压力润滑；二是随意性的飞溅润滑。强制性压力润滑方式主要用于承受较大负荷和运动速度的零件摩擦表面上，以形成足够厚的油膜，在曲轴主轴承、连杆轴承和凸轮轴承等处都是这样。如果摩擦表面承受的负荷和运动速度较小，如气缸壁、活塞销以及凸轮等部位，便利用曲轴转动带起来的机油油滴和油雾进行飞溅润滑。此外，发动机的某些部位如水泵、发电机轴承等处可利用润滑脂（黄油）定期地予以润滑。有些轴承还使用含油轴承进行自润滑。

机油泵的作用是从油底壳吸入机油并加压送入油路。油底壳、输油管路以及在某些零件上开通的油道共同形成循环油路，让机油能够循环流动。机油滤清器的作用是对机油进行过滤，避免各运动零件摩擦表面产生的磨屑和杂质进入机油泵油路。机油长期在高温条件下工作，会老化变质，黏度降低，不易形成油膜，因此应对机油进行冷却。一般是利用汽车行驶造成的前方迎风来冷却油底壳内的机油。汽车上都设有机油压力表和机油温度表，以便驾驶人随时掌握机油温度和压力。使用机油的品质，应严格按制造厂家所规定的规格使用。

8. 起动系统

起动系统的作用是把发动机由静止状态转入自行运转工作状态。起动系统由起动机、操纵机构和离合器三大部分组成。要使发动机由静止状态过渡到工作状态，必须先依靠外力矩（起动力矩）使发动机曲轴转动起来，只有这样气缸才能吸入（或形成）可燃混合气并燃烧膨胀，让发动机的工作循环能够自动进行。

起动机的作用是产生能够让曲轴从静止状态转动起来的起动力矩，起动机的能量来自蓄电池。操纵机构的作用是接通蓄电池与起动机。通过操纵机构，起动机与蓄电池接通获得电力而转动，并通过起动机上的齿轮带动曲轴上的飞轮转动，从而使曲轴转动。离合器的作用是在发动机起动后，让起动机能够立即与飞轮齿圈分离，使自行运转的发动机不再与起动机接合。在寒冷的季节里，为了便于起动，往往需要将机油、汽油和冷却液加热。

1.1.2 发动机常用术语

1. 发动机型号与制造厂家

发动机均按采用的燃料命名，如汽油机、柴油机、压缩天然气发动机、煤气发动机和双燃料发动机等。发动机型号按GB/T 725—2008的规定编写，由阿拉伯数字和汉语拼音字母组成。发动机制造厂家商标一般打刻（或铸造）在发动机气缸体外表面上，在产品铭牌上也有说明。下面为典型发动机型号代码解读实例：

1E65F：表示单缸、二冲程、缸径为65mm、风冷、通用型。

4100Q：表示四缸、四冲程、缸径为100mm、水冷、车用。

8V100：表示八缸、四冲程、缸径为100mm、V形、水冷、通用型。

CA6110：表示六缸、四冲程、缸径为110mm、水冷柴油机，CA为一汽集团的代表符号。

2. 发动机类型

发动机类型是指发动机的冲程数、气缸数、气缸排列形式（直列用L表示，V形排列用V表示），以及是汽油机还是柴油机等。

一般5缸以下的发动机气缸多采用直列方式排列，少数6缸发动机也有直列方式的。直列发动机的气缸成一字排开，气缸体、气缸盖和曲轴结构简单，制造成本低，低速转矩特性好，燃料消耗少，尺寸紧凑，应用比较广泛；缺点是缸数受限。直列6缸发动机的动平衡较好，振动相对较小。大多数6～12缸发动机采用V形排列，即气缸分两列错开角度布置，形体紧凑。V形发动机长度和高度尺寸小，布置起来比较方便。

3. 工作循环

工作循环是指发动机工作过程中，各气缸每进行一次能量转换所经历的进气、压缩、做功和排气四个过程的循环。发动机之所以能连续运转，就是因为各气缸自动地重复着这种工作循环。

4. 四冲程发动机

凡是活塞在气缸内运动四个行程或曲轴转两周完成一个工作循环的发动机，称为四冲程发动机。四冲程发动机将进气、压缩、做功和排气四个过程在活塞上下运动的四个行程内完成。四冲程发动机活塞的四个行程说明如下：

（1）进气行程　进气门开启，排气门关闭。随着活塞从上止点向下止点移动，活塞上方的容积增大，气缸内压力降低，产生真空度，空气被吸入气缸。

（2）压缩行程　进气门、排气门均关闭，活塞从下止点向上止点移动，压缩可燃混合气。

（3）做功行程　压缩终了时，进气门、排气门仍关闭，火花塞发出电火花，点燃可燃混合气，燃烧后的气体猛烈膨胀，产生巨大的压力，迫使活塞迅速下行，经连杆推动曲轴旋转而做功。

（4）排气行程　排气门开启，进气门关闭，活塞从下止点向上止点移动，将废气从排气门排出。

5. 二冲程发动机

凡是活塞在气缸内移动两个行程或曲轴转一周完成一个工作循环的发动机，称为二冲程发动机。二冲程发动机将进气、压缩、做功和排气四个过程在活塞上下运动的两个行程内完成。其中，活塞自下止点向上移动时完成进气、压缩过程，活塞自上止点向下移动时完成做功、排气两个过程。摩托车和农用车常采用二冲程发动机。

6. 活塞止点

活塞止点是指活塞顶部在气缸内做往复运动的两个极限位置，分别称为上止点和下止点。

1）上止点是指活塞顶部离曲轴中心线最远的位置（最高位置）。

2）下止点是指活塞顶部离曲轴中心线最近的位置（最低位置）。

7. 缸径

缸径是指气缸的直径，用 D 表示，单位为 mm。

8. 缸数

缸数指发动机气缸的数量。汽车发动机的缸数一般有3、4、5、6或8个。排量1L以下的发动机常用 3 缸，排量 1.0~2.5L 的发动机一般有 4 个气缸，排量 3L 左右的发动机一般为 6 缸，4L 左右的为 8 缸，5.5L 以上的发动机采用 12 缸。一般来说，在同等缸径下，缸数越多，排量越大，功率越高；在同等排量下，缸数越多，缸径越小，转速和升功率越高。

9. 气门数

气门数是指一个气缸具有的气门数目。常见轿车发动机每缸有 2 个气门或 4 个气门，高级轿车发动机也有采用 5 气门的。若每缸有 2 个气门，则 1 个为进气门，1 个为排气门；若每缸有 4 个气门，则 2 个为进气门，2 个为排气门，提高了进、排气的效率；若每缸有 5 个气门，则一般为 3 个进气门，2 个排气门，这有利于加大进气量，使燃烧更加彻底。

10. 活塞行程

活塞行程是指活塞上止点与下止点之间的距离，用 S 表示，单位为 mm。曲轴每转动半周（180°），对应活塞移动一个行程。

11. 曲柄半径

曲柄半径是指曲轴中心线到曲柄销中心的距离，用 R 表示，单位为 mm。通常，活塞行程为曲柄半径的两倍，即 $S=2R$。

12. 燃烧室容积

活塞在气缸内做往复运动时，气缸内的容积不断变化，当活塞位于上止点位置时，活塞顶部与气缸盖内表面所形成的空间称为燃烧室。这个空间的容积称为燃烧室容积，一般用 V_c 表示。

13. 气缸工作容积

一个气缸中活塞运动一个行程所扫过的空间容积称为气缸工作容积，又称为单缸排量，它取决于缸径和活塞行程，一般用 V_h 表示，单位为 mm^3。

14. 气缸总容积

当活塞在下止点位置时，活塞顶部与气缸盖之间的空间容积称为气缸总容积，一般用 V_a 表示，单位为 mm^3。

15. 排气量

排气量简称排量，等于所有气缸工作容积的总和。它反映发动机将可燃混合气送入所有气缸的能力，一般用 V_L 表示，单位为 mm^3。

设发动机气缸数为 i，则有

$$V_L = V_h i$$

发动机排量是最重要的结构参数之一，它比缸径和缸数更能代表发动机的大小，发动机的许多指标如功率和最大输出转矩等都与其密切相关。

16. 压缩比

压缩比是指可燃混合气被压缩前的容积 V_a 与被压缩后的容积 V_c 的比值，即气缸总容积与燃烧室容积之比，一般用 ε 表示。

$$\varepsilon = \frac{V_a}{V_c} = \frac{V_h + V_c}{V_c} = 1 + \frac{V_h}{V_c}$$

一般来说，在发动机其他设计参数不变的情况下，压缩比越高，气体在气缸内受压缩的程度越大，在压缩终了时气体的压力和温度越高，发动机的功率也就越大，效率也越高，燃油经济性也越好。但是，压缩比也不能过高，因为可燃混合气的温度在压缩过程中会急剧升高，在点火前就已经超过可燃混合气的燃点而发生自燃，这就是常说的爆燃，此时可以听到明显的金属撞击声（俗称敲缸），严重的爆燃甚至会使发动机倒转，给发动机造成致命的伤害。

汽油的标号越高，表明汽油中抗爆燃性强的碳氢化合物的含量越高，其辛烷值也越高，抗爆燃性也越强。为了提高汽油的抗爆燃性，早期人们在汽油中添加了四乙基铅抗爆剂，这也是汽油中铅的由来。四乙基铅本身不是燃料，是一种镇静剂，它在燃烧室内分解，生成有毒的氧化铅，此外还有在燃烧室内壁上堆积等副作用。为了消除上述副作用，人们利用二氯化乙烯与二溴化乙烯混合的汽油精替代四乙基铅，生产出无铅的高标号汽油。柴油机要求具有较大的压缩比，一般压缩比在 16~29 之间，而汽油机的压缩比则比较小，一般在 6~11 之间。汽油机压缩比为 7.0~8.5 的汽车，应使用 92 号汽油；汽油机压缩比为 8.5~9.5 的汽车，应使用 95 号汽油；汽油机压缩比为 9.5 以上的汽车，则应使用 98 号汽油。若汽油标号（辛烷值）过低，就会产生爆燃。但也不是说汽油标号越高越好，若标号过高，不仅会造成经济上的浪费，还会因辛烷值过高而出现着火慢、燃烧时间长，致使热功转换不充分，并且会因废气的排放温度过高而烧坏排气门或排气门座。

17. 冷却方式

冷却方式是指冷却系统是采用风冷方式还是水冷方式。将发动机中高温零件的热量直接散入大气而进行冷却的装置称为风冷系统；而把这些热量先传给冷却液，然后再散入大气而进行冷却的装置称为水冷系统。由于水冷系统冷却均匀，效果好，而且使发动机运转噪声小，目前应用广泛。不论采用何种方式冷却，正常的冷却系统必须确保发动机在各种行驶环境下都不致过热。

18. 燃油供给系统

发动机燃油供给系统是以电子控制单元（ECU）为控制核心，以空气流量和发动机转速为控制基础，以喷油器为控制对象，保证发动机在各种工况下获得最佳的混合气浓度（空燃比为 14.7），以满足发动机动力性、经济性和排放性。发动机工作时，电动汽油泵把汽油从油箱中泵送出去，经汽油滤清器除去杂质和水分后，流入燃油分配管，然后分送到各个喷油器。燃油分配器上装有油压调节器，对燃油压力进行调整，多余的燃油经油压调节器流回油箱。

19. 排放净化系统

排放净化系统是指三元催化转化器和废气再循环装置。

三元催化转化器是利用催化剂的作用将排气中的CO、HC和NO_x转换成对人体无害气体的一种排气净化装置，又称为催化净化转换器。

废气再循环是指把发动机排出的部分气体送回进气歧管，并与新鲜混合气一起再送入气缸。在新鲜混合气中掺入废气之后，混合气的热值降低，致使发动机的有效功率下降。为了既能减少NO_x的排放，又能保持发动机的动力性，必须根据发动机运转的工况对参与再循环的废气量加以控制。

1.1.3 发动机性能指标

发动机的主要性能指标包括动力性指标、经济性指标、环保指标、结构指标和运转指标等。

发动机的动力性与汽车整车动力性的差别在于，影响汽车整车动力性的因素除了与发动机有关外，还与汽车空气动力学特性（风阻系数）和底盘（传动系统、行驶系统和转向系统等）性能有关，例如采用同一款发动机的汽车，手动档（传动系统组成部分）车型要比自动档车型的动力性好。

动力性指标反映发动机通过曲轴输出动力的能力，通常利用有效转矩和有效功率表示；经济性指标反映发动机将燃料的化学能转化为机械能的效率，常用有效燃油消耗率表示；环保指标反映发动机的有害污染物排放和噪声辐射对环境的损害强度；结构指标反映发动机结构的设计紧凑程度，常用比容积和比功率质量表示；运转指标反映发动机运行的可靠性和耐久性。

1. 有效转矩

有效转矩是指发动机从曲轴端输出的力矩，以T表示，单位为$N \cdot m$。发动机转速一定时（汽车匀速行驶），发动机的有效转矩与外界施加在曲轴上的阻力矩相平衡，阻力矩增加，发动机的有效转矩也增加，一直可增加到该转速时的最大有效转矩，此时加速踏板是踩到底的。发动机实际工作时，输出的有效转矩是随转速的变化而变化的，当达到某一转速时，输出转矩最大，称为最大转矩，相应的转速称为最大转矩转速。因此，在说明发动机的有效转矩时，一般也标出了相应的曲轴转速n，单位为r/min。发动机产品铭牌上标明的转矩和相应转速称为额定转矩和额定转速。发动机的额定转矩就是在额定转速时的最大有效转矩，它们一般也是发动机的最大转矩和最大转矩转速。

最大转矩一般出现在发动机中、低转速的范围，随着转速的提高，转矩反而会下降。如果发动机的转速在一个很大的范围变化时，其输出转矩的变化幅度不大，并且最大输出转矩对应的发动机转速也比较低，则表明汽车耐力好，易于操作。发动机的最大输出转矩越大，则汽车尤其是载货汽车的承载能力越大,加速性能越好,爬坡能力越强,起动时的速度提升性能也更优越。在发动机功率不变的情况下,发动机有效转矩与其转速成反比关系,转速越快转矩越小,反之越大。汽车转速可以反映汽车在一定范围内的负载能力。

2. 有效功率

有效功率是指发动机在单位时间内通过曲轴输出的有效功,以 P 表示,单位为 kW。在描述发动机性能指标时,常用到发动机工况和负荷两个概念。发动机工况是发动机工作状况的简称,由发动机的功率和曲轴转速表征,有时也用发动机的负荷和曲轴转速表征。当说到发动机工况时,即是指它的输出功率是多少,曲轴转速是多少。发动机负荷是指在某时刻某一转速下发动机发出的功率与同一转速时所能发出的最大功率的比值,以百分数表示。发动机有效功率等于有效转矩与曲轴转速的乘积。在发动机试验台架上,可利用测功器和转速计测出发动机在某一工况下的有效转矩 T 和曲轴转速 n,则发动机的有效功率为

$$P = Tn$$

发动机的有效功率与其转速有关。发动机转速比较低时,如转速为 1000r/min 时,发动机的功率也低;随着转速的增加,有效功率也随之增加;当转速增加到一定值,如 5000r/min 时,发动机的有效功率达到最大值,称为最大功率,相应的转速称为最大功率转速;如果转速继续增加,则发动机的有效功率将有所下降。发动机转速一定时,曲轴所要克服的阻力减小,则输出功率也减小(否则转速会增加),在汽油机中主要是减少可燃混合气的量(节气门开度),而在柴油机中则是减少供油量。发动机产品铭牌上标明的功率和相应转速称为额定功率和额定转速。发动机的额定功率就是在额定转速时的最大有效功率,它们一般也是发动机的最大功率和最大功率转速。

发动机的额定功率是根据发动机在一定时间内运行时的测量数据计算得来的。按照发动机台架试验国家标准规定,确定发动机额定功率的试验按测量持续的时间分为 4 种,得到的测量结果分别称为 15min 功率、1h 功率、12h 功率和持久功率。发动机用途不同,额定功率的标定方法也不同。汽车发动机的额定功率一般是由 15min 功率测量值确定的,这样选择的原因是考虑到汽车发动机经常在部分载荷下,即在较小的输出功率下工作,仅在起动加速、超车加速或上坡等情况下才会短时间地使用最大输出功率。15min 功率是能够满足汽车的实际动力需求的,这样的选择同时还让汽车发动机在小型化和轻量化设计上获得了较大的回旋余地。按照汽车发动机可靠性试验国家标准规定,汽车发动机应能在额定工况下连续运行 300~1000h。

在发动机动力性指标的表述上,除了有效转矩和有效功率外,有时还会看到其他指标,如指示功和指示功率以及后备功率等。指示功是指在发动机的一个工作循环中,工质(高温高压气体)对活塞所做的功。指示功率是指在单位时间内工质对活塞所做的功。工质对活塞做功使其获得动能,运动的活塞在驱动一些附属设备(如配气机构、水泵、机油泵、喷油泵、扫气泵等)运转的同时,通过内部运动部件克服摩擦阻力,将一部分动能转换为曲轴的转动动能。发动机指示功率与有效功率的差值,即等于活塞将其动能转换为曲轴动能的过程中所损失的功率,称为机械损失功率 P_m。汽车正常行驶时所需的功率一般都小于发

动机在该车速下的最大输出功率，汽车的后备功率是指它们之间的差值。后备功率越大，汽车的爬坡、加速性能也越好，但经常使用的负荷就比较小，经济性不够好，这也是排量大、加速性能好的中高档轿车耗油量较大的一个原因。

3. 比燃料消耗率

比燃料消耗率是指发动机曲轴在1h内持续输出1kW的有效功率所消耗的燃料量，单位为$g/(kW·h)$。显然，发动机比燃料消耗率越低，经济性越好。比燃料消耗率也和转速有关。当发动机达到某一转速时，比燃料消耗率最低，称为最低比燃料消耗率。在汽车发动机设计中，一般要求发动机在一个较大的转速范围内都具有较低的比燃料消耗率，最低比燃料消耗率对应的转速应位于常用转速范围内。比燃料消耗率可在发动机试验台架上测得。

4. 比容积

比容积是发动机外廓体积与其标定功率的比值，单位为L/kW。与比容积对应的概念是升功率，是指在标定工况下发动机每升工作容积所能发出的有效功率，单位为kW/L。比容积和升功率反映发动机的强化程度，即结构的紧凑性。一般是通过提高发动机的转速来提高比容积和升容积。因此，比容积和升容积大的发动机转速高，体积较小。

5. 比功率质量

比功率质量是指发动机净质量与发动机最大功率的比值，单位为kg/kW。比功率质量反映发动机质量的利用程度。比功率质量小的发动机质量较小，结构比较紧凑。

1.1.4 发动机型号编制规则

1. 发动机型号组成

国产发动机型号按GB/T 725—2008《内燃机产品名称和型号编制规则》编制。主要内容有：

1）发动机产品名称均按其所采用的燃料命名，例如汽油机、柴油机、煤气机、双（多）种燃料发动机等。

2）内燃机型号应能反映内燃机的主要结构特征及性能。

3）内燃机型号由4部分组成：

① 首部：由制造商代号或系列符号组成。由制造厂根据需要自选相应字母表示，但需经行业标准化归口单位核准、备案。

② 中部：产品特征代号，由气缸数符号、冲程符号、气缸排列形式符号和缸径符号组成。

③ 后部：结构特征和用途特征符号，以字母表示。

④ 尾部：区分符号。同一系列产品因改进等原因需要区分时，由制造厂选用适当符号表示。

a. 冲程符号含义：

无符号—四冲程；E—二冲程。

b. 气缸排列形式符号含义：

无符号—直列及单缸卧式；V—V形；P—平卧式。

c. 结构特征符号含义：

无符号—水冷；F—风冷；N—凝气冷却；S—十字头式；DZ—可倒转（直接换向）；Z—增压。

d. 用途特征符号含义：

无符号—通用型及固定动力；T—拖拉机；M—摩托车；G—工程机械；Q—车用；J—铁路机车；D—发电机组；C—船用主机，右机基本型；C_z—船用主机，左机基本型；Y—农用运输车；L—林业机械。

2. 汽车发动机型号编制举例

1）CA 6102 型汽油机，表示由第一汽车制造厂生产，六缸、直列、四冲程、缸径为102mm、水冷、车用汽油机。

2）EQ 6100Q-1 型汽油机，表示由东风汽车制造厂生产，六缸、直列、四冲程、缸径为100mm、水冷、车用汽油机，且为第一次改型后的产品。

1.2 汽车底盘构造与性能参数

底盘的作用是支承、安装发动机及其他各部件、总成，形成汽车的整体结构造型，同时接受发动机的动力，使汽车产生运动，并保证汽车按照驾驶人的操纵正常行驶。底盘是汽车的基础结构，为提高生产效率，降低制造成本，降低故障率，汽车制造厂家一般只生产几种技术成熟、质量可靠的底盘，安装上不同的发动机和车身后，便可向市场推出几十种能够满足不同消费者需求的车型，还有一部分大型客车是在货车底盘上安装客车车身而制成的。

1.2.1 底盘组成

底盘主要由传动系统、行驶系统、转向系统和制动系统 4 部分组成，如图 1-3 所示。

1. 传动系统

传动系统的作用是将发动机输出的动力传递给驱动车轮。传动系统具有减速、变速、改变转动方向、中断动力、轮间差速和轴间差速等功能，它与发动机配合工作，保证汽车在各种工况条件下的正常行驶，并具有良好的动力性和经济性。

传动系统一般由离合器、变速器、分动器、万向传动装置、主减速器、差速器和半轴等组成，如图 1-4 所示。

（1）离合器　离合器安装在发动机与变速器之间，用来保证发动机的动力输出端与变速器平稳地接合或暂时地分离，以便使汽车平稳起步或停车，并按照驾驶人的意图中断动力传递，配合换档，防止传动系统过载。现代汽车广泛采用的是摩擦式离合器。发动机输出

图1-3 汽车底盘结构

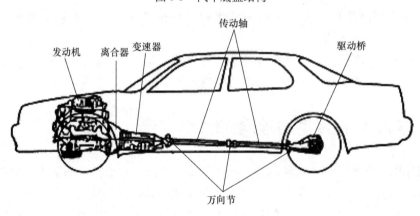

图1-4 机械式传动系统的组成

的转矩,通过飞轮及压盘(离合器的主动部分)与从动盘(离合器的从动部分)接触面间的摩擦作用,传给从动盘。当驾驶人踩下离合器踏板时,通过零件的传递使压盘后移,让离合器的从动部分与主动部分分离。

(2)变速器 变速器的作用是改变传动比,获得不同行驶条件下的最佳牵引力,以便发动机工作在合适的工况下,满足驾驶人期望的行驶速度要求;通过倒车档实现倒车行驶,满足汽车倒退行驶的需要;在发动机起动、怠速运转、汽车换档或需要停车时,中断向驱动轮的动力传递。

(3)分动器 分动器的作用是将变速器输出的动力分配到各驱动桥,并且进一步降低转速,增大转矩。分动器是一个齿轮传动装置,单独固定在车架上,其输入轴与变速器的输出轴用万向传动装置连接。分动器的输出轴有若干根,分别经万向传动装置与各驱动桥相连。分动器用于四轮驱动的汽车上,两轮驱动汽车不需要分动器。

(4)万向传动装置 万向传动装置的作用是在轴线相交且相对位置经常变化的两个轴之间传递转矩,它一般由万向联轴器、传动轴和中间支承组成。汽车行驶时,车轮跳动会造成驱动桥与变速器的相对位置(距离、夹角)不断变化,故变速器的输出轴与驱动桥的输入轴不能刚性连接，必须通过万向传动装置来连接。如果前轮既是转向轮又是驱动轮，作为转向轮要求在转向时能够在规定范围内偏转一定角度，而作为驱动轮又要求在车轮偏转时半轴能够将动力从主减速器传到车轮，所以半轴不能制成整体的，必须制成分段的，各段之间就需要用等角速万向联轴器相连。

(5) 主减速器　主减速器是传动系统中减小转速、增大转矩的主要部件。汽车正常行驶时，发动机的转速通常在3000r/min左右，这么高的转速如果只靠变速器来降低，那么变速器内齿轮副的传动比将很大，而齿轮副的传动比越大，两齿轮的半径比也就越大，造成变速器的尺寸很大。另外，降低转速，转矩必然增加，将加大变速器和其后传动机构的传动负荷。因此，在动力向左、右驱动轮分流的差速器之前设置一个主减速器，可使主减速器前面的传动部件如变速器、分动器、万向传动装置等传递的转矩减小。

(6) 差速器　差速器的作用是在汽车变换行驶方向时，允许内、外侧驱动轮获得不同大小的转矩，并以不同的角速度转动实现顺利转弯，因此又称为轮间差速器。它安装在分别与左、右两侧驱动轮连接的两根半轴之间。对于多轴驱动的越野汽车，为使各驱动桥能以不同角速度转动，消除各驱动桥上的驱动轮发生的滑动，可在两驱动桥之间安装轴间差速器。如果不采用差速器，驱动轮用一根整轴刚性连接，则两轮只能以相同的角速度转动。当汽车转向行驶时，由于外侧车轮要比内侧车轮碾过的距离大，将使外侧车轮在滚动的同时产生滑拖，而内侧车轮在滚动的同时产生滑动。车轮滑动时不仅加剧轮胎磨损、增加燃油消耗，还会使汽车转向困难，制动性变差。

(7) 半轴　半轴是轮间差速器与驱动轮之间传递转矩的实心轴，其内端与差速器连接，外端与车轮轮毂连接。现代汽车常用的半轴，根据其支承形式不同可分为全浮式、$\frac{3}{4}$浮式和半浮式三种。全浮式半轴只传递转矩，不承受任何反力和弯矩，因而广泛应用于各类汽车上；半浮式半轴既传递转矩又承受全部反力和弯矩，它的支承结构简单、成本低，因而广泛应用于反力和弯矩较小的各类乘用车上；$\frac{3}{4}$浮式半轴的受载情况与半浮式相似，只是载荷有所减轻，一般仅用在乘用车和总质量较小的商用车上。

2. 行驶系统

行驶系统的作用是将汽车各总成及各部件连成一个整体并对全车起支承作用，承受汽车的总质量和地面的反力；接受传动系统的动力，通过驱动轮与路面的作用产生牵引力，使汽车正常行驶；缓和不平路面对车身造成的冲击，减轻汽车行驶中的振动，保持行驶的平顺性；与转向系统配合，保证汽车转向操纵稳定性。

行驶系统包括车架、悬架、车桥、车轮等部件，如图1-5所示。

(1) 车架　车架是汽车的骨架，跨接在前后车桥上，是支承车身、承受汽车载荷、安装大部分汽车部件和总成的基础构件。车架的结构形式主要有三种：边梁式、平台式和脊梁式。边梁式车架广泛应用于货车和越野汽车，平台式车架适用于小型轿车或货车，脊梁式车架适用于独立悬架的货车或轿车。在车架设计时要考虑其抗冲撞性能，通过撞击力分散设计以及车架的折曲变形设计，可以将撞击力分散到车架的各个部位。应该在撞击时受力最大的

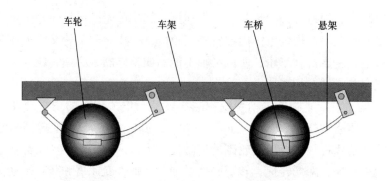

图 1-5 汽车底盘行驶系统结构示意图

地方增加加固件，当发生折曲变形时可以确保车厢结构损坏有限，这对于车内乘员的脱险和抢救，减轻车内乘员承受的冲击力，避免车体或发动机凸入车厢内都至关重要。轿车和客车的车架与车身常制成一个整体结构，构成承载式车身。

（2）悬架　悬架是车架与车桥之间的传力部件，一般由弹性元件（起缓冲作用）、减振器（起减振作用）和导向机构（起传力和稳定作用）三部分组成，它对汽车的乘坐舒适性、行驶安全性、通过性、稳定性和附着性有较大影响。悬架有非独立悬架和独立悬架之分。在非独立悬架中，两侧车轮安装于一根整体式车桥上，车桥通过悬架与车架相连，这种悬架结构简单、传力可靠，但两轮受冲击振动时会互相影响。在独立悬架中，每个车轮单独通过一套悬架安装于车身或者车桥上，车桥采用断开式，中间一段固定于车架或者车身上，此种悬架两侧车轮受冲击时互不影响，提高了汽车的平稳性和乘坐舒适性。

（3）车桥　车桥通过悬架与车架（或承载式车身）相连，两端安装着汽车车轮，也是安装主减速器、差速器、半轴和轮毂的基础部件，其功能是固定两端车轮的轴向相对位置，承受汽车质量，传递车架与车轮之间各方向上的作用力及其产生的弯矩和转矩。车桥分为整体式和断开式两种。整体式车桥犹如一个杠铃，两端通过悬架支承着车架，因此常与非独立悬架配用。断开式车桥采用活动关节式结构，中间部分固定在车架上，两端则像两把雨伞插在车架两侧，所以断开式车桥与独立悬架配用。车桥按其功能可分为转向桥、驱动桥、转向驱动桥和支持桥 4 种，其中转向桥和支持桥都属于从动桥。大多数汽车以前桥作为转向桥，后桥为驱动桥；轿车的前桥一般为转向驱动桥，后桥为支持桥。

（4）车轮　车轮包括驱动轮和转向轮，其作用是支承汽车的质量，传递汽车与路面之间的力和力矩，吸收不平路面引起的振动，并确定汽车的行驶方向。为了确保汽车直线行驶的稳定性和操纵轻便性，减少轮胎的磨损，转向车轮及其主销（或转向轴线）的空间位置包含着车轮定位（或前轮定位）的四大要素，即主销后倾、主销内倾、前轮外倾及前轮前束。前轮一般均为转向轮，因此车轮定位又称为前轮定位。

主销后倾是指转向轮的转向轴线在纵向垂直平面内相对于垂线向后倾斜，其作用主要是保持汽车直线行驶的稳定性，并使汽车转向后具有自动回正能力；主销内倾是指转向轮的转向轴线在横向垂直平面内相对于垂线向内倾斜，其作用主要是使转向轻便，同时也使汽车转向后具有自动回正能力；前轮外倾是指车轮旋转平面相对于纵向平面向外倾斜，其作用主要是提高转向操纵的轻便性，并与拱形路面相适应；前轮前束是指左、右两前轮之间的距离前后端不相等,前端距离小于后端距离,其作用是减轻或消除因前轮外倾所产生的不良后果。

3. 转向系统

转向系统的作用是确保汽车能够按照驾驶人选择的方向行驶。尽管现代汽车转向系统的结构形式多种多样,但都由转向操纵机构、转向器和转向传动机构三大部分组成,如图1-6所示。按转向动力来源的不同,转向系统还可分为机械转向系统和动力转向系统两大类。

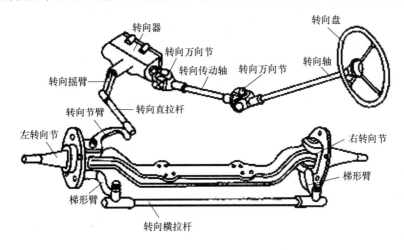

图1-6 机械转向系统机构组成

(1)转向操纵机构 转向操纵机构主要由转向盘、转向轴、转向管柱等组成。转向管柱用于牢固支承转向盘,传递转向盘操作的转向轴从其中穿过,由轴承和衬套支承。转向盘内部有金属骨架,外表皮要求采用手感良好,能防止手心出汗打滑的柔软、耐热材料。转向盘是汽车碰撞时最可能伤害到驾驶人的部件,因此必须具有一定的安全性,要求在驾驶人撞到转向盘时,骨架能够产生变形,转向管柱能够轴向收缩,吸收冲击能量,减轻转向盘对驾驶人的伤害。转向管柱吸能装置的方式很多,大都通过转向柱的支架变形来达到缓冲吸能的作用。

(2)转向器 转向器的作用是将转向操纵机构的旋转运动转变为转向传动机构的直线运动(或近似直线运动),把驾驶人加在转向盘上的力矩放大,将转向盘的转角减小,相当于转向系统中的减速装置,并改变力的方向后传给转向传动机构。转向器又称为转向机,是转向系统的核心部件。转向系统各零部件之间都有一定的装配间隙,这些间隙随着零部件的磨损而增大。汽车直行时,若转动转向盘,需经历这些间隙并经受零部件的弹性变形后,车轮才开始偏转。车轮开始偏转之前转向盘转过的角度称为转向盘的自由行程(或空转行程)。转向盘自由行程对于缓和路面冲击,避免驾驶人过度紧张是有利的,但过大的自由行程会影响转向灵敏性。调整转向盘的自由行程通常是通过调整转向器传动副的啮合间隙来实现的。

(3)转向传动机构 转向传动机构的作用是将转向器输出的力和运动传给转向桥两侧的转向节,使转向节以转向轴线(主销)为中心发生偏转,同时分别带动两侧前轮以一定的规律进行转动,实现汽车的转向。转向传动机构的组成和布置因转向器和悬架类型的不同而异。与非独立悬架配用的转向传动机构一般由转向摇臂、转向直拉杆、转向节臂、两个梯形臂和转向横拉杆等组成。与独立悬架配用的转向传动机构的组成部件与非独立悬架配用的基本相同,只是其中的转向梯形必须是断开式的,因为转向桥是断开式的。在上述两种结构形式中,转向传动机构的各杆件之间都采用球形铰链连接,并设有防止松脱、缓冲吸振、自动消除因磨损产生的间隙等结构措施。

(4) 机械转向系统　机械转向系统是指以驾驶人的手力作为转向动力的转向系统,所有传力部件都是机械的。

(5) 动力转向系统　动力转向系统是指应用转向助力装置进行动力放大,以减轻驾驶人转向操纵力的转向系统。机械转向系统不易同时满足转向轻便和转向灵敏两方面的要求。因此,中级以上的货车和中级以上的轿车大都采用动力转向系统,其动力来自发动机,可让驾驶人的转向操纵轻便,并且转向器的角转动比较小,从而也具有较高的转向灵敏性。

4. 制动系统

制动系统的作用是让汽车按照驾驶人的意图减速或在最短的距离内停车,以保证行车安全,并保证驾驶人离开后汽车能可靠地在原地(包括在坡道上)停驻,所以每辆汽车一般都装备有两套独立的制动系统:行车制动系统(俗称脚制动系统)和驻车制动系统(俗称手制动系统)。经常在山区行驶的汽车一般还装备有辅助制动系统,用以在下坡时稳定车速。

(1) 行车制动器　行车制动器的旋转零件固装在车轮上,制动力矩是由制动器的旋转零件和固定件工作表面形成的摩擦副产生的,并直接作用在车轮上,因此又称为车轮制动器。车轮制动器分为鼓式和盘式两大类:鼓式车轮制动器摩擦副中的旋转零件为制动鼓,固定零件为制动蹄,制动鼓的内圆柱面和制动蹄的外表面为工作表面,如图1-7所示;盘式车轮制动器摩擦副中的旋转零件为金属制动盘,其两个侧端面为工作表面,固定零件则有多种结构形式,其中应用最多的是安装在制动钳内的制动块,制动块面向制动盘的平面为固定零件的工作表面。制动块由摩擦片和金属底板组成,每个制动器中有2~4个制动块,这些制动块及其张开装置都安装在横跨在制动盘两侧的夹钳形支架

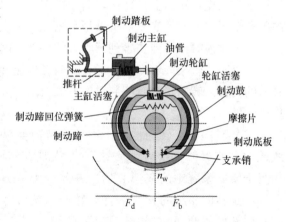

图1-7　鼓式车轮制动系统工作原理简图

中,一起组成制动钳。这种由制动盘和制动钳组成的制动器称为钳盘式制动器,广泛应用于各级轿车和轻型载货汽车。

(2) 驻车制动器　驻车制动器的作用是让停驶的汽车驻留原地不动,辅助在坡道上起步,配合行车制动系统进行紧急制动或在行车制动系统失效时应急使用。驻车制动器按其安装位置可分为中央驻车制动器和车轮驻车制动器两种:中央驻车制动器安装在变速器或分动

器的后面，制动力矩作用在传动轴上；车轮驻车制动器使用行车制动器的制动执行机构总成，但其制动传动装置是独立的。驻车制动器的制动传动装置一般都是机械式的，施加或解除驻车制动是通过向上拉动或放下驻车制动杆实现的。

1.2.2 底盘系统参数

1. 传动系统参数

1）离合器。包括离合器的类型（是机械摩擦式还是液压式等）、摩擦片数目、压紧装置类型（是膜片弹簧式还是螺旋弹簧式等）和摩擦片尺寸等。

2）变速器。包括变速器的类型（是手动还是自动）、前进挡位数目以及各挡传动比等。

3）主减速器。包括主减速器齿轮类型和主减速器传动比等。

2. 行驶系统参数

1）悬架。包括悬架的种类（非独立式还是独立式）、独立悬架的类型（麦弗逊式、烛式、横臂式或者纵臂式）、弹性零件的种类（螺旋弹簧、钢板弹簧、扭杆弹簧或者气体弹簧）以及减振器的布置等。

2）轮辋、轮胎的规格与种类等。

3）转向系统参数。转向系统参数主要包括转向器类型和转向器传动比等。

4）制动系统参数。制动系统参数主要包括行车制动器的结构类型（鼓式或者盘式）、制动蹄或制动盘的直径、驻车制动器类型（中央驻车制动器或者车轮驻车制动器）以及制动系统管路等。

1.2.3 底盘电控系统

为了改善汽车底盘各系统的性能，提高汽车的驱动性能、乘坐舒适性和行驶安全性，现代汽车底盘大都采用了各种电子控制系统或装置。常见的有自动变速器（AT）、防抱死制动系统（ABS）、防滑驱动系统（ASR）、电子制动力分配系统（EBD）、电子差速锁止系统（EDL）、电子稳定程序（ESP）和巡航控制系统（CCS）等。

1. 自动变速器

自动变速器是指不依靠驾驶人手力而能自动进行换档的变速器，其中变速器的传动比是根据转换成电信号的车速和加速踏板输入量精确计算的。由于配用自动变速器的汽车不需要离合器踏板，自动变速器又称为无离合器变速器。自动变速器能够将发动机的转速控制在一定的范围内，避免转速忽高忽低急剧变化，减轻了发动机的振动和噪声。因自动变速器采用液力变矩器，车辆起动时驱动轮上的牵引力是逐渐增加的，车轮振动小，起动过程平稳，即使驾驶人操纵时主观因素方面存在差异，自动变速器的电控系统都能使换档过程很平稳，不会出现大的波动。液力传动装置本身就能缓冲和减弱换档过程出现的冲击，这些都有利于改善汽车的乘坐舒适性。另外，自动变速器通过液力变矩器与发动机连接，外界的冲击载荷通过耦合器得以缓冲，有过载保护作用。自动换档避免了因不熟练的操作而导致的冲击，在汽车起步、换档、制动时还能够吸收振动能量，这些都能够减轻发动机和传动系统的动载荷，延长发动机和传动系统各部件的使用寿命。更为重要的是自动变速器能够根据实际行驶需要进行自动升档或降档，省去了起步或换档时踩离合器踏板、操纵变速杆、松放加速踏板等复杂操作，大大减轻了驾驶人的劳动强度。由于减少了操纵部件，简化了换档操作程序，驾驶人可以集中精力观察并及时处理紧急路面的交通状况，有助于避免交通事故的发生，提高行车安全性。

自动变速器的缺点和局限性包括结构比较复杂、制造精度要求高、质量也比较大，因此成本较高，一般安装自动变速器的轿车的价格比手动变速器要高10%左右。另外，轿车的动力性和燃油经济性均有所下降，一般会比手动变速器轿车多消耗约10%的燃油。

2. 防抱死制动系统

在需要紧急停车时，最好是采用"点制动"（俗称点刹）方式，而不能简单地将制动踏板一踩到底，因为这时车轮容易被抱死不转动，从而导致汽车失去控制，如前轮抱死时会引起汽车失去转弯能力，后轮抱死时容易发生甩尾事故等。防抱死制动系统（ABS）的作用便是防止紧急制动时车轮被抱死，避免汽车发生危险的甩尾现象，使其保持稳定的直线行驶状态，缩短制动距离，并改善汽车在较差路面（如积水或积雪）条件下的制动性能。

3. 防滑驱动系统

防滑驱动系统（ASR）又称为牵引力控制系统（TCS）或循迹控制系统。汽车在光滑路面制动时，车轮会被抱死而打滑，使汽车失去方向稳定性。同样汽车在起步或急加速时，驱动轮也有可能打滑，在冰雪等光滑路面上还会使方向失控而出危险。ASR的作用就是防止驱动轮在起步或急加速时发生打滑。ASR的传感器探测到驱动轮打滑时，就发出一个信号，以调节点火时间、减小节气门开度、降档或利用ABS的执行机构制动车轮使车轮不再打滑。因此，ASR可以提高汽车的行驶稳定性、加速性和爬坡能力。

4. 电子制动力分配系统

电子制动力分配系统（EBD）是对ABS功能的一种扩展。汽车制动时会引起轴荷转移，使前、后车轮与地面的摩擦力发生变化，而且四个车轮附着的地面条件往往也不一样，比如，有时左前轮和右后轮附着在干燥的水泥地面上，而右前轮和左后轮却附着在水中或泥水中，这种情况会导致在汽车制动时四个车轮与地面的摩擦力不一样，制动时容易造成汽车打滑、倾斜甚至侧翻。EBD的作用就是自动调节前、后轴（或每个车轮）的制动力分配比例，提高制动效能，确保汽车的制动稳定性。有时在轿车上也可看到EBD的德语缩写EBV。

5. 电子差速锁止系统

电子差速锁止系统（EDL）也是对 ABS 功能的一种扩展。当汽车驶过一侧冰雪较厚，而另一侧冰雪相对较薄甚至出现沙土的路面时，附着在（较厚）冰雪路面上的车轮往往容易打滑。而当汽车驶过单边光滑路面或在坡道上起步加速时，地面附着系数较低的一侧的驱动轮也易打滑。EDL 的作用是通过 ABS 的执行机构对打滑的驱动轮实施制动来降低其驱动力。由于差速器的差扭作用，另一侧车轮的驱动力迅速提高，防止驱动轮滑转，结果使两侧驱动轮均获得了与路面条件相适应的牵引力，改善了汽车在恶劣路面状况下的起步和加速性能。一旦汽车的行驶状况恢复正常，EDL 即停止作用。有时在轿车上也可看到 EDL 的德语缩写 EDS。

6. 电子稳定程序

电子稳定程序（ESP）同样是对 ABS 功能的一种扩展。如上所述，ABS 和 ASR 的主要功能是提高汽车抗侧滑的能力，确保汽车具有良好的操纵性和纵向稳定性。而 ESP 的功能简单地说就是防止汽车在弯道上行驶或变换车道时发生侧翻事故，确保汽车线内行驶的稳定性，或者说使汽车具有良好的横向稳定性。ESP 包括能够感应汽车行驶状态的各种传感器和一个用以分析处理传感器信号的计算机控制系统。计算机控制系统将测量数据与预先储存在控制程序中的标准数据进行比较，确定车辆行驶状态不稳定的程度，并通过计算机控制系统向 ABS 执行机构和发动机电子控制系统发出指令，以便采取最有利的安全措施，使汽车始终保持安全稳定的行驶状态。所谓的安全措施就是无论何时探测到汽车有发生侧翻的趋势时，该系统都会有选择地对单个汽车前轮或者是后轮实施制动，必要时还会同时增加或者减少发动机输出转矩。

7. 巡航控制系统

汽车巡航控制系统（CCS）又称为巡航、恒速、稳速或经济车速控制系统。CCS 的作用是利用先进的电子技术对汽车的行驶速度进行自动调节，让驾驶人无须操作加速踏板就能使汽车以恒速或接近于恒速行驶。装有 CCS 的汽车在良好的路面上行驶时，一打开 CCS 开关，驾驶人的脚便可离开加速踏板，系统会根据汽车行驶阻力的变化，自动地增减发动机节气门的开度，使汽车能够以选定的车速恒速行驶，从而使整个驾驶过程变得简便、轻松和舒适，同时系统的速度控制器使发动机的燃油供给与功率处于最佳的配合，以获得较好的燃油经济性。当路况变化时，驾驶人又能重新操纵汽车，如加速、减速、停靠等。

1.3 车身

车身是驾驶人的工作场所，也是容纳乘员和货物的场所，因此车身应为驾驶人提供宽敞的工作空间和便利舒适的驾驶操作条件，为乘员提供舒适安全的乘坐环境，并确保完好无损地运载货物且装卸方便，使其免受汽车行驶时的振动、噪声、废气、尘土、雨水、风雪等的侵袭。车身外形应具有良好的空气动力学特性，以便汽车行驶时车身能够最佳地引导周围的气流，这不但有助于减小空气阻力从而减少燃料消耗，还有助于提高汽车的行驶稳定性，改善发动机的冷却条件，确保车身内良好的通风。

根据车身与车架的连接方式，车身可分为非承载式、半承载式和承载式三种。非承载式车身的特征是车身与车架通过弹簧或橡胶垫等柔性连接，主要由车架承受发动机等部件的质量以及汽车行驶时由路面通过车轮和悬架传来的力；半承载式车身的特征是车身与车架通过螺钉、铆接或焊接等方式刚性连接，车身能够分担车架的部分载荷；承载式车身的特征是车架与车身制成一个整体，没有单独的车架，车身承受全部的载荷。为了减小整车质量和节约材料，大多数中级、普通级、微型轿车和部分客车车身常采用结构紧凑的承载式结构。为了提高乘坐舒适性，减轻发动机及底盘各总成工作时传来的振动，缓冲汽车行驶时由路面通过车轮和悬架传给车身的冲击，高级轿车车身有时也会采用非承载式结构。

1.3.1 车身基本组成部件

轿车承载式车身无明显骨架，但在承载式车身地板上有较完整的纵、横承力零件，前面有两根断面较粗的纵梁，它们与两侧的挡泥板以及前面的散热器固定架等焊接为一体，形成刚性较好的构架，以便安装发动机和悬架等。而非承载式车身的前部钣金件通常不是焊接在车身壳体上的，而是用螺钉连接在车架上，因此非承载式车身前部的刚度和强度比较薄弱。客车车身具有完整的骨架，外形比较规则，采用大量的平面覆盖件。客车车身主要包括驾驶室和车厢。驾驶室没有明显骨架，由外部覆盖件和内部钣金件焊接而成，并通过三点或四点弹性地悬置于车架上，以减小车架的弯曲和扭曲变形对驾驶室的影响，缓冲和减轻驾驶室的振动。轿车车身主要零件包括车身壳体、车门、车窗、发动机舱盖、车身顶盖、行李箱盖、翼子板、前围板、车身内外装饰件和车身附件、座椅以及通风、暖气、冷气等。在货车和专用汽车上还包括车厢和其他装备。

1. 车身壳体

车身壳体是所有车身部件的安装基础，通常是指纵梁、横梁和支柱等主要承力零件以及与它们相连接的内部钣金件和外部覆盖件共同组成的空间结构。车身壳体上的一些结构措施和设备有助于提高车身的刚度和强度，例如在车身覆盖件上加工加强筋槽或凸起，这既不增加质量，又能提高车身的耐扭转性和抗弯性，在车身的关键部位（如车门等）处还可设置高强度钢板，以坚固车身结构，提高耐撞能力。

2. 车门

车门是车身上的一个重要部件，通过铰链安装在车身壳体上。按开启方式车门可分为顺开式、水平移动式、上掀式和折叠式等。轿车侧门多为顺开式。水平移动式车门的优点是车身侧壁与障碍物相距很近时仍能全部开启。上掀式车门广泛用作轿车的后门。折叠式车门广泛应用于大、中型客车上。轿车车门通常由门外钣金、门内钣金、玻璃窗框等组成。门内钣金是安装各种车门附件的基体。有的轿车车门内还布置有暖气通风管道和立体声收放音机的扬声器等。为避免车门与门框之间发生摩擦而产生噪声，车门与门框之间留有较大的间隙，通常利用橡胶密封条密封。轿车前、后风窗采用有利于视野而又美观的曲面玻璃，通过橡胶密封条嵌在窗框上。为便于自然通风，轿车侧窗玻璃一般允许上下或前后移动，并在玻璃与导轨之间装有呢绒或植绒橡胶等材料制作的密封槽。

3. 车身外部覆盖件

发动机舱盖又称为发动机舱罩，是车身上最醒目也最能表征车身气质的构件，是购车者最为关注的部位。对发动机舱盖的主要要求是隔热、隔音、自身质量轻、刚性强。车身顶盖是车厢顶部的盖板，它对车身刚度的贡献并不十分重要，因此在顶盖上允许开设天窗，但为安全起见，在顶盖下一般还设置了一定数量的加强梁，顶盖内层也敷设绝热衬垫材料，以阻止外界温度的传导及减少振动时噪声的传递。行李箱盖要求有良好的刚性，结构上与发动机舱盖基本相同，设置有外板和内板，内板有加强筋。前翼子板和后翼子板是遮盖车轮的车身外板，因旧式车身该部件形状似鸟翼而得名。前围板是指发动机舱与车厢之间的隔板。前围板上有许多孔口，作为操纵用的拉索、拉杆、管路和电线束通过之用，还要配合踏板、转向机柱等零部件的安装位置。为防止发动机舱里的废气、高温、噪声窜入车厢，前围板上要有良好的密封措施和隔热装置。在发生意外事故时，它应具有足够的强度和刚度，阻挡发动机凸入驾驶室。

4. 车身内外部装饰件

车身外部装饰件主要是指装饰条、车轮装饰罩、标志、浮雕式文字等。散热器面罩、保险杠、灯具以及后视镜等附件亦有明显的装饰性。车身内部装饰件包括仪表板、顶篷、侧壁、座椅等表面覆饰物以及窗帘和地毯。在轿车上广泛采用天然纤维或合成纤维的纺织品、人造革或多层复合材料、连皮泡沫塑料等表面覆饰材料；在客车上则大量采用纤维板、纸板、工程塑料板、铝板、花纹橡胶板以及复合装饰板等覆饰材料。

5. 车身附件

车身附件包括门锁、门铰链、车门开度限位器、侧门窗升降玻璃及其导轨、玻璃升降器、各种密封件、风窗刮水器、风窗洗涤器、遮阳板、后视镜、拉手、点烟器、烟灰盒等。现代汽车基本都装有无线电收放音机和杆式天线，有的汽车车身上还装有无线电话机、电视机或加热食品的微波炉和小型电冰箱等附属设备。

6. 座椅

座椅由骨架、座垫、靠背和调节机构等组成。座垫和靠背应具有一定的弹性。操作调节机构可使座椅前后或上下移动并调整靠背相对座垫的倾斜角度。某些轿车的驾驶人座椅还设置了弹性悬架和减振器，通过调节弹性悬架可以改变座垫离地板的高度，以满足不同体重驾驶人的要求。在某些货车驾驶室和客车车厢中还设置了适应夜间长途行车需要的卧铺。车身内部的通风、暖气、冷气是维持车内正常环境、保证驾驶人和乘员安全舒适的重要装置。

1.3.2 车身安全防护装置

汽车发生碰撞事故时，汽车的前、后保险杠或车身侧面首先受到冲击或挤压，随后便是与它们相连的车身构架产生变形和压溃，危及车内乘员。如果事故为正面碰撞，汽车会急剧减速直至停止，车内乘员由于惯性作用而离开座位向前冲。此时，转向盘、仪表板、风窗支柱、风窗玻璃、风窗框上横梁等可能会撞击或挤压人体的胸、腹或头部，成为主要致伤构件。基于同样的理由，车身内部一切有可能与人体接触的构件都应避免采用尖角、凸棱或小圆弧过渡的形状，车身内应尽量采用软材料包垫，既有利于满足安全防护性要求，也有利于满足舒适性要求。另外，汽车与行人相撞时，保险杠、车前钣金件或车身前围等部位最易使行人受伤。行人受撞击后，其头部往往倒向发动机舱盖、风窗框下缘或风窗玻璃等部位。因此，现代汽车都采取了各种安全防护措施和装置，典型的有下列几种：

1. 加固车身结构

根据国家汽车碰撞安全性的技术要求，车身壳体、乘坐舱应具有较大的刚度，车身的前部、尾部以及其他离乘员较远的构件的刚度相对要小，这样在汽车发生碰撞事故时，乘坐舱的变形比较小，汽车受到的冲击能量将主要由车身前部和尾部等部位的易变形构件所吸收。提高乘坐舱刚度和强度的主要措施是加固其地板、前围内板、后围板等部件，为使乘坐舱侧面较坚固以便承受较大的撞击力，车门门槛通常较粗大，并用横梁将左、右两根门槛连接起来共同受力，另外在门外板的内表面还常常贴有瓦棱状加强板。为了使车身前部和尾部的刚度较小，常在粗大的构件或坚固的部件上开孔或开槽来削弱其刚度，或者使构件在汽车碰撞时承受弯曲载荷，因为弯曲变形较易发生，所以吸收的变形能也较大。车身前部安装发动机和前悬架的纵、横梁都较粗大，因此某些现代轿车的前部纵梁不是平直的，而是有意弯折成Z字形，以便在碰撞时折叠变形并吸收冲击能量。

2. 保险杠与护条

汽车的最前端和最后端都装有保险杠，许多轿车（如桑塔纳、奥迪和老款捷达等）的左右两侧还装有纵贯前后的护条。保险杠和护条的安装高度应合适，以确保汽车相撞时，两车的保险杠或护条首先接触。按功能保险杠结构一般包括两部分：第一部分由弹性较大的泡沫塑料制成，主要是为减轻行人软表层的受伤程度；第二部分主要用于吸收碰撞能量，常见的有金属构架、全塑料结构、半硬质橡胶缓冲结构、液压或气压装置等形式。除了保险杠外，经常致使行人受伤的构件还有前翼子板、前照灯、发动机舱盖、车轮、风窗玻璃等。这些构件不应制造得尖锐而坚硬，最好是平整光滑而富有弹性。

3. 侧门防撞杆

汽车受到侧面撞击时，车门受冲击会发生弯曲变形，内钣金件朝内凸入会直接伤害到车内乘员。为了加强车门刚度，在汽车两侧门夹层中间设置了一两根非常坚固的钢梁，称为侧门防撞杆。当汽车侧门受到撞击时，坚固的侧门防撞杆能大大减轻车门的弯曲变形程度，显著减小内钣金件朝车内的凸入量，减轻汽车撞击对车内乘员的伤害。

4. 安全玻璃

为防止汽车正面或侧面碰撞时，玻璃碎片对乘员脸部和眼睛的伤害，许多轿车都选用了安全玻璃。目前，广泛应用的安全玻璃有钢化玻璃与夹层玻璃两种。钢化玻璃是在玻璃处于炽热状态下使之迅速冷却而产生预应力的强度较高的玻璃，钢化玻璃破碎时分裂成许多无锐边的小块，不易伤人。夹层玻璃共有3层，中间层韧性强并有黏合作用，被撞击破坏时内层和外层仍黏附在中间层上，不易伤人。汽车用的夹层玻璃，其中间层加厚了一倍，因此有较好的安全性。

5. 门锁和门铰链

门锁和门铰链都应有足够的强度。在汽车碰撞时，应能同时承受纵、横两个方向的冲击力而不致使车门开启或脱落，避免乘员被甩出车外，减少乘员受重伤或死亡的危险。此外，在碰撞结束后，门锁应不致失效且保证车门仍能开启。目前，轿车广泛使用的是能够同时承受纵向和横向载荷的转子卡板式门锁，而不能承受纵向载荷的舌簧式、钩簧式、齿轮转子式等门锁已逐渐被淘汰。

6. 安全带

安全带是一种最有效的安全防护装置，它能在汽车发生碰撞或急转弯时，约束乘员尽可能保持原有的位置而不移动和转动，避免乘员与车内坚硬部件发生碰撞而造成伤害。轿车上使用的安全带，按固定方式分为两点式安全带和三点式安全带两种。两点式安全带与车身或座椅构架仅有两个固定点，软带从腰的两侧挂到腹部，形似腰带，在碰撞事故中可以防止乘员身体前移或从车内甩出，其优点是使用方便，容易解脱；缺点是乘员上体容易前倾，前排乘员头部会撞到仪表板或风窗玻璃上，所以这种安全带主要用在轿车后排座椅上。三点式安全带在两点式安全带的基础上增加了肩带，在靠近肩部的车身上有一个固定点，可同时防止乘员躯体前移和上半身前倾，增强了乘员的安全性，是目前使用最普遍的一种安全带。

轿车的安全带由织带、安装固定件和卷收器等部件组成。织带是构成安全带的主体，多由结实的合成纤维织成，包括斜跨前胸的肩带和绕过人体跨部的腰带。安装固定件是与车身或座椅构件相连接的耳片、插件和螺栓等，它们的安装位置和牢固性将直接影响安全带的保护效果和乘员的舒适感。卷收器的作用是储存织带和锁止织带拉出，是安全带系统中最复杂的机械件，汽车万一出现紧急制动、转弯、正面碰撞或发生翻滚时，乘员的突然运动会使织带受到快速而猛烈的拉伸，此刻卷收器的自锁功能可在瞬间自动卡住织带，使乘员紧贴座椅，避免摔出车外或与内饰碰撞受伤。

为了防止织带因拉力过大而使乘员身体特别是肋骨受伤，先进的安全带还带有预收紧装置和拉力限制器。预收紧装置的作用是当碰撞事故发生的一瞬间，乘员尚未向前移动时，它会首先拉紧织带，立即将乘员紧紧地绑在座椅上，然后锁止织带防止乘员身体前倾，有效保护乘员的安全。从感知事故到完成安全带预收紧的全过程仅持续千分之几秒。拉力限制器的作用是当预收紧装置使织带绷紧并在张紧力峰值过去后，让安全带马上有所松弛，以减小乘员受力。

7. 安全气囊

安全气囊的作用是当汽车发生强烈正面碰撞时，能够在极短的时间内（碰撞开始后的 0.03~0.05s）从转向盘内或仪表板内膨胀出来，垫在转向盘与驾驶人之间，防止驾驶人头部和胸部撞击到转向盘或仪表板等硬物。安全气囊主要由传感器、微处理器、气体发生器和气囊等部件组成。传感器和微处理器用以判断撞车程度，传递及发送信号；气体发生器根据信号指示产生点火动作，点燃固态燃料并产生气体向气囊充气，使气囊迅速膨胀。轿车除了在驾驶人侧安装有安全气囊外，也为前排乘客座设置了安全气囊（双安全气囊）。另外，有些轿车还在座位侧面靠门一侧安装了侧面安全气囊。

8. 头颈保护系统

头颈保护系统的作用是当轿车后部遭受撞击时，限制乘员头部向后做剧烈的旋转运动，以避免颈椎受伤。严重的颈椎受伤可能使乘员神经（脊髓）受伤，导致颈部以下全身瘫痪（高位截瘫）。头颈保护系统的工作过程是：当轿车后部受到撞击时，头颈保护系统会迅速充气膨胀起来，其整个靠背都会随乘员一起后倾，乘员的整个背部和靠背平稳地贴近在一起，靠背则会后倾以最大限度地降低头部向后甩的力量，座椅的椅背和头枕会向后水平移动，使身体的上部和头部得到轻柔、均衡的支承与保护，以减轻脊椎以及颈部所承受的冲击力，防止头部向后甩所带来的伤害。

1.3.3　指示仪表和报警装置

为了使驾驶人能够及时了解汽车各系统的运行状态，汽车驾驶室仪表板上安装有各种指示仪表和报警装置。

1. 车速里程表

车速里程表是由指示汽车行驶速度的车速表和记录汽车行驶距离的里程表组成的，二者装在共同的壳体中，并由同一根轴驱动。车速表利用磁电互感作用，使表盘上指针的摆角与汽车行驶速度成正比。在表壳上装有有刻度的表盘。里程表是由若干个计数转鼓及其转动装置组成的。为了使用方便，有的车速里程表同时设有总里程计和单程里程计，总里程计用来记录汽车累计行驶里程，单程里程计用来记录汽车单程行驶里程。单程里程计可以随时复位至零。

2. 速度报警器

速度报警器是为了保证行车安全而在车速表内装设的速度音响报警系统。

如果汽车行驶速度达到或超过某一限定车速（如120km/h）时，则车速表内速度开关使蜂鸣器电路接通，发出声音报警。

3. 机油压力表

机油压力表是在发动机工作时，指示发动机润滑系统主油道中机油压力大小的仪表。它包括油压指示表和油压传感器两部分。

4. 机油低压警告灯

机油低压警告灯在发动机润滑系统主油道中的机油压力低于正常值时，警告灯点亮，发出警报信号。机油低压报警装置由装在仪表板上的机油低压警告灯和装在发动机主油道上的油压传感器组成。

5. 燃油表

燃油表用以指示汽车燃油箱内的存油量。燃油表由带稳压器的油面指示表和油面高度传感器组成。

6. 燃油低油面警告灯

燃油低油面警告灯的作用是在燃油箱内的燃油量少于某一规定值时立即点亮报警，以引起驾驶人的注意。

7. 冷却液温度表

冷却液温度表用于指示发动机冷却液的工作温度。

8. 冷却液温度警告灯

冷却液温度警告灯能在冷却液温度升高到接近沸点（95~98℃）时发亮，以引起驾驶人的注意。

1.3.4 照明及信号装置

为了确保自己驾驶的汽车及其他交通参与者的安全，现代汽车上装有各种照明和信号装置，用以照明道路、标示车辆宽度、照明车厢内部及仪表指示和夜间检修照明等，在想要转弯、制动和倒车等情况下，通过信号灯光和音响效果等警示周围的交通参与者。常见的照明和信号灯包括前照灯、前小灯、近光灯、雾灯、驻车灯、转向信号灯、转向信号闪光器、示宽灯、制动灯、高位制动灯（第三制动灯）、停车灯、倒车灯、尾灯（牌照灯）和车内照明灯等。车内照明灯要求造型美观、光线柔和悦目，它包括驾驶室顶灯、车厢照明灯、各种警示和指示灯、门控灯和行李箱灯等。为了便于夜间检修发动机，还设有发动机舱盖下灯。为满足夜间在路上检修汽车的需要，车上还应备有带足够长灯线的工作灯，使用时临时将其插头接入专用的插座中。驾驶室的仪表板上有仪表板照明灯。在有些汽车上，仪表板照明灯不能和驾驶室顶灯同时使用。

雾灯主要用于在多雾地区行驶的汽车。雾灯安装在汽车前部，发出的均为黄色光；转向信号灯分装在车身前端和后端的左、右两侧。为了在白天能引人注目，转向信号灯的亮度很强，有时在转向信号灯中装有转向信号闪光器，使转向信号灯光发生闪烁。制动灯安装在车尾两边，发出的灯光为红色。当驾驶人踩下制动踏板时，制动灯即亮起，并发出红色光，提醒后面的汽车驾驶人注意保持适当的车距，以免前面的汽车突然制动时与其发生追尾碰撞事故；当驾驶人松开制动踏板时，制动灯即熄灭。高位制动灯一般装在车尾上部，以便后方车辆能及时发现前方车辆而实施制动，防止发生追尾事故。由于汽车已有左、右两个制动灯，人们习惯上把装在车尾上部的高位制动灯称为第三制动灯。牌照灯用于照明汽车牌照，它应保证夜间在车后 20m 处能看清牌照号码。

1.3.5 车身防盗装置

为了防止驾驶人离开后汽车被盗窃，大部分汽车上都设置了防盗装置。常见的车身防盗装置（VATS）有机械式防盗装置、电子式防盗装置、发动机防盗锁止系统以及跟踪定位监控防盗系统（GPS）。

1. 机械式防盗装置

机械式防盗装置是指各种锁具，它们可以将转向盘、变速杆、制动器等锁起来，典型的有转向锁、制动器锁和车轮锁等。转向锁由锁杆、凸轮轴、锁止器挡块、开锁杠杆和开锁按钮等组成。当驾驶人从钥匙筒拔出钥匙后，使用制动器锁杆就可将转向柱锁住，或者使用制动器锁将制动踏板固定在制动位置，或者将车轮锁锁在车轮上，使车轮不能转动。这样，即使偷窃者将发动机起动了，汽车仍不能行驶。

2. 电子式防盗装置

机械式防盗装置是预防汽车被盗的装置，但这种装置不能防止他人进入驾驶室、车内，打开行李箱、发动机舱盖或起动发动机。而电子式防盗装置不仅能可靠地防止汽车被盗，而且能防止盗贼拆卸某些汽车零件和进入车内。当盗贼接近或进入汽车时，电子式防盗装置便以蜂鸣、警笛、灯光等方式吓退盗贼，同时引起车主或路人的注意。

3. 发动机防盗锁止系统

汽车门锁具有一定的互开率，降低了汽车的防盗能力，因此发动机防盗锁止系统就应运而生了。对于装有发动机防盗锁止系统的汽车，即使盗贼能打开车门也无法起动发动机开走汽车。典型的发动机防盗锁止系统的工作原理是：汽车点火钥匙内安装有电子芯片，每个芯片内都装有固定的识别编码 ID（相当于身份识别号码），只有钥匙芯片的 ID 与发动机的 ID 一致时，汽车才能起动；如果两者不一致，汽车就会马上自动切断电路，使发动机无法起动。

4. 全球跟踪定位监控防盗系统（GPS）

GPS 可以在车主离开汽车时，使汽车处于安全设防状态。如果有人非法开启车门或起动汽车，汽车会自动报警，此时车主手机、车辆监控中心会同时收到报警电话，车主不用费脑伤神，监控中心的值班人员就会立即向 110 报警，且汽车将自动启动断油、断电程序。如果车主将汽车（尤其是出租车）开到郊外遇到悍匪劫车，车主只要按下报警开关，汽车就会向监控中心发出遇劫报警。如果报警开关被悍匪发现并遭到破坏时，遭破坏的系统能自动发出报警信号，监控中心便可启动自动跟踪系统，立刻将车辆的位置信息反馈给 110，以便对车主进行及时营救。

1.4 电气设备

电气设备由蓄电池组、发动机起动系统和点火系统、汽车照明和信号装置等组成，用于发动机的起动、点火、照明、灯光信号以及仪表等监控装置。我国汽车电气系统常采用负极搭铁，电压等级为 12V 和 24V。此外，现代汽车上普遍应用了各种各样的电子设备，一类是与车上的机械系统配合使用的汽车电子控制装置，包括发动机、底盘、车身电子控制装置，如电子控制燃油喷射系统、进气与增压控制、空燃比控制、点火控制、爆燃控制、废气再循环控制、怠速控制、电子控制自动变速器、防抱死制动控制、防滑驱动控制、电子悬架控制、巡航控制、电子动力转向、汽车照明灯控制、电动刮水器（洗涤器和除霜器）控制、电动门窗（门锁、后视镜和车顶）、自动空调系统、自动座椅等；另一类电子设备则是车载汽车电子装置，它们是在汽车环境下能够独立使用的电子装置，与汽车本身的性能无直接关系，一般可根据需要来选配，如汽车信息系统、导航系统、汽车音响及电视娱乐系统、车载通信系统、上网设备等。

1.5 汽车类型

汽车的分类有很多方法，可以按用途分类，也可以按动力装置类型、行走方式、发动机位置和车轮驱动方式、有无车架等进行分类。

1.5.1 汽车分类

1. 按用途分类

GB/T 3730.1—2001《汽车和挂车类型的术语和定义》对在道路上运行的汽车、挂车和汽车列车的类型给出了术语和定义。该标准对汽车按用途分类进行了十分详尽的表述，将广义上的汽车分为有动力的汽车、无动力的挂车和汽车列车（由有动力的汽车和无动力的挂车组成）三大类，其中将汽车分为乘用车和商用车两大类。汽车、乘用车、商用车、挂车和汽车列车分别定义如下：

（1）汽车 它是由动力驱动，具有四个或四个以上车轮的非轨道承载的车辆，主要用于载运人员或货物、牵引载运人员或货物的车辆，以及特殊用途。

它包括：

① 与电力线相连的车辆，如无轨电车。

② 整车整备质量超过400kg的三轮车辆。

（2）乘用车 它是在设计和技术特性上主要用于载运乘客及其随身行李和临时物品的汽车，包括驾驶人座位在内最多不超过9个座位。它也可以牵引一辆挂车。

① 普通乘用车：

车身：封闭式，侧窗中柱有或无。车顶（顶盖）：固定式，硬顶，有的顶盖一部分可开启。

座位：4个或4个以上座位，至少两排，后座椅可折叠或移动，以形成装载空间。车门：2个或4个侧门，可有一后开启门。

② 活顶乘用车：

车身：具有固定侧围框架可开启式车身。车顶（顶盖）：车顶为硬顶或软顶，至少有两个位置，第一个位置封闭，第二个位置开启或拆除，可开启式车身可以通过使用一个或数个硬顶部件或合拢软顶将开启的车身关闭。座位：4个或4个以上座位，至少两排。车门：2个或4个侧门。车窗：4个或4个以上侧窗。

③ 高级乘用车：

车身：封闭式，前后座之间可以设有隔板。车顶（顶盖）：固定式，硬顶，有的顶盖一部分可开启。座位：4个或4个以上座位，至少两排，后排座椅前可安装折叠式座椅。车门：4个或6个侧门，也可有一个后开启门。车窗：6个或6个以上侧窗。

④ 小型乘用车：

车身：封闭式，通常后部空间较小。车顶（顶盖）：固定式，硬顶，有的顶盖一部分可开启。座位：2个或2个以上的座位，至少一排。车门：2个侧门，也可有一个后开启门。车窗：2个或2个以上侧窗。

⑤ 敞篷车：

车身：可开启式。车顶（顶盖）：车顶可为软顶或硬顶，至少有两个位置，第一个位置遮覆车身，第二个位置车顶卷收或可拆除。座位：2个或2个以上的座位，至少一排。车门：2个或4个侧门。车窗：2个或2个以上侧窗。

⑥ 舱背乘用车：

车身：封闭式，侧窗中柱可有可无。车顶（顶盖）：固定式，硬顶，有的顶盖一部分可以开启。座位：4个或4个以上的座位，至少两排，后座椅可折叠或可移动，以形成一个装载空间。车门：2个或4个侧门，车身后部有一舱门。

⑦ 旅行车：

车身：封闭式，车尾外形可提供较大的内部空间。车顶（顶盖）：固定式，硬顶，有的顶盖一部分可以开启。座位：4个或4个以上的座位，至少两排，座椅的一排或多排可拆除，或装有向前翻倒的座椅靠背，以提供装载平台。车门：2个或4个侧门，并有一后开启门。车窗：4个或4个以上侧窗。

⑧ 多用途乘用车：

除与上述①~⑦类车辆相同外，是只有单一车室载运乘客及其行李或物品的乘用车。但是，如果这种车辆同时具有下列两个条件，则不属于乘用车而属于货车：

a）除驾驶人以外的座位数不超过6个；只要车辆具有可使用的座椅安装点，就应算"座位"存在。

b）满足下述公式

$$P=(M+N\times68)>N\times68$$

式中，P 为最大设计总质量；M 为整车整备质量与1位驾驶人质量之和；N 为除驾驶人以外的座位数。

⑨ 短头乘用车：该类乘用车一半以上的发动机长度位于车辆前风窗玻璃最前点以后，并且转向盘的中心位于车辆总长的前四分之一部分内。

⑩ 越野乘用车：在设计上具有所有车轮同时驱动（包括一个驱动轴可以脱开的车辆）的能力，或其几何特性（接近角、离去角、纵向通过角、最小离地间隙）、技术特性（驱动轴数、差速锁止机构或其他形式机构）和动力性能（爬坡度）允许在非道路上行驶的一种乘用车。

⑪ 专用乘用车：它是运载乘员或物品并完成特定功能的乘用车。它具备完成特定功能所需的特殊车身或装备，如旅居车、防弹车、救护车、殡仪车等。

a）旅居车：旅居车是一种至少具有下列生活设施结构的乘用车：座椅和桌子、睡具（可由座椅转换而来）、炊事设施、储藏设施。

b）防弹车：用于保护所运送的乘员和或物品并符合装甲防弹要求的乘用车。

c）救护车：用于运送病人或伤员并为此目的配有专用设备的乘用车。

d）殡仪车：用于运送死者并为此目的而配有专用设备的乘用车。

（3）商用车　在设计和技术特性上它是用于运送人员和货物的汽车，并且可以牵引挂车，乘用车不包括在内。

① 客车：它是在设计和技术特性上用于载运乘客及其随身行李的商用车辆，包括驾驶人座位在内座位数超过9座。客车有单层的或双层的，也可牵引一挂车。

a）小型客车：用于载运乘客，除驾驶人座位外，座位数不超过16个。

b）城市客车：一种为城市间运输而设计和装备的客车。这种车辆设有座椅及站立乘客的位置，并有足够的空间供频繁停站时乘客上下车走动用。

c）长途客车：一种为城市间运输而设计和装备的客车。这种车辆没有专供乘客站立的位置，但在其通道内可载运短途站立的乘客。

d）旅游客车：一种为旅游而设计和装备的客车。这种车辆的布置要确保乘客的舒适性，不载运站立的乘客。

e）铰接客车：一种由两节刚性车厢铰接组成的客车。在这种车辆上，两节车厢是相通的，乘客可通过铰接部分在两节车厢之间自由走动。这种车辆可以按汽车、乘用车、商用车和挂车进行装备。两节刚性车厢永久联结，只有在工厂车间使用专用的设施才能将其拆开。

f) 无轨电车：一种经架线由电力驱动的客车。这种电车可指定用作多种用途，并按乘用车、商用车和汽车列车进行装备。

g) 越野客车：在其设计上所有车轮同时进行驱动（包括一个驱动轴可以脱开的车辆）或其几何特性（接近角、离去角、纵向通过角、最小离地间隙）、技术特性（驱动轴数、差速锁止机构或其他形式机构）和动力性能（爬坡度）允许在非道路上行驶的一种车辆。

h) 专用客车：在其设计和技术特性上只适用于需经特殊布置安排后才能载运人员的车辆。

② 半挂牵引车：它是装备有特殊装置用于牵引半挂车的商用车辆。

③ 货车：它是一种为载运货物而设计和装备的商用车辆。能否牵引一挂车均可。

a) 普通货车：一种在敞开（平板式）或封闭（厢式）载货空间内载运货物的货车。

b) 多用途货车：在其设计和结构上主要用于载运货物，但在驾驶人座椅后带有固定或折叠式座椅，可载运3个以上乘客的货车。

c) 全挂牵引车：一种牵引杆式挂车的货车，它本身可在附属的载运平台上运载货物。

d) 越野货车：在其设计上所有车轮同时进行驱动（包括一个驱动轴可以脱开的车辆）或其几何特性（接近角、离去角、纵向通过角，最小离地间隙）、技术特性（驱动轴数、差速锁止机构或其他形式机构）和动力性能（爬坡度）允许在非道路上行驶的一种车辆。

e) 专用作业车：在其设计和技术特性上用于特殊工作的货车，如消防车、救险车、垃圾车、应急车、街道清洗车、扫雪车、清洁车等。

f) 专用货车：在其设计和技术特性上用于运输特殊物品的货车，如罐式车、乘用车运输车、集装箱运输车等。

(4) 挂车　就其设计和技术特性而言，它是需由汽车牵引，才能正常使用的一种无动力的道路车辆，用于载运人员或货物，或特殊用途。

① 牵引杆挂车：它是至少有两根轴的挂车，一轴可转向，通过角向移动的牵引杆与牵引车联结，牵引杆可垂直移动联结到底盘上，因此不能承受任何垂直力。具有隐藏支地架的半挂车也作为牵引杆挂车，具体有以下几种：

客车挂车：在其设计和技术特性上用于载运人员及其随身行李的牵引杆挂车。

牵引杆货车挂车：在其设计和技术特性上用于载运货物的牵引杆挂车。

通用牵引杆挂车：一种在敞开（平板式）或封闭（厢式）载货空间内载运货物的牵引挂车。

专用牵引杆挂车：一种牵引杆挂车，按其设计和技术特性需经特殊布置后才能载运人员或货物，只执行某种规定的运输任务（如乘用车运输挂车、消防挂车、低地板挂车、空气压缩机挂车等）。

② 半挂车：它是车轴置于车辆重心（当车辆均匀受载时）之后，并且装有可将水平或垂直力传递到牵引车的联结装置的挂车，具体有以下几种：

客车半挂车：在其设计和技术特性上用于载运乘客及其随身行李的半挂车。这种半挂车可按客车、半挂牵引车和货车加以装备。

通用货车半挂车：一种在敞开（平板式）或封闭（厢式）载货空间内载运货物的半挂车。

专用半挂车：一种半挂车，按其设计和技术特性需经特殊布置后才能载运人员和货物，或只执行某种规定的运输任务，如原木半挂车、消防半挂车、低地板半挂车、空气压缩机半挂车等。

旅居半挂车：一种能够提供活动睡具的半挂车。

③ 中置轴挂车：它是牵引装置不能垂直移动（相对于挂车），车轴紧靠挂车重心（当均匀载荷时）的挂车。这种车辆只有较小的垂直静载荷作用于牵引车，不超过相当于挂车最大质量的10%或1000N的载荷（两者取较小者），其中一轴或多轴可由牵引车来驱动。

旅居挂车：一种能够提供活动睡具的中置轴挂车。

(5) 汽车列车　它是一辆汽车与一辆或多辆挂车的组合。汽车列车可分为如下类型：

① 乘用车列车：乘用车和中置轴挂车的组合。

② 客车列车：一辆客车与一辆或多辆挂车的组合。各节乘客车厢不相通，有时可设服务走廊。

③ 货物列车：一辆货车与一辆或多辆挂车的组合。

④ 牵引杆挂车列车：一辆全挂牵引车与一辆或多辆挂车的组合。

⑤ 铰接列车：一辆半挂牵引车与具有角向移动联结的半挂车组成的车辆。

⑥ 双挂列车：一辆铰接式列车与一辆牵引杆挂车的组合。

⑦ 双半挂列车：一辆铰接式列车与一辆半挂车的组合。两辆车的联结是通过第二个半挂车的联结装置实现的。

⑧ 平板列车：一辆货车和一辆牵引杆货车挂车的组合；在可角向移动的货物承载平板的整个长度上载荷都是不可分地置于牵引车和挂车上。为了支承这个载荷可以使用辅助装置。这个载荷和它的支撑装置构成了这两个车辆的联结装置，因此不允许挂车再有转向联结。

2. 按动力装置类型分类

(1) 活塞式发动机汽车

① 按燃料分类。

汽油机汽车：用汽油作为燃料的汽车。

柴油机汽车：用柴油作为燃料的汽车。

气体燃料发动机汽车：用天然气、煤气等气体作为燃料的汽车。

液化气体燃料发动机汽车：用液化气体（液化石油气）作为燃料的汽车。

② 按活塞的运动方式分类。

往复活塞式发动机汽车：用往复式活塞发动机作为动力装置的汽车。

旋转活塞式发动机汽车：用旋转活塞发动机作为动力装置的汽车。

（2）电动汽车　按电能组合方式可以分为：

纯电动汽车：用蓄电池作为唯一能量源的汽车。

混合动力电动汽车：用蓄电池和发动机共同作为能量源的汽车。

3. 按行走方式分类

轮式汽车：用车轮作为行走装置的汽车。
履带式汽车：用履带作为行走装置的汽车。
半履带式汽车：用履带作为驱动装置，用前轮作为转向装置的汽车。

4. 按驱动方式分类

前轮驱动汽车：用前轮作为驱动轮的汽车。
后轮驱动汽车：用后轮作为驱动轮的汽车。
全轮驱动汽车：所有车轮都可以作为驱动轮的汽车。

5. 按发动机位置和驱动方式分类

前置前驱动（FF）汽车：前置发动机的前轮驱动汽车。
前置后驱动（FR）汽车：前置发动机的后轮驱动汽车。
后置后驱动（RR）汽车：后置发动机的后轮驱动汽车。
中置后驱动（MR）汽车：中置发动机的后轮驱动汽车。
四轮驱动（4WD）汽车：前置发动机的四轮驱动汽车。

6. 按有无车架分类

有车架汽车：在构成车辆底盘的骨架上安装了悬架、车桥、发动机和车身等总成的汽车。

无车架汽车：没有车架，底盘和车身成为一体，使其具有一定强度的汽车，如使用承载式车身的轿车和部分客车。

1.5.2　汽车型号编制规则

为了在生产、管理、使用、维修中便于识别不同的国产汽车，我国对国产汽车规定了统一的型号编制规则。

1. 汽车型号的构成

汽车型号应能表明汽车的厂牌、类型和主要特征参数等。国产汽车型号均应由汉语拼音字母和阿拉伯数字组成。汽车型号包括以下五部分：

（1）企业名称代号　用汉语拼音字母表示，如 CA（代表第一汽车制造厂）、EQ（代表东风汽车制造厂）、BJ（代表北京汽车制造厂）、SY（代表沈阳汽车制造厂）等。

(2) 汽车类别代号　用1位阿拉伯数字表示：1—载货汽车；2—越野汽车；3—自卸汽车；4—牵引汽车；5—专用汽车；6—客车；7—轿车；9—半挂车及专用半挂车。

(3) 主参数代号　用两位阿拉伯数字表示。

① 汽车类别代号为1~5类的汽车及半挂车以汽车的总质量（t）为主参数代号；总质量为100t以上时，允许用三位主参数代号表示。

② 客车以汽车的总长（m）为主参数代号。

③ 轿车以发动机排量（L）为主参数代号，精确到小数点后一位，以其值的十倍数表示。

(4) 产品序号　用数字0、1、2……表示，如0—第一代产品，1—第二代产品等。

(5) 企业自定代号　可用汉语拼音字母和阿拉伯数字表示，位数由企业自定，在同一种汽车结构略有变化而需要区别时采用。如汽油机与柴油机、单排座与双排座、长轴距与短轴距等。

如果是专用汽车，还应加上一个专用汽车分类代号。

专用汽车分类代号用反映专用汽车结构和用途特征的三个汉语拼音表示。结构特征代号表示如下（用途特征另行规定）：

X—厢式汽车；T—特种结构汽车；G—罐式汽车；J—起重举升汽车；Z—专用自卸车；C—仓栅式汽车。

2. 汽车型号举例

(1) TJ7131U　TJ代表天津市微型汽车厂，第1位数字7代表汽车类型为轿车，第2位、第3位数字13代表主参数为发动机排量1.3L，第4位数字1代表第二代产品，第5位字母U为厂家自定义。

(2) BJ1041　BJ代表北京轻型汽车有限公司，第1位数字1代表汽车类型为货车，第2位、第3位数字04代表主参数为总质量4t，第4位数字1代表第二代产品。

(3) EQ2080　EQ代表东风汽车制造厂，第1位数字2代表越野车，第2位、第3位数字08代表主参数为总质量8t，第4位数字0代表第一代产品。

1.6　汽车使用寿命及报废标准

汽车从开始使用到不能使用的整个时期持续的时间称为汽车的使用寿命。汽车使用寿命分析的实质是指从技术和经济上分析汽车的使用极限。汽车使用寿命可以用累计使用年数或累计行驶里程数表示。达到国家规定使用年限及行驶里程而不具备继续上路行驶条件的机动车，或者虽然未达到国家报废标准，但发动机或底盘严重损坏，经检验不符合国家机动车运行安全条件，或者不符合国家机动车污染物排放标准的机动车，根据国家商务部、国家发改委、公安部、国家环境保护部各阶段制定的《汽车报废标准》依法进行报废处理。

1.6.1 汽车使用寿命分类

汽车使用寿命可分为技术使用寿命、经济使用寿命和合理使用寿命。它们之间的关系为：技术使用寿命>合理使用寿命>经济使用寿命。

1. 机动车的技术使用寿命

机动车技术使用寿命是指车辆从开始使用，直至其主要机件达到技术极限状态而不能再继续修理时为止的总工作时间或总行驶里程。这种极限的标志，在结构上是零部件的工作尺寸、工作间隙，在性能上常表现为车辆总体的动力状态或燃料、润滑油的极度超耗。机动车的技术寿命主要取决于各部分总成的设计水平、制造质量和合理使用与维修。机动车达到技术寿命时，应对车辆进行报废处理，其零部件也不能再作为备件使用。机动车维修工作做得越好，机动车的技术寿命越长，但一般随着机动车使用时间的延长，机动车维修费也日益增加。

2. 机动车的合理使用寿命

机动车合理使用寿命是以机动车经济使用寿命为基础，考虑整个国民经济的发展和能源节约等因素，制定出符合我国实际情况的使用期限。也就是说机动车已经达到了经济寿命，但是否要更新，还要视国情而定，如更新机动车的来源、更新资金等因素。为此，国家根据上述情况制定出机动车更新的技术政策，考虑国民经济的可能并加以修正，规定车辆更新期限。

3. 机动车的经济使用寿命

机动车经济使用寿命是指机动车使用到相当里程和使用年限，对其进行全面经济分析之后得出机动车已达到不经济合理、使用成本较高的寿命时刻。机动车经济使用寿命是机动车寿命的主要评价依据。

全面经济分析就是从机动车使用总成本出发，分析车辆制造成本、使用与维修费用、使用者管理开支、车辆当前的折旧以及市场价格可能变化等一系列因素，经过分析做出综合的经济评定，并确定其是否经济合理，能否继续使用。

4. 汽车经济使用寿命常用的评价指标

评价汽车经济使用寿命的主要指标有年限、行驶里程和使用年限等。

（1）年限　年限是指汽车从开始投入运行到报废的年数，是使用寿命的量标。这种方法除考虑运行时间外，还考虑车辆停驶期间的自然损耗。这种计量方法比较简单，但是不能真实反映汽车的使用强度和使用条件，造成同年限的车辆性能差异很大。

（2）行驶里程　行驶里程是指汽车从开始投入运行到报废期间总的累计行驶里程数，是使用寿命的量标。这种方法反映了汽车的真实使用强度，但不能反映出运行条件和停驶期间的自然损耗。交通专业运输车辆，由于其运行条件差异较大，年平均行驶里程相差很大。这样,虽然使用年限大致相同,但累计行驶里程相差悬殊,因而大多数汽车运输企业以行驶里程作为考核车辆各项指标的基数。但在二手车交易中,里程表时有损坏,且可能是故意毁坏,因此行驶里程数的可信度不高,鉴定估价人员只能作为参考。

(3) 使用年限　使用年限是将汽车总的行驶里程与年平均行驶里程之比所得的年限作为使用年限的量标,即:

$$T_z = \frac{L_e}{L_n}$$

式中,T_z 为折算年限(年);L_e 为总的累计行驶里程(km);L_n 为年平均行驶里程(km/年)。

年平均行驶里程是用统计方法确定的,与车辆的技术状态、完好率、平均技术速度和道路条件等因素有关。

对于营运车辆,在使用过程中,由于车辆的技术状况、平均技术速度和道路条件等因素的不同,年平均行驶里程的差异较大,但车辆的年平均使用强度基本相同。因此,按折算年限基本上可以在全国范围内取得统一指标。这对于社会专业运输和社会零散使用车辆也是适用的。但由于使用强度相差太大,年平均行驶里程也不相同,其使用年限也不相同。社会零散车辆的管理水平、使用水平、维修水平一般都比较低,所以这些车辆又不能按专业运输车辆的指标要求,相对于专业运输企业车辆的使用寿命做适当的修正。这种(使用年限)表示方法既反映了车辆的使用情况、使用强度,又包括了运行条件和某些停驶时间较长车辆的自然损耗。对我国来说,采用使用年限这个量标比采用行驶里程更为合理,因为我国地域辽阔,幅员广大,地理、气候、道路条件差异较大,管理水平也有高有低。即使是相同的使用年限,而车辆总行驶里程有长有短,车辆技术状况也大不相同,为此采用使用年限作为主要考核指标更为确切。

在二手车鉴定估价工作中,确定成新率最有用的量标是使用年限,而使用年限的获得又比较困难:一是车辆行驶里程数的实际数值难以取得;二是年平均行驶里程是一个统计数据。目前,对各省、市、地区的各类车辆年平均行驶里程数的数据亦难取得。

1.6.2　汽车报废标准

国家汽车报废新标准根据国家商务部、国家发改委、公安部、国家环境保护部发布的通知规定自 2013 年 5 月 1 日起施行。2013 年 5 月 1 日前已达到本规定所列报废标准的,应当在 2014 年 4 月 30 日前予以报废。《关于发布〈汽车报废标准〉的通知》(国经贸经〔1997〕456 号)、《关于调整轻型载货汽车报废标准的通知》(国经贸经〔1998〕407 号)、《关于调整汽车报废标准若干规定的通知》(国经贸资源〔2000〕1202 号)、《关于印发〈农用运输车报废标准〉的通知》(国经贸资源〔2001〕234 号)、《摩托车报废标准暂行规定》(国家经贸委、发展计划委、公安部、环保总局令〔2002〕第 33 号)同时废止。由现有的最新报废标准整理出来的我国机动车报废的使用年限和行驶里程对照表见表 1-1。

表 1-1　机动车使用年限及行驶里程汇总表

车辆类型及用途				使用年限/年	行驶里程参考值/$\times 10^4$km
汽车	载客	营运	出租客运	小、微型	8	60
				中型	10	50
				大型	12	60
			租赁		15	60
			教练	小型	10	50
				中型	12	50
				大型	15	60
			公交客运		13	40
			其他	小、微型	10	60
				中型	15	50
				大型	15	60
		非营运	小、微型客车，大型轿车		无	60
			中型		20	50
			大型		20	60
	载货		微型		12	50
			重、中、轻型		15	60
			危险品运输		10	40
			三轮汽车		9	无
			多缸发动机的低速货车		12	30
	专项作业		有载货功能		15	50
			无载货功能		30	50
	挂车		半挂车	集装箱	20	无
				危险品运输	10	无
				其他	15	无
			全挂车		10	无
	摩托车		正三轮		12	10
			其他		13	12
	轮式专用机械车				无	50

思考与练习

1. 汽车基本组成有哪些？
2. 汽车常用的性能参数有哪些？
3. 熟悉汽车报废标准中常用车型的报废年限。

第 2 章　二手车概述

2005 年,由商务部、公安部、国家工商行政管理总局、国家税务总局令出台的《二手车流通管理办法》(见附录 B)第二条给出了二手车的定义。所谓二手车,是指从办理完注册登记手续到达到国家强制报废标准之前进行交易并转移所有权的汽车(包括三轮汽车、低速载货汽车,即原农用运输车,下同)、挂车和摩托车。

2016 年 3 月,国务院办公厅印发《关于促进二手车便利交易的若干意见》,明确要求各地政府不得制定二手车限迁政策,国家鼓励淘汰和要求淘汰的相关车辆及国家明确的大气污染防治重点区域有特殊要求的除外。对于已经实施二手车限迁政策的地方,要求在当年 5 月底之前取消。经过两年多的努力,170 多个城市取消二手车迁入限制。2020 年 11 月 9 日,国办发布的《关于推进对外贸易创新发展的实施意见》中,提出建立健全二手车出口管理与促进体系,扩大二手车出口业务,完善质量检测标准,实行全国统一的出口检测规范等。其实二手车不完全等于旧车,尤其是在二手车发展比较成熟的国家,二手车确实不等于旧车,不少国家对新车销售年限有严格的规定。比如国外年生产 600 万辆新车,卖掉了 550 万辆,剩下的 50 万辆,过了规定的一两年新车销售时间,就不能再进入新车的渠道销售,这些车就进入拍卖场,也就归入二手车一类了。"二手车"这个名词通俗易懂,提法上更符合人们心理需求,同时也与国际惯例接轨。

2.1　二手车市场

根据二手车交易量大的国家经验,随着人均汽车保有量的增长和大众对汽车消费观念的改变,二手车交易量逐渐增加,进而形成一个供需两旺的巨大市场。在全球经济危机的席卷下,几乎世界的每一个角落都受到了影响,全球的汽车生产厂家和新车经销商的发展进入到了低谷期,一些大公司甚至通过停产、出售某品牌、并购、减产等来应对经济的疲软问题。但是对于全球的二手车行业来说,却迎来了新的机遇,体现出新的特点。随着我国汽车消费观念的改变,二手车市场日趋活跃,呈现出迅速发展的势头。但由于我国二手车市场起步较晚,与国外规范运营、良性发展的情形相比,在行业管理、交易规则、售后服务等许多方面还存在很大的差距,基本处于一个良性循环的过程,对整个汽车行业良性循环起着非常重要的作用。与国内相比,国外二手车市场相对比较成熟,从美国、德国、瑞士、日本等二手车市场的情况看,越是汽车发达的国家和地区,二手车市场越活跃。因此,我们应该学习借鉴一下国外成熟的管理经验及模式,探索大力促进我国二手车市场良性循环发展的策略及方法。

2.2 国外成熟二手车市场

在发达国家汽车市场中,新车利润占整个汽车行业利润的20%,零部件利润约占20%,售后服务领域的利润占60%左右,这其中包括二手车置换、维修保养等服务业务。与国内的二手车市场相比,国外的二手车市场已经进入成熟阶段。美国二手车市场的发展尤为突出,二手车利润可占汽车行业总利润的45%,这与二手车经营主体的多元化、交易方式的多样化、交易手续的简便以及发达国家汽车保有量较大有关。综观美、英、德、日等发达国家的二手车市场,国家法规的政策导向和新旧车市场的协调发展,是促进这些国家二手车市场繁荣的关键原因。下面我们就以日本和美国二手车市场为例,研究其先进的经营模式和消费理念,为我国二手车市场的良性快速发展提供经营策略。

2.2.1 日本二手车交易市场

1. 日本二手车市场交易特点

在日本二手车市场交易频繁时,平均20s就可以成交一辆二手车。一个业务良好的二手车交易公司一年的成交量接近300万辆,拥有自己的卫星系统及海外市场,事故车、报废车在改装市场上有很大的发展前景,也可以进行交易。

(1)卫星系统构成交易网 日本二手车交易公司的规模普遍较大。日本最大的二手车交易公司,拥有总资产156亿日元,甚至拥有自己的卫星系统,实力不容小觑。

在日本,二手车市场已形成一张分布均匀、覆盖完整的"交易网"。各个地区、不同的地方可以交叉交易,并不受地域限制。但因为市场分散,交易也随之带来不少问题,例如在不同的市场内进行交易,怎样做到二手车交易信息的充分共享?怎样公平、公正地进行同步交易?

卫星系统可以将这张网完全贯穿起来。不同的交易市场中都设置2~4个大屏幕,在同一时间通过卫星将所有要进行交易的二手车信息反映在分散各地交易市场的大屏幕上。交易人员通过大屏幕,可以清晰明了地看到交易信息。只要按动手中的按钮,交易人员就可以将信息传输到计算机,由计算机再将信息传递给卫星,信息经卫星处理后反馈到大屏幕上,完成整个交易。这一过程虽然十分复杂,但只需用短短几秒钟时间。有了这样一个卫星系统,不同市场的人员就像在同一个市场中进行交易一样便捷。

(2)日均交易可达1万辆二手车 2003年,上海一个月的二手车交易量才突破10000辆,而日本2003年共交易二手车600万辆,平均一天10000多辆,差距悬殊。在日本千叶县的二手车拍卖场,平均每20s就成交一批二手车,交易人员不停地按动手中的红、绿按钮进行交易。从早到晚,每次拍卖会都有近1万辆二手车被竞买者买走。

在日本国内,有大大小小150家拍卖场,这些拍卖场以会员制形式组成。每当有拍卖会,遍布国内的上万家会员经销商都会赶往那里。拍卖会不直接针对消费者拍卖,会员经销商兼演卖者与买者双重角色,每个经销商可以把自己收购的二手车或者是自己未卖出去的二手车运到拍卖场展示拍卖，并买回价位合理、自己需要的二手车，经过翻新以后再次销售。一般来说，如果一辆车能顺利拍卖出去，拍卖商要从中收取约合 1500 元人民币的各种费用，这个费用施加到交易二手车上相对公平合理，这与国内市场动辄上万元的利润来说容易让买卖双方接受。

（3）诚信交易由体制来保证　目前，日本已经形成一套完善的交易体制，确保了交易的"诚信度"。二手车交易的前提条件是掌握车况的真实情况。每次拍卖前，卖方就要签订相关协议，确定将交易完全委托给二手车交易公司。为防止车主做"手脚"，车辆都要入库，在交易结束之前，车主不能再与交易车辆进行接触。入库后，二手车交易公司作为第三方中介，由专门评估部门对车辆进行严格检查和公平中立的评价；同时，对原车进行拍照，将检查、评估内容做成数据输入计算机进行存储，拍卖时这些数据就在大屏幕上显示；最后，按照拍卖区对汽车进行整理并认真保管，直至交易完成。交易之前，买方可以通过网络检索到所有进行交易车辆的相关信息，查到有意向的车辆，买主在交易前将被安排对车辆进行一次实地检查，重点是避免交易结束后发生意外纠纷。为避免纠纷，日本的二手车经营公司一般都需要卖方提供各种车辆证明，如车检证、转让证明、印件证明等。同时，对一些不法分子也建立了一套相应的惩罚系统，比如每次交易之前，都要调查相关交易人员的档案，一旦检查到有不良记录的会员，将阻止不良记录会员进入拍卖会场，"一次不忠，百次不用"，这就从行规上进一步规范了诚信经营。

（4）交易范围广　日本二手车的交易范围较为广泛，甚至事故车也能进行交易，而且还十分畅销。2003 年，仅通过 USS 公司进行交易的事故车就达到 50000 辆。据介绍，由于事故车便宜，一些修理厂就专门进行收购，经过修理后再到二手车市场上进行交易。

现在，日本二手车交易主要包括二手车、事故车和一些销路不好的新车。日本出台了《汽车再生利用法》，该法案将二手车交易范围扩展到报废车。根据《汽车再生利用法》，报废汽车也有利用价值。二手车交易公司将对报废车进行拆卸，分类再利用。报废车拆卸的零部件一般销往海外。除此之外，从保护环境考虑，一些不能再使用的零部件将被妥善安置。

（5）日本二手车的一切修复历史都要如实告知车主　日本的二手车交易需要填写由"机动车公正交易协会"统一印制的《汽车状况记录》，除了对厂牌、车型、首次登记日期、车牌、车辆的用途进行登记以外，还要对车的行驶里程做特别记录。如果车辆曾更换过里程表，那么要将现在的里程数和更换前的里程数分别登记。

除此以外，还要对车辆的侧梁、前梁、发动机舱吸能区、中控台、A 柱、B 柱、C 柱、车顶、车内底板、行李箱底板等处的修复历史和不符合安全标准需要修复的隐患做详细记录。据了解，车的修复历史是指车的事故历史，任何修过的地方都要附有《车辆状况评价书》。但是外部损伤则不作为"修复历史"处理，比如挡泥板弄瘪了，重新换了一块。所有被修复的部位要全部公开。

另外，一旦检查到会员有不良纪录，该会员将被禁止进入拍卖会场。最重要的是，每一辆二手车都可以在全国享受一年或 2.5 万 km 的售后维修服务；买车人如果有任何不满意，也可以在出货的 10 天以内或 500km 以内退货，这对于消费者来说就是提供了"三包"服务。

2. 日本二手车市场的制度

（1）评估制度 新车有出厂标准，消费者比较容易把握，而同一型号的二手车，车况可能会有很大差别，普通消费者没有专业知识，很难对车的实际价值做出准确的评估，因此，必须要有一个公正的二手车评估制度。日本在 1966 年成立了财团法人日本评估协会，对规范二手车的评估行为起了重要作用。

规范评估行为，就要有一个准入的问题。根据日本评估协会的规定，要想获得二手车的评估资格，首先它必须是一个二手车的销售店，然后要向评估协会申请实施评估业务，经过评估协会对该店进行审查合格之后，就发给《评估业务确认书》，并制作"评估业务实施店"的标牌挂在店内。同时，在有资格的店内，还应该有通过评估协会组织的技能考试的专业评估师，在日本这种评估师分两类：大型评估师和小型评估师。评估师的资格有效期为 3 年，通过进修可以晋升。

对二手车价格的评估，在日本有一套通行的计算方法，其计算公式如式（2-1）所示：

$$\text{评估价格} = \text{基本评估价 } A - \text{标准维修费用及标准杂费 } B - \text{各公司调整点 } C - \text{加减点 } D \tag{2-1}$$

基本评估价 A：是根据评估协会发行的指导手册，通过一个二手车行情信息系统推算出来的价格。

标准维修费用及标准杂费 B：是为让该车正常使用而进行的必要的维修费用，该数值由各公司自行设定，同时加入了约 15% 的毛利在其中。

各公司调整点 C：该数值根据公司的保修期限、公司进货和销售能力等自行确定。

加减点 D：根据评估协会制订的基准来确定加减点数。

评估协会每月会发行一本价格指导手册，俗称银皮书，在书中刊登各地区（全国分为三个地区）的零售价格。此外，在东京、横滨地区还发行一本黄皮书，刊登零售价和批发价。日本有一个"禁止垄断法"，公众可以根据这个法律来判断评估协会的做法是否真正做到了公正。

（2）日本二手车销售方面的法规

① 拥有二手车销售资格。

日本有一个"旧货经营法"来规范旧货交易，二手车的交易就属于旧货交易之一。所谓旧货，是指用过一次以上的物品，或者虽然没有用过，但是为了使用的目的而进行过交易的物品，或者修理过的物品。经营旧货（包括网上交易），必须得到当地都道府县警察（相当于我国的公安部门）的许可，并且在经营场所张挂标志。管理人员需要有 3 年以上经营旧货的经验，能够辨别非法物品（例如盗窃来的），有能力核实旧货的来源，如果怀疑旧货来历有问题，要及时向公安部门报告，交易必须有记录而且要保管 3 年。

如果在经营场所以外的地方进行交易（例如到客户家里），这称为"行商"，要进行"行商"资格登记并获得批准。必要时，公安委员会可以对旧货经营进行干预、指示甚至停止其业务。

② 二手车的流通制度。

在日本，要求二手车销售商提供公平的价格，并向消费者提供充分的信息，并且要遏制不恰当的宣传和过于贵重的赠品。

为了达到以上目的，由社团法人"汽车公平交易协会"制订了相关的行业规约。协会会员是各汽车厂家以及新车和二手车的销售商。协会的主要宗旨是制订公平竞争的规约、对普通消费者进行购买指导、接受消费者的咨询和投诉、对销售商的违规情况进行调查并提出改进的措施等。

日本销售二手车的一些规约是：在销售二手车的商店里以及广告媒体上，必须明确说明的内容有车名、主要规格、第一次上牌照的时间、售价（包括各种费用的说明）、已经行驶的里程数、公用车还是私用车、私车验车的有效期、有无维修记录本、有无保修证以及保修期限、定期保养的情况、有无维修记录；如果登载广告，必须要有彩色照片；此外，不许私自调整行驶里程表以及隐瞒修理过的事实等。

除了这个协会以外，其他的相关团体还有财团法人"汽车检查登记协会"、社团法人"日本汽车工业会"和社团法人"日本汽车销售协会联合会"等组织。他们对于如何防止调整里程表等，以及汽车信息登记等，都做了一些工作。

③ 对二手车违规交易的对策。

在日本的二手车交易中，也存在着违规交易的现象，销售者违规的现象大致有以下几种情况：

a）在向消费者提供的信息中有虚假的内容。

对某辆二手车的车况并不清楚，但是消费者问起的时候假装知道，信口开河，误导消费者；隐瞒曾经发生的事故，或者隐瞒曾经修理过的事实。

b）把里程表的里程调小。

在日本的消费者对汽车消费的投诉中，70%的投诉是针对二手车销售的，而投诉的内容中，改动里程表或者对车辆的维修历史有疑义的投诉又占了30%。

过去，消费者都是等到出现了问题之后，才去找销售者解决问题，到了2001年4月，日本实行了《消费者合同法》。在这个法律中规定，如果销售者有不正当的行为，违背了消费者的意志，则可以判定合同无效或者部分无效。这样，就从法律上约束了销售者，他们如果实施了不正当的销售行为，就要承担相应的责任。

但是，在具体实施的时候，仍然有一些尚待解决的问题。例如，某人购买了一辆曾经发生过事故的二手车，但是他买的时候并不知道，只是到了年检的时候才发现。这样，由于当初销售者隐瞒了事故的事实，该合同视为无效合同。于是消费者可以要求销售者赔偿，但是涉及赔偿金额的时候，需要另外的民事诉讼去解决。

在日本的二手车销售中，一个非常普遍的违规问题就是擅自调整里程表的行为。把车的里程表调小，就等于隐瞒了车况，所需要的成本及技术含量也相对较低。

④ 对里程表数据的新管理模式：调整里程表是很多二手车交易市场的通病。如何能够把里程表管理起来，日本的汽车协会想了很多办法。先是在1997年开发了拍卖车的行驶管理系统，日本二手车销售联合会下所有的拍卖车，都要把车体号码和该车的行驶里程实行登记，建立可以查询检索的行驶里程管理系统。一旦某车在这个系统里面做了登记，那么以后

凡是这辆车参加二手车交易，都可以查询到它的行驶里程，如果它的里程表的行驶里程小于档案中的数值，就说明里程表被改动过了。三年之后，有些较大的企业也陆续加入这个系统，这样，这个系统的效果就显现出来了。

在日本经济产业省（就是原通产省）的指导下，2002年4月，成立了日本机动车拍卖协会，把上述二手车销售联合会的管理系统和日本机动车查定协会的管理系统统一起来，这样，所有参加这个系统的机动车的里程表就都统一接受管理了。

不过，即使如此，对于没有参加二手车交易的机动车，还是不知道其真实的行驶里程，这就是说，车主可能在机动车卖出之前就偷偷地把里程表改动了，以求卖得一个好价钱，这仍然是不完善的管理。因此，日本的国土交通省决定，从2004年1月起，利用机动车年检的机会，要把里程表的计数在车检证上进行记载。这样，除了对二手车交易有好处外，对于防止由于里程表造假而使得本应定期更换的备件不能获得更换而造成重大事故等隐患也有积极作用。

⑤ 机动车的报废管理：在日本，每年淘汰的机动车有400万~500万辆，多数依照国土交通省的规定履行了合法的报废手续，但是还是有0.5%，即2万多辆车被违法丢弃，给环境带来危害，增加了处理费用。为了合理处置报废车，日本有关部门研究和实施了《机动车再生法》。

日本现行的机动车注销登记制度，规定了两种情况：

a）永久注销：就是机动车解体时的注销，将解体证明交给路运支局进行注销登记。

b）临时注销：就是机动车暂停使用。这样的机动车，也许以后会解体，也许以后又会恢复使用。如果以后解体了，路运支局也不会得知。

现行的制度存在的问题是：永久注销的车每年约20万辆，临时注销的车每年约500万辆，其中约100万辆后来又恢复运行，约300万辆后来就解体了，约100万辆最后出口了。为什么后来又有300万辆解体了呢，这是因为很多人在注销的时候并没有最终决定要解体，可能本来想再卖的，但是后来可能因为价格等原因而不卖了，于是就解体处理了，而且解体处理也不需要另外的手续。由于这时候的解体情况路运支局不掌握，就会发生违规丢弃的现象。

出口车也是属于临时注销，因为基本上不可能再在日本国内恢复使用了。为了纠正以上的问题，新修改的注销登记制度规定，车辆从停止运行的时候开始，到最终解体为止，每个环节都要得到路运支局的确认；其次又规定，如果临时注销了，但是长期没有恢复运行又没有出售的，过一段时间车主就要向路运支局证明此车依然存在；第三，凡是出口的车，都需要先向路运支局提出出口注销申报，否则不得通关，这样就能掌握出口注销的情况了，也能防止被盗车的出口。如果申报了出口，但是事后又没有出口，则应另行办理手续。只有这样，才能防止车辆被非法遗弃。

2.2.2 美国二手车交易市场

1. 美国二手车交易方式

美国二手车有五种交易方式：

（1）通过大的经销商进行交易　一般情况下，这些经销商新车、二手车都卖，一些大品牌，如福特、丰田等都经营二手车，诚信度很好。

雷克萨斯在美国出售的二手车现在不叫"二手车"，而是专门起了一个名字，叫作"preownedcar"，直接翻译就是"曾经被拥有过的车"。这主要是回避人们对二手车普遍比较廉价的印象。雷克萨斯把这样的车当作新车来卖。国外一流的二手车，就是采用这样的交易方式。这种经营方式诚信度最高，价格也最高。

（2）通过比较大的二手车连锁店进行交易　这种店一般也可以为要出售的二手车做一些保修，出售时的价格比前一种稍微低一些，也可以为出售的车提供一段时间的保修。

（3）通过规模很小的二手车出售点进行交易　这样的出售点一般就是储存20~30辆车的规模，消费者多是附近低收入的人群。这些车上一般都贴着"saleasis"，意思就是"车就是你看到的这样，要不要你看着办吧"。这样的车消费者可以开上试试，还可以到周围的维修点检测，但是一旦成交，出售方就不会提供任何保证。

（4）在当地的报纸上刊登私人卖车启事　对于卖车方来讲，通过这种方式一般能卖出比较高的价钱；但是对于买方，所承担的风险就比较大了，因为鱼龙混杂，什么样的车都有，所以这种方式流通得比较慢，成交量也比较小。

（5）通过报废汽车厂进行交易　美国的报废汽车厂一般也会翻新一些车况相对比较好的车卖，这些车相当便宜，几百美元就可以买一辆车，但是没有任何保障。这种方式不是主流的二手车流通方式。

从以上几种交易方式看出，后三种方式，对于买车人来讲要承担的风险比较大。

2. 美国二手车交易特点

（1）美国二手车销量大于新车且价格低廉　在美国，人们对二手车有着异乎寻常的热情。统计资料显示，美国每年约有4500万辆车易手，销售额高达上千亿美元。2003年美国新车的总销量为1670万辆，而二手车总销量高达4300万辆，是新车的2倍多。

美国二手车的价格很低，一般只有新车的一半左右，但这类车的质量并不差，再使用2~4年性能仍然可靠，使用后的价值损失远比购新车小得多。这样的二手车用过后可再次卖掉，这时车价只有新车的20%~30%，主要流向低收入者或者没有收入的学生手中。另外还有一些较旧的车价格更低，仅为新车价的5%~10%，购买这种二手车，虽然要花费一定的维修费用，但总体上使用成本很低，很划算。

① 美国购买二手车的消费者分析。

在美国，买二手车主要是两类人：一是囊中羞涩，但是迫于生活工作需要必须买车的低收入者；二是追求实惠的消费者。

低收入者买不起新车，一些比较破旧的二手车便以其绝对低廉的价格满足了他们的需求。比如一辆10年以上车龄的老款福特或丰田小型轿车，花上千美元就可以买到。虽然技术已经落后，内饰陈旧，外表油漆有些脱落或划痕，也难免有这样或那样的小问题，但毕竟自动档、空调、ABS等设备齐全，跑起来也并不差。买下这样的小车，对付个两三年、几万千米不会有大问题，而价格只有新款同类汽车的十分之一不到。绝大多数低收入者，或是刚来美国尚未立足的外国人，尤其是留学生，都以这类二手车为首选。

二手车最大的顾客，则是追求实惠和优良性价比的消费者。他们购买的二手车，既有价格不高的经济型轿车，也有相对价格不菲的豪华轿车。例如：在一些著名的豪华汽车经销商处可以看到不少二手汽车价格很让人心动。比如一辆行驶了 5 万 km 和 3 年不到的宝马 X5 越野车，开价 3.5 万美元左右；行驶了 10 万 km 和 5 年不到的保时捷跑车，3 万美元出头；行驶了 5 万多 km、3 年多的奔驰越野车，2.8 万美元；行驶 8 万 km 左右、5 年不到的沃尔沃 S60 轿车，2 万美元以内。虽然这些汽车的绝对价格还是略高于多数中档轿车的新车，比如丰田凯美瑞、本田雅阁，但是相比同车型的原价至少便宜了 30% 以上，而且属于七八成新。

② 美国二手车的主要来源。

大量七八成新、价格优惠的二手车出现在市场上，反映了美国人在汽车消费中"推陈出新"的心态，主要来源不外乎以下几个：

a）追求时尚的高收入者。

一般来讲，美国中产阶级及以上阶层的消费者买车主要以新车为主，他们并不特别看重价格，而是比较留意汽车的性能和时尚度。他们购买了最新款的豪华汽车后，开几年新鲜劲儿过去了，便把目光投向更新款的豪华汽车，于是就把老车以比较便宜的价格出售，转而购买新车。

b）二手车开了几年后，一般最多用上四五年，当汽车的可靠性开始下降、意外故障逐渐增多时，可能会出现这样或那样的小毛病，一些收入较高的人为了省下维修的麻烦和费用，宁可把老车出售再去买新车。

c）因为工作等原因需要搬迁到很远地方的人，觉得把车大老远地开过去，还要申请换上当地的牌照不值得，干脆就在原地出售。

美国汽车经销商协会的统计显示，目前每年全美数以千万计的二手车交易中，除了极少部分是熟人之间的私下交易，大多数是通过市场交易方式完成的。

（2）权威机构评估车价，社会认证规范化　　美国二手车市场的发展也经历了一个过程。美国政府和汽车经销商逐步意识到，二手车对汽车的保值以及刺激新车的购买影响深远，二手车市场的持续稳定发展对车市整体的健康发展至关重要。于是它们开始想出各种方法，制定各种规章，终于逐步建立起了一套比较完善的二手车评估、认证、置换、拍卖、收购和销售体制。

买二手车的最大问题无疑是诚信。美国汽车经销商协会的调查显示，购买者最担心的一是在价格上受到欺骗，二是买到了以次充好的车，三是买完车后对车辆维护保养的售后服务。

① 美国二手车价格的确定。

对于价格，美国建立了完善的二手车评估市场，由公认的二手车参考价格加上技术状态的鉴定来决定，除了原车的价格和使用时间、里程数等以外，日后的使用寿命和维修成本也是重要的因素。所以，使用时间和里程数基本一样的两辆二手车，很可能原来售价高的反而要卖得便宜。比如近年来汽油价格持续上涨，比较省油的日产二手车就普遍比美产二手车卖得好。

美国对二手车的估价方法主要是由行业协会、大公司等权威机构定期发布各种车型的车价信息范围。《美国汽车经销商协会二手车价格指南》就是较为权威的一种。二手车交易巨头美瀚公司以全球最大的汽车批发市场平均3000余万笔交易数据为依据，每天更新制定的二手车价格指数也是主要参考价格之一。许多买车人和卖车人在交易前都会查阅材料，这样就不用担心成交价格会很离谱。

针对美国执法部门查获的一些在网上假卖车真骗钱的犯罪行为，美国不少质押公司或银行提供的小额服务是网上二手车交易的安全选择。买卖双方商定好价格和交货方式后，买家将车款打进质押公司或银行的专门账号，银行在收到款项后通知卖家发货。买家收到汽车后，进行检测后发现没有什么问题，再通知银行将款项拨给卖家，双方按约定向银行或质押公司支付一定比例的服务费。

② 美国二手车的质量保证。

消费者在购买二手车时最担心的恐怕就是质量了。针对这种担心，美国建立起了二手车质量的"认证"制度。由汽车生产企业或者大型经销商对二手车进行全方位的质量检测，以确保汽车的品质达到一定的出售标准。消费者只要购买的是经过认证的二手车，对汽车质量也就心里有数，而不再是"心存疑虑"。

开始时很多美国消费者并不买"认证"的账，认为"认证"无非是制造商和经销商玩弄的一个"把戏"，但后来他们发现，经过"认证"的二手车确实质量可以放心，于是开始逐步改变对二手车的传统观念。由于汽车厂家或者大型经销商通过"认证"给二手车的质量"打保票"，同时，经过认证的二手车还可以在一定时期内享受与新车同样的售后待遇，所以，尽管认证的二手车要比没经过认证的二手车平均售价要高出1000~1500美元，但仍然受到了消费者的青睐。

(3) 交易方式灵活

① 拍卖。

随着时间的推移，二手车的价值会不断下降，经销商必须尽快将回收的二手车及时出售，于是二手车拍卖业应运而生。由于美国二手车市场巨大，汽车拍卖业很发达，全国有近300家二手车拍卖公司，分别从事汽车经销商、个人委托、保险公司的事故车、失窃车、执法部门的罚没车以及政府机构委托的车辆拍卖。在美国，通过拍卖方式售出的二手车约占交易总量的65%。美国的二手车拍卖企业中一些大公司设备齐全，操作规范，成交量很大，可以面向二手车经销商，也可以直接面向买主。有些公司还通过卫星系统进行拍卖，买家可以在电视上看到二手车实况，通过电话进行报价和购买。全球历史最久、规模最大、销量最高的二手车拍卖企业美国美瀚公司，2005年销售了900万辆左右的二手汽车，总价值近600亿美元。

② 二手车经销商。

美国还有大量的二手车经销商，主要是从卖家那里收购二手车，经过检测整修后出售给买家，赚取差价。其中品牌特许销售商经销该品牌的二手车是非常通行的做法。在奔驰、宝马、通用、福特、丰田等知名汽车品牌的绝大多数特许经销商那里，既可买到该品牌的新车,也可以买到该品牌的二手车。因为这些特许经销商规模大,信誉好,对该品牌的汽车年型、性能等相当熟悉,也具有零件储备、维修等售后服务的优势,所以很多二手车买家愿意到这里买个放心。

此外,美国也有不少二手车买卖中介商。在美国不少大型超市门口或加油站内可以免费取阅二手车杂志,一周一本,里面全部是二手车卖家出几十美元刊登的广告,有车的型号、颜色、车龄、里程数、主要配置、价格和是否发生过事故等信息,也有卖主的联系方式,不少还配发照片,按照轿车、越野车、多用途车、家用载货车等类型和价格范围分门别类,查阅十分方便。《洛杉矶时报》等许多大型报纸也有专门的二手车广告版面。

③ 网上交易。

近年来,美国的二手车网上交易日益红火,著名交易网站的年销售量都达到了数百万辆,目前网上二手车买卖已经占到全美二手车销售总量的二分之一左右。

用户上网交易二手车可以有更广的选择空间,而且还可以在短时间之内成交,这是在线二手车交易红火的两大原因。目前在网站上交易的二手车数量很多、款式齐全,这给了买家很大的挑选余地。除了根据网站上的汽车照片下单之外,买家还可以雇人或是亲自检查车辆的状况,或直接给卖家发送电子邮件了解相关的情况。

(4) 售后服务解除后顾之忧,过户手续方便快捷　美国二手车交易的发达,政策配套完备也是一个重要的方面。最主要的当属多数知名汽车厂商的发动机等主要部件的保修政策。与国内厂商通常2万~6万km的保修不同,美国知名汽车厂商销售的汽车,通常提供5年以上至少10万km的保修,高级汽车时间更长,里程数也更多,比如宝马等就达到7年16万km左右的保修,而且明确规定即使更换车主,没有用完的保修照样生效。换句话说,买下一辆开了4年和8万km的宝马汽车的车主,可以继续享受余下的3年和8万km保修。

此外,像沃尔沃等公司不仅保修发动机(几年内),居然连车灯这样的易损部件也免费保修,还有四五次免费保养服务。雷克萨斯、沃尔沃等知名品牌的经销商,还给前来保修或保养汽车的车主,免费提供当天租赁用车或是接送服务,十分贴心到位。

在美国的一些州,如果消费者对已购二手车表示不满,那么在确保二手车未遭损坏而行车又未满480km(300mile)或购车不足3天的情况下,购车款可全额退还给消费者。可以说这已经相当于国内所说的"三包"。在美国的某些经销商处购买二手车,虽然不能享受"全额退款",但在7天之内可以享受"无理由换车"。也就是说,如果顾客在购车后7天之内,对所购二手车不是百分之百的满意,可以把二手车开回到店里来,另外换一辆完全满意的二手车。

另一方面,在美国购买新车要一次交纳8%左右的消费税,二手车则只需要交付一定比例的税金(通常由卖主承担),之后每年交纳200美元左右的车牌税,没有购置税、养路费等诸多负担。二手车过户也十分方便,只要到车辆管理局一个地方就可以完成,填好表格交费。如果没有拖欠税费或未处理完毕的事故、违章等问题,大约10多天后新车主就会收到邮寄来的新车主证。当然,不少经销商也会提供这种代为过户的一条龙服务。

2.3 中国二手车市场

近年来，我国汽车市场发展迅速，汽车产业在国民经济中的支柱地位愈加显著，2009年，我国已跃居世界第一汽车消费大国。2021年二手车交易量为1758.51万辆，较前一年同比增长22.62%，二手车行业正在迈入转型升级的快车道。我国汽车流通行业将全面与国际接轨，二手车行业的发展将超出我们的判断和想象。二手车交易形态由集中交易模式逐渐向多元化主体的经营模式过渡，新老经营主体通过各种途径不断提升服务质量以适应不断变化的市场。从国家有关部委一系列有利于国内二手车市场规范发展的政策的相继出台，到二手车流通领域炙手可热的广泛参与，再到二手车交易规模的屡创新高，这一切都昭示了中国二手车市场迈入了新的历史阶段。

2.3.1 中国二手车市场特征

1. 二手车经营主体由单一模式向多元化转变

汽车供应商及经销企业的全面介入符合市场的客观发展规律。汽车供应商和经销企业经过一个时期的尝试，带来了规模化、专业化的服务保障体系，在行业中树立起二手车经营的品牌理念和诚信机制。有实力、有条件的部分新车供应商开始经营二手车业务，并且在注重品牌效应、连锁经营、售后服务等更高层面上开始了规模化运营的尝试。上海通用、上海大众、一汽大众、东风雪铁龙、广州本田等汽车供应商已经在全国开展了二手车置换业务；新车经销商直接在二手车交易市场摆摊设点，或与二手车交易市场、经纪公司联手参与二手车经营的做法比较普遍；与二手车经营相关的汽车维修企业和其他汽车经营机构已经将二手车业务作为新的战略重点；各地拍卖公司也纷纷尝试进行二手车实地拍卖和网络拍卖，取得了较好效果；与此同时，国际上知名的二手车相关企业也已完成前期的市场调查，转而进入建立办事机构、洽谈建立合资企业的实际操作阶段。一个以二手车交易市场、二手车经纪公司为传统力量，二手车经销、二手车拍卖等众多新兴主体参与的多元化二手车经营格局已经形成，初步实现了二手车经营主体由原来的单一模式向多元化经营模式的转变。

另外，新的《二手车流通管理办法》中对二手车经销企业降低了准入门槛，开办二手车经销企业只需达到公司法要求的注册标准，到所在地工商部门登记领执照，到税务部门领取统一销售发票就可以进行二手车的收购和销售了。经营权的放开使得全国约八万余家一级以上资质的维修企业中一半以上具有申办二手车经销企业的条件，他们借助熟悉汽车技术性能和维修技术等优势，进入二手车市场可谓易如反掌。同时，二手车经营利润对于维修企业的诱惑可以通过一个简单数据来说明：大众朗逸按平均345元/次的标准计算，大约每年的维修费用是2700元；日产轩逸按365元/次的标准计算，大约每年的维修费用是2920元；速腾按390元/次的标准计算，大约每年的维修费用是3120元。这些费用基本比同类新车各高出1000元，再加上用户额外的维修开支等。从一个侧面讲，这类企业只要卖出一辆二手车就等于增加一个客户，二手车的经营利润可以不计，仅售后服务利润就可以成为维修企业的滚滚财源；从另一个侧面讲，由于维修企业提供服务的便捷性和相对低廉的价格，消费者有何理由不去尝试在自家隔壁的修理厂买二手车呢？

2. 新车市场与二手车市场的互动性增强

自 2009 年以来，我国成为第一大汽车消费市场以来。在总量上新车交易量仍高于二手车，但从增长率上看，新车市场与二手车市场呈现出同步发展的良好态势，2021 年，二手车交易量为 1758.51 万辆，较 2020 年同期增长 22.62%。

置换业务的广泛开展为新车和二手车两个市场带来了生机与活力，在促进新车销售的同时，也为二手车市场规模的扩充提供了丰富的经营资源。

新车价格的不断下调决定了二手车交易价格持续走低，导致汽车市场总体价格水平的下降，客观上迎合了现阶段部分二手车消费者的消费需求，在一定程度上促进了二手车市场交易的进一步增长。新车、二手车市场的互动效应无论从市场变化形态、增长速率、价格趋势等方面均在 2021 年反映得更为直观和明显。

3. 新车生产商、汽车经销商与二手车交易市场密不可分

新车经销商、汽车供应商与二手车交易市场互利合作的发展态势得到进一步延续和深化。新车市场和二手车市场天然的互动关系使得汽车供应商、新车经销商与二手车交易市场的合作成为必然。各地二手车交易市场在长期的经营过程中积累了丰富的市场运作经验，和公安交管部门、工商管理部门等保持着长期友好的合作关系，拥有庞大的二手车经营网络、信息资源和人才资源等，而这些优势又恰恰是汽车供应商和新车经销商开展二手车经营业务最薄弱的环节。因此，汽车供应商和新车经销商迫切希望同有经验的二手车交易市场开展合作，共同推进二手车置换业务。近年来的实际运营状况表明，这种合作是成功的，是卓有成效的，为我国二手车流通行业的持续健康发展增添了新的生机与活力。

4. 二手车经营内涵得到进一步的拓展和深化

随着经营规模的扩大和市场竞争的加剧，苦练内功、拓宽经营思路、增加服务内容与功能成为众多二手车经营机构的共同取向。如部分二手车交易市场转变经营机制，拓宽服务领域，延伸服务产业链，变原有交易过户的单一功能增加为维修、美容、交易、质量担保等多环节的一条龙式服务模式，既为消费者创造了更加周到的服务，又为企业找到了新的利润增长点。以北京、上海、天津等二手车交易市场为代表的大批二手车流通企业，不断探索，勇于创新，深度挖掘服务范围及体系，以追求高品质服务作为企业生存发展的根本，服务质量、服务水平大幅度提高，走出了一条以二手车交易服务为主线，以置换、拍卖、鉴定评估、美容、维修等多种经营服务模式并存的发展之路。他们在营销方法与手段上，不断推陈出新，一些企业引入二手车网上拍卖系统，通过开展网上交易、定期或不定期举办现场拍卖会、开展质量跟踪服务等进一步扩大了原有二手车经营业务的涵盖范围，为二手车交易市场在新的市场形势下实现可持续发展，提供了新的思路。

5. 新车市场"井喷"显示了二手车市场的巨大潜力

2016 年，我国汽车市场呈现平稳增长态势，平均每月产销量突破 230 万辆，全年汽车销量超过 2800 万辆，再次刷新全球历史纪录。尽管如此，我国千人汽车保有量仅为 140 辆，还不及世界平均水平的三分之一，因此新车交易量仍有很大的发展空间，3～5 年后，这些新车极有可能进入二手车流通市场，因此二手车市场比新车市场有更大的发展空间。为了进一步推动二手车的销量，国务院办公厅于 2016 年 3 月 14 日发布《国务院办公厅关于促进二手车便利交易的若干意见》的通知，2016 年中国二手车交易量超过 1000 万辆，年均增长率达到 15%；同时，鼓励发展品牌二手车经营，支持汽车供应商拓展品牌二手车业务，完善二手车流通网络。

6. 各地自发成立二手车行业组织是行业日渐成熟的标志

随着二手车市场的不断壮大与发展，二手车流通业态不断成熟，二手车流通企业自律意识和维权意识不断增强，为营造地方二手车市场正常的经营秩序，维护企业的合法权益，保护消费者的利益，全国大部分省市相继成立了二手车行业组织。其中，上海、山东、山西、陕西、云南、湖北、江西、贵州等地的二手流通行业协会，在开展行业活动，维护二手车市场经营秩序，繁荣当地汽车市场，帮助企业解决经营过程中面临的困难和实际问题等方面做了大量卓有成效的工作。2005 年又有一批省市如河南、河北、重庆等地也陆续成立了二手车行业协会。到 2016 年基本上每个省、自治区和直辖市都成立了二手车行业协会。这些协会虽然成立时间不长，但都是由骨干企业自发成立，以企业为基础，基本上做到了协会来自于企业，服务于企业，真正为企业办实事。

2.3.2 中国二手车流通行业存在的问题

我国的二手车流通行业经过 20 余年的发展，已成为我国汽车市场的重要组成部分，二手车流通成为我国汽车流通最重要的环节之一。二手车市场的快速发展标志着我国汽车市场发育的日臻完善，预示着我国汽车市场新跨越的即将到来。据中国汽车流通协会数据显示，2021 年 1 月—12 月，二手车共交易 1758.51 辆，同比增长 22.62%，交易金额为 11316.92 亿元，同比增长 27.32%。

必须看到，二手车市场在汽车工业发达国家已经形成一个十分成熟的市场，每年的二手车交易量在汽车交易中都占有相当大的比重。如美国 2016 年二手车交易量 4350 万辆，新车销售量 1224 万辆，二手车交易量是新车的 2.5 倍，利润率占到总利润的 45%；德国、英国、瑞士等国的二手车年交易量均为新车销售量的 2 倍多；日本的二手车交易量也达到了新车销售量的 1.3 倍。相比较而言，我国二手车市场与发达国家二手车市场之间的差距还是相当明显的。可以肯定地说，现阶段我国的二手车市场仍然处于起步阶段，制约我国二手车市场快速发展的因素依然存在，二手车流通环节存在的主要问题如下：

1. 二手车流通缺乏健全的法规与科学的管理体系

2022 年 7 月，《商务部等 17 部门关于搞活汽车流通 扩大汽车消费若干措施的通知》

（商消费发〔2022〕92号）发布，2022年9月，《商务部办公厅 公安部办公厅关于完善二手车市场主体备案和车辆交易登记管理的通知》（商办消费函〔2022〕239号）发布，进一步完善了二手车市场主体备案和车辆交易登记管理，促进二手车流通规范有序健康发展。2022年5月31日，国务院发布《国务院关于印发扎实稳住经济一揽子政策措施的通知》（国发〔2022〕12号），指出全面取消二手车限迁政策，在全国范围取消对符合国五排放标准小型非营运二手车的迁入限制，完善二手车市场主体登记注册、备案和车辆交易登记管理规定。

进几年，北京、成都、广东等经济发达地区的私人汽车保有量已占到当地汽车保有总量的50%以上，特别是近几年来人们生活水平的大幅度提高和消费观念的日益成熟，公路建设、城市基础设施建设的大发展以及交通、旅游业的发展使汽车需求急剧扩大。同时，汽车产量快速增长，汽车产品的推陈出新和更新换代频率的加快，为二手车市场的迅速成长提供了原动力，二手车市场已经成为汽车市场不可或缺的重要组成部分。但我们也清醒地看到，我国二手车市场在流通管理上的相对滞后与高速发展之间的矛盾仍很突出。虽然国家颁布了《二手车流通管理办法》和《二手车交易规范》，制定了统一发票，从宏观上解决了放开经营、搞活市场的问题，但是企业在具体操作过程中，还会遇到各种各样的问题。建立一个顺畅高效的二手车流通体系，健全比较完整的二手车流通管理的法规体系和比较科学的管理体系以及营造出一个健康的市场环境，还需要政府出台相关的法律法规来规范交易的各个环节。

2. 二手车流通中的量变并没有带来质的飞跃

目前各地二手车交易市场的经营模式依然主要是代理交易，赢利模式依然延续着靠收取手续费生存的传统方式；二手车交易市场的功能仍比较单一，提供场所、办理手续、收取交易费等仍为主要内容；同时开展检测、评估、收购、寄售、租赁、拍卖、美容、修理、服务咨询等多种经营方式和服务内容的二手车流通企业仍不多。由于交易方式和服务方式的相对单一，信息渠道不畅通和信息的严重不对称，以及在交易过程中还存在着缺乏诚信，跟踪与制约机制不完善等问题，二手车交易尽管在量上有比较明显的增长，同时还存在相当大的潜在客户，但是服务质量跟不上，影响并制约着二手车市场的快速发展。

3. 诚信危机是困扰行业健康发展的重要原因

众所周知，目前我国的二手车市场还是一个信息不对称的市场，消费者很难获取购置二手车所必需的与车辆相关的信息，包括车辆的合法性信息、车辆的维修信息、车辆的技术状况信息等。问题在于，上述信息内容由于维修保养记录、保险记录分别由各自归口单位封存而没有共享，可能连经营者也无从查找。特别是由于社会信用体系不健全，公民的诚信意识不强，加上少数不法人员的恶意诱导，使得二手车市场表现为一个缺乏透明、缺乏诚信的市场，让广大消费者在面对这个市场时，成了这个市场中的绝对弱势群体。他们必须面对质量欺诈、价格欺诈、购买非法车辆等风险。其结果必然是二手车市场难以取得消费者的信赖，消费行为大打折扣，许多潜在的二手车需求难以转化成为现实的市场需求。诚信问题仍是困扰行业健康发展的重要因素，这个问题不解决，二手车市场就难以实现质的飞跃。

4. 二手车鉴定评估机构的生存与发展面临着重大的挑战

为了使二手车鉴定评估更加公开、透明，维护二手车交易双方的利益，GB/T 30323—2013《二手车鉴定评估技术规范》、《GB/T 30323—2013〈二手车鉴定评估技术规范〉实施指南》、《二手车鉴定评估师管理办法（试行）》（2017年2月中国汽车流通协会出台）陆续出台。按照新出台的《汽车贸易政策》和《二手车流通管理办法》等文件精神，二手车评估实行自愿原则。除涉及国有资产的车辆外，二手车的交易价格由买卖双方商定，当事人可以自愿委托具有资格的二手车鉴定评估机构进行评估，供交易时参考，除法律、行政法规规定外，任何单位和部门不得强制或变相强制对交易车辆进行评估。长期以来在二手车交易中的强制评估活动突然被取消了，二手车鉴定评估机构从垄断经营一下子被推向了市场。因此，作为专业的二手车鉴定评估机构，必须及早转变观念，树立服务意识，深层次挖掘鉴定评估的内涵，弱化估价过程，强化鉴定与评估，变单一收费为拓宽服务范围，延伸服务层次。从一定意义上讲，实现观念与经营模式的转变是二手车鉴定评估机构能否生存和发展的关键所在。

5. 经销商面临二手车行业利润率下降的经营风险

目前新车价格的节节走低制约了二手车价格的上扬，同时，新车价格尤其是轿车价格频繁波动，客观上也加大了经营者的经营风险。二手车经销商为了降低经营风险，往往减少车辆库存，这在一定程度上抑制了二手车交易的活跃程度，也直接导致了经营者的收益水平出现整体下降的趋势。随着《二手车流通管理办法》的实施，将来会有更多的经销企业、拍卖企业等经营主体加入到二手车经营的行业中，同业竞争会更加激烈，行业平均利润持续降低，经销商将面对更多的经营风险，接受更严酷的挑战。

6. 二手车交易市场信息化程度低制约二手车流通行业的整体快速发展

从国外的经验可以看出，二手车市场的发展是建立在公开、透明的市场基础条件下的，是依靠庞大的信息系统支撑起来的。正是由于二手车信息与新车信息具有相同的可靠性、准确性和科学性，消费者才会根据不同的需要放心地选择消费二手车，经营者才会更负责地经营二手车并向消费者提供必要的售后服务。目前我国二手车市场发展不尽如人意的一个很重要原因就是信息化程度不高。主要表现在两个方面：一是虽然互联网、计算机管理已经被许多二手车企业广泛应用，但在一些经济较落后地区，计算机普及程度还不高；二是汽车在使用过程中的基础信息，如车辆发生事故的记录、维修保养记录以及实际行驶里程等，还不能进入到二手车流通信息中，从而导致了信息不对称。

7. 二手车鉴定评估缺乏统一的标准

由于二手车交易具有其特殊性及灵活性，很多二手车交易市场和鉴定评估机构仅采用简单的平均年限折旧法进行价值的评估，所得出的评估结果缺乏科学依据，也与现实的市场行情相背离，尤其是草草得出的高档轿车价位的评估让买卖双方难以信服，故很多时候难以为公平的市场交易提供权威的价格参考底线。

由于各地的出发点、市场环境不同，各省、自治区、直辖市商品流通主管部门制定的地方性二手车鉴定评估机构的设立条件及管理办法有很大的地区性差异。这就使得二手车鉴定评估成为具有"地方特色"和"区域特色"的评估。

2.3.3 中国二手车市场发展方向、措施和建议

二手车市场作为汽车流通体系中不可分割的重要组成部分，将扮演越来越重要的角色。

二手车流通体系的建立和完善，将有利于引导国民理性务实的消费观念，促进车辆更新换代频率，加快轿车进入家庭的步伐，满足不同层次消费者的需求，促进二手车市场进一步规范，保障消费者的利益，形成新车市场和二手车市场相互促进、互为补充、共同发展的格局。

1. 二手车市场发展趋势

目前，在很多城市都出现了二手车市场与新车市场"分庭抗礼"的状况，经营高档豪车的二手车经纪公司逐渐增多，在北京花乡二手车交易市场，如同进入国际豪车展区。

中国汽车流通协会近日发布的最新统计数据显示，2016年全国市场累计二手车交易量突破1000万辆。鉴于全国二手车交易量的突飞猛进，据权威专家分析预测，2020年，中国汽车市场进入成熟期，新车、二手车的交易规模将会达到1∶1，规模在3500万～3600万辆的水平。因此，二手车市场交易将继续保持比较旺盛的增长势头。

2. 发展思路与目标

新的汽车消费政策以及二手车流通管理政策法规的颁布与实施，将会对我国汽车市场产生深远影响：市场秩序将根本好转，汽车贸易及服务水平显著提高，汽车贸易额大幅度增长，在汽车销售、租赁、二手汽车贸易、汽车售后服务以及信贷、保险及信息咨询等领域建立起与国际接轨的自由贸易及服务业与汽车产业的协调发展，为二手车流通发展营造出良好的市场环境。

在当前和今后一个时期，我国二手车流通发展思路为：一是加大政策扶持力度，鼓励二手车企业开展置换、拍卖、连锁、消费信贷等灵活多样的营销方式，提高经营管理水平和服务保障能力，为二手车流通增添活力；二是调整行业结构，吸纳多种形式的经营主体加入二手车流通市场，构筑现代化的流通服务体系；三是创造公平竞争的环境，保障买卖双方的合法权益，进一步促进消费，实现经营主体多元化，营销方式多样化，售后服务标准化，经营管理法制化，交易行为规范化，交易手续简便化，信息平台网络化，评估体系公正化，行业组织健全化目标。在新型的二手车流通体系中，各级政府主管部门充分发挥对市场宏观指导作用，行业组织发挥自律作用；二手车销售及售后服务标准体系健全，企业有法可依，规范运营；特色经营、规模经营、提高经营管理水平和客户满意度成为企业生存法宝；守法经

营、公平交易、公平竞争成为业内共同遵守的法则。

3. 促进我国二手车流通健康发展的政策建议

（1）拓宽流通渠道，建立完善的二手车流通体系　当前，我国商品市场已基本实现了市场化运营，但二手车流通市场还不成熟。允许符合条件的企业开展二手车经营活动，引入多元化经营主体，符合国家有关建立社会主义市场体制的总体要求，符合我国加入 WTO 后市场化运作原则，同时也是拓宽二手车流通渠道，规范二手车流通秩序，搞活二手车市场的重要措施。品牌供应商和大型专业二手车经营公司的引入，必将为我国二手车流通行业乃至整个汽车市场注入新的活力。因此，建议国家有关部门尽快出台相关政策，培育和发展多元化经营主体，建立方便用户的集中交易和分散经营相互并存、有机联系的二手车流通体系。

① 鼓励品牌企业开展二手车经营业务。鼓励品牌汽车供应商及品牌汽车经销商开展二手车经营和汽车置换业务，形成以品牌供应商为龙头，品牌经销商为基础的二手车营销网络。在国外，品牌企业是二手车流通体系中的重要组成部分。近年来随着汽车保有量不断增加，相当一部分车辆已进入更新期，市场潜力很大。品牌企业开展二手车经营和置换业务的作用和优势在于：一是通过收旧供新途径，实施车辆更新市场的渗透竞争，以巩固扩大其新车市场份额；二是利用其售后服务体系，能够为消费者提供售后服务。

② 培育发展二手车专业经营企业。二手车专业经营公司是专门从事二手车交易的公司法人，具有固定的交易场所，拥有一批较高素质的专业技术人员和经营管理人员，具有车辆检测维修设备，能够为消费者提供售后服务。通过买进和卖出二手车从而取得经营利润，二手车专业经营公司在国外是一种最普遍的经营方式。其主要特点是熟悉二手车经营全过程业务，有完整的收购、评估、销售、整修系统和人员，专业能力强，是二手车流通中的主要力量和重要组成部分。为防止"一放就乱"局面的出现和各种形式二手车经营实体之间恶性竞争，前期要建立适当的市场准入门槛，严把资质审核关口，有计划、有步骤地培育和发展二手车经营公司。

③ 提高二手车交易市场管理服务水平。二手车交易市场是现阶段二手车流通的主要载体，运作模式已为广大消费者接受。但由于长期独家经营，普遍存在竞争意识不强、经营行为不规范等问题。新经营模式的引入，必然会对原有的二手车交易市场形成一定的冲击。各级政府职能部门及二手车流通行业组织应加强对他们的引导、帮助和监督，使其积极改变过去依赖出租场地、收过户费等简单的经营方式，帮助他们认清形势，进一步转变经营观念，主动去适应市场变化，努力提高自身素质，增强服务意识，拓宽经营渠道，规范经营行为，培养自身的核心竞争优势。随着二手车流通方式的改革和发展，传统的市场功能得以改造创新，以尽快实现在二手车流通过程中的管理、服务能力的全面提升；根据二手车交易的特性，通过电子商务技术实行交易全过程的系统规范管理；强化车辆查验、检测、鉴定评估等硬件设施改造，提高技术含量，保证交易质量，维护交易双方的权益；实行专项合同、保证金、交易办证服务承诺等制度，提升市场服务诚信体系，在二手车流通规范、规模发展中继续发挥其重要作用。

④ 引进新型营销方式。在推出二手车交易市场、二手车经营公司、二手车品牌经营公

司和二手车经纪公司等多元化经营主体的同时,引入拍卖、租赁、置换、连锁等新型营销模式,努力营造各种经营实体并存,各种交易模式并存的良好局面。

(2) 统筹规划,合理布局　二手车不同于一般消费品,在流通过程中涉及人民生命财产安全、交通安全、社会治安和环保等方面,因此,在二手车流通、管理中不能只简单地说放开与否,应由国家商品流通行政管理部门根据总体行业规划统一布局;各地方政府在核准设立二手车交易市场及其他形式的二手车经营企业时,应对本区域的经济发展、人均可支配收入、汽车保有量、现有二手车经营企业数量与布局以及二手车交易量等经济指标综合考虑。

我国现有的二手车交易市场,多数已发展为二手车流通载体而非经营主体,因此,为防止无序竞争的现象,同一城市不宜设多家交易市场。

(3) 循序渐进,逐步放开　全国二手车行业组织应积极配合国务院商品流通行政管理部门,在对国内二手车市场充分调查研究的基础上制定二手车交易市场、二手车经营公司、品牌汽车供应商以及品牌经销商的市场准入资质条件。

在二手车市场改革中,应坚持先试点后逐步放开的原则,既要考虑市场发展与人民生活需要,又要防止非法车辆通过放开的渠道流入市场,同时还应考虑放开后整个行业发展问题。为此建议:

① 选择保有量大、具有发展潜力的品牌供应商进行汽车置换试点。
② 选择信誉好、实力强的部分企业进行二手车专业经营试点。
③ 强化二手车交易市场售后服务功能。
④ 在选择试点时,各级行业组织应积极配合政府有关职能部门把好资质审核、备案等各个关口和各项程序。

(4) 加强法制化、标准化建设,促进市场规范化运营　加快行业法制化、标准化体系的建设步伐,有利于规范市场运作,有利于我国二手车市场体系的建立和完善。为此,建议商务部门尽快出台二手车流通管理相关法规,并选择重点区域进行试点,分步推广。全国二手车流通行业组织应积极配合,调查跟踪试点工作进展情况,了解试点工作中存在的问题并及时向国家商务部门报告。

全国二手车流通行业组织应尽快制定出二手车交易规则、标准化交易流程、售后服务规范,以便各二手车经营企业在统一的标准下开展经营活动。商务部门协调国家工商总局尽快制定二手车流通企业的市场准入条件和二手车交易标准合同文本;协调国家税务总局尽快制定全国二手车交易发票,制定出科学、合理、操作性强的、统一的税收标准和经营收费标准,明确税种、税率,保证国家税收落到实处;全国二手车经营主体使用统一的交易发票和统一的交易合同文本;协调公安部门,尽快与二手车交易市场和试点品牌企业、专业经营公司联网,建立二手车交易档案,便于各经营实体辨别进入流通的二手车合法性;协调公安及交通部门,解决二手车经营过程中的二次过户及待售期间的保险费等问题。

(5) 简化交易手续,强化售后服务　针对目前消费者普遍反映交易手续过于繁琐和售出二手车没有服务保障的问题,建议由全国二手车流通行业组织配合国务院商品流通行政管理部门进行深入的调查研究,尽快拟定有关法规和标准交易流程,简化不必要的交易环节和交易手续，为客户提供便捷的服务。同时，还应强制性规定二手车经营企业必须有售后服务保障功能，对售出的二手车必须有一定程度的售后服务保障承诺。

（6）建立信息网络体系　加快信息化网络建设步伐，由全国二手车流通行业组织牵头建立二手车交易信息平台，引进先进技术、设备和人才，将计算机信息网络技术应用于二手车流通领域，整合全社会二手车市场信息资源，制定二手车价格指南，做到全国二手车信息资源共享，实现信息的快速传递。政府职能部门、各级二手车流通行业组织以及经营实体可以通过信息平台很方便地得到实时市场信息，把握市场脉搏，实现快速决策。信息网络平台的建立，为二手车跨地区经营，实现全国大流通奠定坚实基础。

（7）建立科学规范的鉴定评估体系　二手车鉴定评估在二手车交易中占有重要地位，必须彻底改革二手车的鉴定评估体系和落后的鉴定评估手段，建立鉴定评估机构准入机制，实行鉴定评估机构归口管理。由国家主管部门制定统一的鉴定评估标准、鉴定评估流程、鉴定评估师等级标准等行业标准，采用科学的鉴定评估手段，引进先进的鉴定评估检测设备，严格鉴定评估程序，引入第三方鉴定评估，实行评估收入与评估价格脱钩。二手车鉴定评估机构及其从业人员，应根据机动车的行驶里程、使用时间、车辆安全、环保性能、主要零部件的技术状况和该车型现行市场价等有关因素，提出参考价格。建立鉴定评估专业培训机构，加强对鉴定评估从业人员的技术培训和职业道德培训，培养一支专业化的鉴定评估队伍，二手车鉴定评估从业人员实行持证上岗。努力营造一个公平、公正、公开的市场环境，进一步规范鉴定评估行为，本着评估自愿的原则，建立起科学规范的鉴定评估体系。

（8）加强行业组织建设　全国二手车流通行业组织作为国务院商品流通行政管理部门的助手，承担着行业发展规划、行业自律、行业信息统计、行业标准制订、行业人才培训等工作，同时接受国务院商品流通行政管理部门的委托，参与行业有关政策法规的制定。

思考与练习

1. 二手车的定义是什么？
2. 国外二手车市场特点及经营模式是什么？国际金融危机下国外二手车市场体现了哪些特点？
3. 国内二手车市场特点及经营模式是什么？国际金融危机下国内二手车市场体现了哪些特点？
4. 通过对比国内外二手车市场，你认为我国大力发展二手车市场的有效措施是什么？

第3章 二手车鉴定评估概述

二手车鉴定评估是指由专门的鉴定评估人员，按照特定的目的，遵循法定或公允的标准和程序，运用科学的方法，对二手车进行手续检查、技术鉴定和价格估算的过程。

二手车鉴定评估从实质上来说，是市场经济的产物，是适应生产资料市场流转的需要，由鉴定评估人员根据所掌握的市场资料，在对市场进行预测的基础上，对二手车的现时价格做出预测估算的过程。做好机动车鉴定评估工作，不仅有利于保障司法诉讼和行政执法等活动的顺利进行，有利于维护公民的合法权益，而且对维护正常的社会经济秩序，促进经济发展具有重要意义。因此，深入认真研究、探讨二手车鉴定评估问题，建立一套完整、科学、适用的二手车鉴定评估方法，以保证其鉴定评估客观、公正、合理，就显得更为重要。

3.1 二手车鉴定评估的八大要素

在对二手车的鉴定评估过程中，一般要涉及八大基本的评估要素：

一是鉴定评估的主体，即从事二手车评估的机构和人员，它是二手车鉴定评估工作中的主导者。

二是鉴定评估的客体，即待评估的车辆，它是鉴定评估的具体对象。

三是鉴定评估的目的和任务，即车辆鉴定评估所要服务的经济行为是什么。车辆鉴定评估的目的往往影响着车辆评估的方法选择。

四是鉴定评估的业务类型，评估的业务类型可分为交易类和咨询类。

五是鉴定评估的价值类型，即对车辆评估值的质的规定，它对评估方法的选择具有约束性。例如要评估车辆的现行市价，则宜选择现行市价法进行评估；如果要评估车辆的重置成本，则宜使用重置成本法。

六是鉴定评估的程序，即鉴定评估工作从开始准备到最后结束的工作程序。

七是鉴定评估的依据和原则，也就是鉴定评估工作所遵循的法律、法规、经济行为文件、合同协议以及收费标准和其他参考依据。鉴定评估的原则，即车辆鉴定评估的行为规范，是调解车辆评估当事人各方关系、处理鉴定评估业务的行为准则。

八是鉴定评估的方法，即二手车鉴定评估所用的特定技术，它是实现机动车评估价值的手段和途径。目前就四种评估方法的可操作性而言，最常使用重置成本法对车辆的价值进行评定和估算。

以上八种要素构成了二手车鉴定评估活动的有机整体。它们之间相互依托，是保证二手车鉴定评估工作正常进行和评估价值科学性的重要因素，下面分别对这八大要素进行详细介绍。

3.1.1 二手车鉴定评估的主体

二手车鉴定评估的主体是指二手车鉴定评估业务的承担者，即从事二手车鉴定评估的机构及专业鉴定评估人员。由于二手车鉴定评估直接涉及当事人双方的权益，是一项政策性、专业性都很强的工作，无论是对专业评估机构，还是对专业评估人员，都有较高的要求。

按照我国政府于1991年11月颁布的《国有资产评估管理办法》第九条规定，资产评估公司、会计师事务所、审计事务所、财务咨询公司，必须获有省级以上国有资产评估资格证书，才能从事国有资产评估业务。对其他所有制的资产评估，也要比照《国有资产评估管理办法》的规定执行。

二手车鉴定评估机构是由专业二手车鉴定评估人员构成的。鉴定评估人员的素质对评估工作水平和评估结果的质量有至关重要的影响。二手车鉴定评估人员必须掌握一定的资产评估业务理论；熟悉并掌握资产评估的基本原理和方法；具有一定的政策水平，熟悉并掌握国家颁布的与二手车交易有关的政策、法规、行业管理制度及有关技术标准；具有一定的二手车专业知识和实际的检测技能，能够借助必要的检测工具，对二手车的技术状况进行准确的判断和鉴定；具有收集、分析和运用信息资料的能力及掌握一定的评估技巧；具备经济预测、财务会计、市场、金融、物价、法律等知识；具有良好的职业道德，遵纪守法、公正廉明，保证汽车评估质量。此外，二手车鉴定评估的从业人员还须经过严格的考试或考核，取得国家劳动和社会保障部颁发的《二手车鉴定评估师》证书。下面对二手车鉴定评估师职业背景做简单介绍。

1. 职业概况

（1）职业名称　二手车鉴定评估师。

（2）职业定义　通过目测、路试、检测及检查有关证件和票据等手段，对二手车进行技术状况鉴定，并评估定价。

（3）职业等级　二手车鉴定评估师和二手车高级鉴定评估师。

2. 职业条件

（1）职业环境　室内、室外，常温。

（2）能力倾向　具有良好的语言表达能力、计算能力、观察判断能力，动作协调灵活。

（3）文化程度　具有高中及以上文化程度（或同等学力）。

3. 培训要求

（1）培训期限　采取脱产培训，每期培训时间不低于80标准学时。

（2）培训教师　汽车相关专业，市场营销专业，大学以上文化程度，中级以上技术职称。

（3）培训场地、设备　有良好的理论、实践教学基地，有完备的实习设备。

4. 鉴定要求

（1）适用对象　国家和地方商品流通行业管理部门批准成立的二手车交易中心（市场）及其他从事机动车租赁、拍卖、卖新收旧等业务的企事业单位的从业人员。

（2）申报条件

1）二手车鉴定评估师需同时具备以下条件：

① 文化程度具备以下条件之一：高中毕业，从事本行业工作 5 年以上。中等专科学校毕业，非机动车专业，从事本行业工作 4 年以上；机动车专业，从事本行业工作 2 年以上。大专以上，非机动车专业，从事本行业工作 2 年以上；机动车专业，从事本行业工作 1 年以上。

② 有驾驶证并会驾驶机动车。

③ 具有一定的车辆性能判断能力。

④ 具有一定的机动车营销知识。

2）二手车高级鉴定评估师需同时具备以下条件：

① 文化程度具备以下条件之一：高中毕业，从事本行业工作 8 年以上。中等专科学校毕业，非机动车专业，从事本行业工作 6 年以上；机动车专业，从事本行业工作 4 年以上。大学专科以上，非机动车专业，从事本行业工作 5 年以上；机动车专业，从事本行业工作 3 年以上。

② 具有机动车驾驶证，驾龄不低于 3 年。

③ 具有较强的机动车性能判别能力。

④ 具有丰富的机动车营销知识和经验。

（3）鉴定方式　理论知识考试采用笔试方式，实际技能考核采用实际操作、现场问答、模拟演示方式。考试、考核均采用百分制。理论知识考试成绩按标准答案评分，技能考核由四五名考评员成立考评小组，考评员按技能考核规定各自分别打分，取平均分为考核得分。

（4）鉴定时间　理论知识考试为 120min，实际技能考核为 60min。

（5）鉴定场所、设备

1）理论知识考试场地：教室。

2）实际技能考核场地：室内外。

3）实际技能考核设备：不同类型的二手车和有关设备。

5. 二手车鉴定评估师的基本要求

（1）职业道德　热爱本职工作，遵守职业道德，具有较高的政治素质和法制观念，从事业务要保证公正、公平、公开，不得利用职业之便损害国家、集体和个人利益。

（2）基础知识　二手车鉴定评估师所需要的基础知识包括机动车结构和原理知识、二手车价格及营销知识、机动车驾驶技术、国家关于二手车管理的政策及法规。

6. 二手车鉴定评估师等级考核实施办法

《二手车鉴定评估师》考核实施参照中国汽车流通协会 2017 年 2 月份发布的《二手车

鉴定评估师管理办法》（试行）标准执行。该办法共计36条。

对二手车鉴定评估从业人员进行统一培训和考核鉴定是保证二手车鉴定评估业务公平、公正的基础，有关部门和单位对此要高度重视，积极组织相关人员报名参加培训。

3.1.2　二手车鉴定评估的客体

二手车鉴定评估的客体是待评估的车辆，它是鉴定评估的具体对象。按照车辆的用途，可以将机动车辆分为营运车辆、非营运车辆和特种车辆。其中营运车辆又可以分为公路客运、公交客运、出租客运、旅游客运、货运和租赁几种类型。特种车辆可以分为警用、消防、救护和工程抢险等若干种车型。合理科学地对机动车进行分类，有利于我们在评估过程中进行信息资料的搜集和应用。如同一种车型，由于其用途不同，车辆在用状态所需要的税费就会有较大的差别，其重置成本的构成也往往差异较大。

二手车鉴定评估的一个主要目的，就是在二手车的交易过程中，准确地确定二手车的价格，并以此作为买卖成交的参考底价。根据1998年3月发布的《旧机动车交易管理办法》的规定，以下车辆不允许进行交易：

1）已经办理报废手续的各类机动车。
2）虽未办理报废手续，但已达到报废标准或在一年时间内（含一年）即将报废的各类机动车。
3）未经安全检测和质量检测的各类二手车。
4）没有办理必备证件和手续，或者证件手续不齐全的各类二手车。
5）各种盗窃车、走私车。
6）各种非法拼装车、组装车。
7）国产、进口和进口件组装的各类新机动车。
8）右转向盘的二手车。
9）国家法律、法规禁止进入经营的其他各种机动车。

此外，车辆上市交易前，必须先到公安交通管理机关申请临时检验，经检验合格，在其行驶证上签注检验合格记录后，方可进行交易。检验被交易车辆的车架号码和发动机号码的符号、数字及各种外文字母的全部拓印，发现不一致或改动、凿痕、重新打刻等人为改变或毁坏的车辆，一律扣留审查。

3.1.3　二手车鉴定评估的目的和任务

二手车鉴定评估的目的是正确反映机动车的价值量及其变动，为将要发生的经济行为提供公平的价格尺度。

1. 确定二手车交易的成交额

二手车在交易市场上进行买卖时，买卖双方对二手车交易价格的期望是不同的，甚至相差甚远。因此需要鉴定评估人员站在公正、独立的立场对被交易的二手车辆进行客观的鉴定评估，评估的价格作为买卖双方成交的参考底价。

2. 车辆的转籍、过户

二手车辆的转籍、过户可能因为交易行为，或者因为其他经济行为而发生。如单位和个人以其所拥有的机动车辆来偿还其债务时，若债权债务双方对车辆的价值有异议时，也需要委托二手车鉴定评估师对有关车辆的价值进行评定估算；否则，车辆将无法转籍和过户。

3. 抵押贷款

银行为了确保放贷安全，要求贷款人以机动车辆作为贷款抵押物。放贷者为回收贷款安全起见，要对二手车辆进行鉴定评估，而这种贷款的安全性在一定程度上取决于对抵押评估的准确性。

4. 法律诉讼咨询服务

当事人遇到机动车辆诉讼时，委托鉴定评估师对车辆进行评估，有助于把握事实真相；二手车鉴定评估还有一个重要任务，就是要鉴定、识别走私车、盗抢车、非法拼装车、报废车、手续不全的车，严禁这些车辆在二手车交易市场上交易。同时，法院判决时，可以依据鉴定评估师的结论为法院司法裁定提供现时价值依据。

5. 车辆拍卖

对于公务车辆、执法机关罚没车辆、抵押车辆、企业清算车辆、海关获得的抵税和放弃车辆等，都需要对车辆进行鉴定评估，以在预期之日为拍卖车辆提供拍卖底价。

6. 车辆置换

车辆置换业务有两种，一种是以旧换新业务，另一种是以旧换旧业务。这两种情况都会涉及对置换车辆的鉴定评估。对机动车辆评估结果的公平与否，直接关系到置换双方的利益。车辆的置换业务，尤其是以旧换新业务在我国汽车市场是一个崭新的业务，有着广阔的市场前景。

7. 车辆保险

在对车辆进行投保时，所缴纳的保费高低直接与车辆本身的价值大小有关。同样，当保险车辆发生保险事故时，保险公司需要对事故车辆进行理赔。为了保障保险双方的利益，也需要对核保理赔的车辆进行公平的鉴定评估。

8. 担保

担保是指车辆所有人，以其拥有的机动车辆为其他单位或个人的经济行为提供担保，并承担连带责任的行为。担保车辆价值的确定，需要对车辆进行公平的鉴定评估。

9. 典当

当典当双方对典当车辆的价值预期有较大的差异时，为了保障典当业务的正常进行，可以委托二手车鉴定评估师对典当车辆的价值进行评估，典当行可以以此作为放款的依据。对于典当车辆的处理，同样也需要委托二手车鉴定评估师为其提供鉴定评估服务。

除此之外，还有企业或个人的产权变动（如企业合资、合作和联营，企业分设、合并和兼并，企业出售、股份经营、企业清算或企业租赁等资产业务）也必须要进行评估，其中也有二手车评估业务。但这部分业务是局部或整体资产评估，且涉及国有资产，按国家有关规定，国有资产占用单位在委托评估之前需向国有资产管理部门办理评估立项申请，待批准后方可委托评估机构进行评估。

在接受车辆评估委托时，明确车辆评估的目的十分重要。对车辆的鉴定评估是一种市场价格的评估，所以对于客户提出不同的委托目的，需要有不同的评估方法。

对于交易类的评估，通常使用的计算公式为

$$评估值 = 综合成新率 \times 重置成本 \times 市场波动因素 \tag{3-1}$$

拍卖类的评估计算公式通常为

$$评估值 = 综合成新率 \times 重置成本 \times 市场波动因素 \times 拍卖折现率 \tag{3-2}$$

而委托、咨询类评估的计算公式中不考虑市场波动因素，是一种不变现而只对其价值进行评估的一种方式，其计算公式为

$$评估值 = 综合成新率 \times 重置成本 \tag{3-3}$$

综上所述，可以很清晰地看出，对于同一辆车，由于不同的评估目的，评估出来的结果也会有所不同。

10. 鉴别非法车辆

二手车鉴定评估还有一个重要的任务，就是要鉴定、识别走私车、盗抢车、非法拼装车、报废车、手续不全的车，严禁这些车辆在二手车交易市场上进行交易。

3.1.4 二手车鉴定评估的业务类型

二手车鉴定评估的业务类型是指鉴定评估的业务性质。按鉴定评估服务对象不同，把鉴定评估的业务类型分为交易类和咨询服务类。交易类业务是服务于二手车交易市场内部的评估业务，它是一种收取交易管理费的有偿服务；咨询服务类业务是服务于二手车交易市场外部的非交易业务，它是一种按各地方政府物价管理部门制定的有关规定，对二手车鉴定评估的有偿服务，如融资业务的抵押贷款评估、为法院提供的咨询服务等。

3.1.5 二手车鉴定评估的价值概念

从目前应用状况上看，二手车评估中的价值与价格远不及经济学中定义的那样严格。

二手车评估中的价值与价格概念经常处于混用状态，一般地讲，可以理解为交换价值或市场价格的概念。

1. 二手车评估的价值是交易价值

从某种意义上讲，二手车评估的价值是效用价值，是从"有用即值钱"的角度去探究它值多少钱。从表面上看，二手车评估价值是鉴定评估从业人员判定、估算的价值，但车辆价值的真实体现是产权交易发生时的交易价值，而交易价值的最终判定者是交易双方当事人。成功和正确的价值估定是交易双方当事人都认为合理且认同的价值，因而二手车鉴定评估人员也应从交易双方当事人角度考虑二手车的价值问题。

2. 二手车评估的价值是市场价值

从某种意义上说，被评估车辆价值的真正意义是其作为市场价值的货币表现。因为二手车的评估依据来源于市场，具有现实的、接受市场检验的特征；二手车的价值是一个动态的概念，因而对其评估的价值是指特定时间、地点和市场条件下的价值，具有很强的时效性，即二手车评估值是指评估基准日的市场价值。

3.1.6 二手车鉴定评估的程序

在二手车鉴定评估过程中，严格遵循二手车鉴定评估的程序是保证鉴定评估工作科学性的重要表现。规范的鉴定评估可减少鉴定评估人员在操作时的随意性和个性化问题，从而降低由于鉴定评估人员素质不同给鉴定工作所带来的影响。在二手车鉴定评估实践中，一般按照以下步骤进行操作：

1) 接受委托，核查委托方提供的资料。
2) 确定评估人员，制订评估实施方案，确定评估方法。
3) 对二手车进行现场查勘、核实，确定二手车成新率。
4) 进行市场调查和取证，确定机动车重置成本。
5) 确定机动车评估现值或确定二手车拍卖底价。
6) 撰写并出具二手车评估报告书。

3.1.7 二手车鉴定评估的依据和原则

1. 二手车鉴定评估的主要依据

二手车鉴定评估工作和其他工作一样，在评估时必须有正确科学的依据，这样才能得出较正确的结论。其主要依据包括：

（1）理论依据　二手车鉴定评估的理论依据是资产评估学，其操作按国家规定的方法进行。

（2）政策法规依据　二手车鉴定评估工作政策性强，依据的主要政策法规有《国有资产评估管理办法》《国有资产评估管理办法实施细则》《旧机动车交易管理办法》《汽车报废标准》等，以及其他方面的政策法规。

（3）价格依据　一是历史依据，主要是二手车辆的账面原值、净值等资料，它具有一定的客观性，但不能作为评估的直接依据；二是现实依据，即在评估价值时都要以基准日这一时点的现时条件为准，即现时的价格、现时的车辆功能状态。

2. 二手车鉴定评估的原则

二手车鉴定评估的原则是对二手车鉴定评估行为的规范。为了保证鉴定评估结果的真实、准确，并做到公平合理，被社会承认，就必须遵循一定的原则。

(1) 公平性原则　公平、公正是二手车鉴定评估工作人员应遵守的一项最基本的道德规范。鉴定评估人员的思想作风、工作态度应当公正无私。评估结果应该是公正、合理的，绝对不能偏向任何一方。

(2) 独立性原则　独立性原则是指二手车鉴定评估工作人员应该依据国家的有关法规和规章制度及可靠的资料数据，对被评估的二手车价格独立地做出评定。坚持独立性原则是保证评估结果具有客观性的基础。鉴定评估人员的工作不应受外界干扰和委托者意图的影响，应公正客观地进行评估工作。

(3) 客观性原则　客观性原则是指评估结果应以充分的事实为依据。它要求对二手车价值的计算所依据的数据资料必须真实，对技术状况的鉴定分析应该做到实事求是。

(4) 科学性原则　科学性原则是指在二手车评估过程中，必须根据评估的特定目的，选择适用的评估标准和方法，使评估结果准确合理。

(5) 专业性原则　专业性原则要求鉴定评估人员接受国家专门的职业培训，经职业技能鉴定合格后由国家统一颁发执业证书，持证上岗。

(6) 可行性原则　可行性原则亦称有效性原则。要想使鉴定评估的结果真实可靠又简便易行，就要求鉴定评估人员是合格的，具有较高的素质；评估中利用的资料数据是真实可靠的；鉴定评估的程序与方法是合法的、科学的。

3.1.8　二手车鉴定评估的方法

二手车鉴定评估可分为两类：鉴定类估价和收购类估价。鉴定类估价有4种评估方法：现行市价法、收益现值法、清算价格法和重置成本法。收购类估价目前多采用折旧法进行评估，具体评估方法将在第4章做详细介绍。

3.2　二手车鉴定评估的特点

机动车作为一类资产，有别于其他类型的资产而有其自身的特点，其主要特点：一是单位价值较大，使用时间较长；二是工程技术性强，使用范围广；三是使用强度、使用条件、维护水平差异很大；四是使用管理严，税费附加值高。车辆本身的这些特点决定了二手车鉴定评估具有以下特点：

1. 二手车鉴定评估以技术鉴定为基础

机动车辆本身具有较强的工程技术特点，其技术含量较高。机动车在长期的使用过程中，由于机件的摩擦和自然力的作用，使它处于不断磨损的过程中。随着行驶里程和使用年数的增加，车辆实体的有形损耗和无形损耗加剧；其损耗程度的大小，因使用强度、使用条件、维修水平等不同而差异很大。因此，评定车辆实物和价值状况，往往需要通过技术检测等手段来鉴定其损耗程度。

2. 二手车鉴定评估都以单台为评估对象

二手车单位价值相差大、规格型号多、车辆结构差异很大。为了保证评估质量，对于单位价值大的车辆，一般都是分整车、分部件地进行鉴定评估。为了简化鉴定评估工作程序，节省时间，对于以产权转让为目的、单位价值小的车辆，也不排除采取经验法直接获得评估价格的评估方式。

3. 二手车鉴定评估要考虑其手续构成的价值

由于国家对车辆实行"户籍"管理，使用税费附加值高，对二手车进行鉴定评估时，除了估算其实体价值以外，还要考虑由"户籍"管理手续和各种使用税费构成的价值。

1. 二手车鉴定与评估的定义是什么？
2. 二手车鉴定与评估的八大要素及所包含的主要内容是什么？
3. 二手车鉴定与评估的特点是什么？
4. 以重置成本法为例绘制二手车鉴定与评估的流程图。

第4章 二手车价格评估的基本方法

目前,我国对二手车评估还没有统一的标准,二手车估价方法参照资产评估的方法,主要按照以下五种方法进行:现行市价法、收益现值法、清算价格法、重置成本法和折旧法。

4.1 二手车价格评估的基础知识

二手车鉴定与评估是科学、艺术与经验的结合,在评估过程中需要在不同的前提下,正确地对二手车技术状况进行鉴定。评估出的价格应该是使买卖双方都满意的可行性高的参考价格,必须依赖一套科学而严谨的鉴定评估理论和方法。

4.1.1 二手车价格评估的前提条件

二手车的价格评估运用资产评估的理论和方法,是建立在一定的假设条件之上的。二手车价格评估的假设前提有继续使用假设、公开市场假设和破产清算假设。

1. 继续使用假设

继续使用假设是指二手车将按现行用途继续使用,或转换用途继续使用。对这些车辆的评估,就要从继续使用的假设出发,而不能按照车辆拆零出售零部件所得收入之和进行评估。比如一辆汽车用作营运性,其价格可能是40万元,而将其拆成零部件出售之和可能不足4万元。可见,同一车辆按照不同的假设条件进行评估,其价格是截然不同的。

在确定二手车能否继续使用时,必须充分考虑的条件有:
① 车辆具有显著的剩余使用寿命,而且能以其提供的服务或用途满足所有者经营上或工作上预期的收益。
② 车辆所有权明确,并保存完好。
③ 车辆从经济上和法律上允许转作它用。
④ 充分考虑车辆的使用功能。

2. 公开市场假设

公开市场是指充分发达与完善的市场条件。公开市场假设是指假定在市场上交易的二手车,交易双方彼此地位平等,彼此都有获取足够市场信息的机会和时间,以便对车辆的功能、用途及其交易价格等做出理智的判断。

公开市场假设是基于市场客观存在的现实,即二手车在市场上可以公开买卖。不同类型的二手车，其性能、用途不同，市场程度也不一样，用途广泛的车辆一般都比用途狭窄的车辆在交易市场上活跃，但不论车辆的买者和卖者都希望得到车辆的最大最佳效用。所谓最大最佳效用是指车辆在可能的范围内，用于最有利又可行和法律上允许的用途，在二手车评估时，按照公开市场假设处理或做适当调整，才有可能使车辆获得收益最大。最大最佳效用是由车辆所在地区、具体特定条件以及市场供求规律所决定的。

3. 破产清算假设

破产清算假设是指二手车所有者在某种压力下被强制进行整体或拆零，经协商或者以拍卖的方式在公开市场上出售。这种情况下的二手车价格评估具有一定的特殊性，适应强制出售中市场均衡被打破的实际情况，二手车的评估价大大低于继续使用或公平市场条件下的评估值。

上述三种不同的假设，会形成三种不同的评估结果。在继续使用假设前提下，要求评估二手车的继续使用价格；在公开市场假设前提下要求评估二手车的市场价格；在清算假设前提下要求评估二手车的清算价格。因此，二手车鉴定估价人员在业务活动中要充分分析了解、判断认定被评估二手车最可能的效用，以便得出二手车的公平价格。

4.1.2 二手车价格评估的方法

我国资产评估中有四种价格计量标准，即重置成本标准、现行市价标准、收益现值标准和清算价格标准。二手车评估属于资产评估，因此，二手车估价亦遵守这四种价格计量标准。根据鉴定评估的目的不同，二手车价格评估的基本方法可以分成如下两大类：

1. 鉴定类估价

鉴定类估价可分为现行市价法、清算价格法、收益现值法和重置成本法。

2. 收购类估价

收购类估价普遍应用的是折旧法进行评估。

鉴定估价与收购估价的区别和联系见表 4-1。下面分别对这几种评估方法进行介绍。

表 4-1 鉴定估价与收购估价的区别和联系

分类 名称	估计主体	估价目的	估价思想及方法	估价价值概念
鉴定估价	二手车鉴定评估师	服务	严格遵守法律法规	具有交易价值和市场价值
收购估价	买卖双方	经营	参照国家法律法规	受快速变现所限，故价格低于市场价格

4.2 现行市价法及其评估案例

现行市价法又称为市场法、市场价格比较法，是通过比较被评估车辆与最近售出的类似车辆的异同，并将类似车辆市场价格进行调整，从而确定被评估车辆价值的评估方法。其基本思路是，通过市场调查，选择一个或几个与评估车辆相同或类似的车辆作为参照车辆，分析参照车辆的构造、功能、性能、新旧程度、地区差别、交易条件及成交价格等，并与被评估车辆进行比较，找出两者的差别及其在价格上所反映的差额，经过适当调整，最终计算出被评估车辆的价格。

现行市价法是采用比较和类比的方法，根据替代原则，从二手车可能进行交易角度来判断二手车价值的。

4.2.1 现行市价法的基本原理

运用现行市价法要求充分利用类似二手车成交价格信息，并以此为基础判断和估测被评估二手车的价值。运用已被市场检验了的结论来评估被评估二手车，当然是容易被买卖双方当事人接受的。因此，现行市价法是二手车评估中最为直接、最具说服力的评估方法之一。

用现行市价法评估二手车包含了被评估二手车的各种贬值因素，如有形损耗的贬值、功能性贬值和经济性贬值。因为市场价格是综合反映车辆各种因素的体现，由于车辆的有形损耗及功能陈旧而造成的贬值，自然会在市场价格中有所体现。经济性贬值则是反映社会上对各类产品综合的经济性贬值的大小，突出表现为供求关系的变化对市场价格的影响，因此，用现行市价法评估时，不必专门计算功能性贬值和经济性贬值。

4.2.2 现行市价法的应用前提和适用范围

1. 现行市价法的应用前提

由于现行市价法是以同类二手车销售价格相比较的方式来确定被评估二手车价值的，运用这一方法时一般应具备两个基本的前提条件：

一是要有一个发育成熟、交易活跃的二手车交易公开市场，经常有相同或类似二手车的交易，有充分的参照车辆可取，市场成交的二手车价格反映市场行情，这是应用现行市价法评估二手车的关键。在二手车交易市场上二手车交易越频繁，与被评估相类似的二手车价格越容易获得。

二是市场上参照的二手车与被评估二手车有可比较的指标，这些指标的技术参数等资料是可收集到的，并且价值影响因素明确，可以量化。

运用现行市价法，重要的是要在交易市场上能够找到与被评估二手车相同或相类似的已成交过的参照车辆，并且参照车辆是近期的、可比较的。近期车辆是指参照车辆交易时间与被评估二手车评估基准日时间相近，一般在一个季度之内；可比较车辆是指参照车辆在规格、型号、功能、性能、配置、内部结构、新旧程度及交易条件等方面与被评估二手车不相上下。

现行市价法要求二手车交易市场发育比较健全，并以能够相互比较的二手车交易在同一市场或地区经常出现为前提，而目前我国各地二手车交易市场完善程度、交易规模差异很大，有些地区的汽车保有量少、车型数少，二手车交易量少，寻找参照车辆较为困难，因此，现行市价法的实际运用在我国目前的二手车交易市场条件下将受到一定的限制。

2. 现行市价法的适用范围

现行市价法是从卖者的角度来考虑被评估二手车现值的，二手车评估价值的大小直接受市场的制约，因此，它特别适用于产权转让类畅销车型的评估，如二手车收购（尤其是成批收购）和典当等业务。畅销车型的数据充分可靠，市场交易活跃，评估人员熟悉其市场交易情况，采用现行市价法评估二手车时间会很短，评估结果买卖双方也比较满意。

4.2.3 现行市价法的优缺点

1. 现行市价法的优点

① 能够客观反映二手车目前的市场情况。其评估的参数、指标可直接从市场获得，评估值能反映二手车市场现实价格。

② 评估结果易于被各方面理解和接受。

2. 现行市价法的缺点

① 需要有公开及活跃的二手车市场为基础。然而在我国很多地方，二手车市场建立时间短，发育不完全、不完善，寻找参照车辆有一定的困难。

② 可比因素多而复杂。即使是同一个生产厂家生产、同一天登记、同一型号的产品，也可能由于车主的操作习惯不同，使用条件和维护水平不同，导致车辆技术状况可能会有很大不同，造成二手车评估价值差异。

4.2.4 现行市价法的评估方法

运用现行市价法评估二手车价值通常采用直接市价法和类比调整市价法。

1. 直接市价法

直接市价法是指在市场上能找到与被评估二手车完全相同的车辆的现行市价，并依其价格直接作为被评估二手车评估价格的一种方法。直接市价法应用有两种情况：

（1）参照车辆与被评估二手车完全相同　所谓完全相同是指车辆型号、使用条件和技术状况相同，生产和交易时间相近。这样的参照车辆常见于市场保有量大、交易比较频繁的畅销车型，如大众、雪铁龙和长城等。

（2）参照车辆与被评估二手车相近　这种情况是参照车辆与被评估车辆类别相同、主参数相同、结构性能相同，只是生产序号不同并只做局部改动，交易时间相近的车辆，也可近似等同作为评估过程中的参照车辆。这种情况在我国汽车市场上是非常常见的，很多汽车厂商为了追求车型的变化，给消费者一个新的感受，每年都在原车型的基础上做一些小的改动，如车身的小变化、内饰配置的变化等。

直接市价法评估公式为

$$P = P' \tag{4-1}$$

式中，P 为评估值（元）；P' 为参照车辆的市场成交价格（元）。

2. 类比调整市价法

（1）计算模型　类比调整市价法是指评估二手车时，在公开市场上找不到与之完全相同的车辆，但能找到与之相类似的车辆，以此为参照车辆，并根据车辆技术状况和交易条件的差异对参照车辆的价格做出相应调整，进而确定被评估二手车价格的一种评估方法。其基本计算公式为

$$P = P'K \tag{4-2}$$

式中，P 为评估值（元）；P' 为参照车辆的市场成交价格（元）；K 为差异调整系数。

类比调整市价法不像直接市价法对参照车辆的条件要求那么严，只要求参照车辆与被评估二手车大体相同即可。

（2）评估步骤　现行市价法评估二手车的步骤如下：

① 收集被评估二手车资料。收集被评估二手车的相关资料，内容包括车辆的类别名称、车辆型号和技术性能参数、生产厂家和出厂年月、车辆用途、目前使用情况和实际技术状况、尚可使用的年限等，为市场数据资料的收集及参照物的选择提供依据。

② 选取参照车辆。根据了解到的被评估二手车资料，按照可比性原则，从二手车交易市场上寻找可类比的参照车辆，参照车辆应选择两辆以上。车辆的可比因素主要包括：

a）车辆型号和生产厂家。

b）车辆用途，说明是私家车还是公务车，是乘用车还是商用车等。

c）车辆使用年限和行驶里程。

d）车辆实际技术性能和技术状况。

e）车辆所处地区。由于地区经济发展的不平衡，收入水平存在差别，在不同地区的二手车交易市场，同样车辆的价格会有较大的差别。

f）市场状况，指的是二手车交易市场处于低迷还是复苏、繁荣，车源丰富还是匮乏，车型涵盖面如何，交易量如何，新车价格趋势如何等。

g）交易动机和目的，指车辆出售是以清偿为目的还是以淘汰转让为目的，买方是获利转手倒卖或是购买自用。不同情况下的交易价格往往有较大的差别。

h）成交数量。单辆与成批车辆交易的价格会有一定差别。

i）成交时间，应采用近期成交的车辆作为类比对象。由于国家经济、金融和交通政策以及市场供求关系会随时发生一些变化，市场行情也会随之变化，引起二手车价格的波动。

③ 类比和调整。对被评估二手车和参照车辆之间的差异进行分析、比较，并进行适当量化后调整为可比因素。主要差异及量化方法体现在以下方面：

a）结构性能的差异及量化：汽车型号、结构上的差别都会集中反映到汽车的功能和性能差别上，功能和性能的差异可通过功能、性能对汽车价格的影响进行估算，公式为

$$量化调整值 = 结构性能差异值 \times 成新率 \tag{4-3}$$

例如，同一类型的汽油车，手动档汽车要比自动档汽车价格低 10% 左右，带天窗的汽车要比不带天窗的价格高 10% 左右，高配车型包括真皮座椅、DVD 导航、可视倒车雷达、防盗器等比标配的车辆要贵 10%～30%。对营运汽车而言，主要表现为生产能力、生产效率和运营成本等方面的差异，可利用收益现值法进行量化调整。

b）销售时间的差异与量化：在选择参照车辆时，应尽可能选择评估基准日的成交案例，以免去销售时间差异的量化，若参照车辆的交易时间在评估基准日之前，则可采用价格指数法将销售时间差异量化并调整，计算公式为

$$物价指数调整值 = 被评估车当时物价指数 / 参照物成交时物价指数 \tag{4-4}$$

c）新旧程度的差异及量化（成新率的差异量化）：被评估二手车与参照车辆在新旧程度上存在一定的差异，要求评估人员能够对二者做出基本判断。取得被评估二手车和参照车辆成新率后，以参照车辆的价格乘以被评估二手车与参照车辆成新率之差，即可得到两者新旧程度的差异量，成新率的差异量化公式为

$$新旧程度差异量化调整值 = 参照车辆价格 \times (被评估二手车成新率 - 参照车辆成新率) \tag{4-5}$$

d）销售数量的差异及量化：销售数量的大小、采用何种付款方式均会对二手车成交单价产生影响。对这两个因素在被评估二手车与参照车辆之间的差别，应首先了解清楚，然后根据具体情况做出必要的调整。一般来讲，卖方充分考虑货币的时间价值，会以较低的单价吸引购买者（常为经纪人）多买，尽管价格比零售价格低，但可提前收到货款。当被评估二手车是成批量交易时，以单辆汽车作为参照车辆是不合适的，而当被评估二手车只有一辆时，以成批汽车作为参照车辆也不合适。销售数量的不同会造成成交价格的差异，必须对此差异进行分析，适当调整被评估二手车的价值。

e）付款方式的差异及量化：在二手车交易中，绝大多数为现款交易，在一些经济较活跃的地区已出现二手车的银行按揭销售。银行按揭的二手车与一次性付款的二手车价格差异由两部分组成：一是银行的贷款利息，贷款利息按贷款年限确定；二是汽车按揭保险费，各保险公司的汽车按揭保险费率不完全相同，会有一些差异。

（3）计算评估值　将各可比因素差异的调整值以适当的方式加以汇总，并据此对参照车辆的成交市价进行调整，从而确定被评估二手车的评估价格。

4.2.5　现行市价法的评估案例

【例 4-1】　某评估人员在用现行市价法对某捷达轿车进行价值评估时，收集了两辆参照车辆的技术经济参数。该车及参照车辆的技术经济参数见表 4-2。

第 4 章 二手车价格评估的基本方法

表 4-2 被评估车辆与参照车辆的有关技术经济参数

序号	技术经济参数	参照车辆Ⅰ	参照车辆Ⅱ	被评估二手车
1	车辆型号	捷达 FV7160CL	捷达 FV7160CIX	捷达 FV7160GIX
2	销售条件	公开市场	公开市场	公开市场
3	交易时间	2003 年 12 月	2004 年 6 月	2005 年 6 月
4	使用年限	15 年	15 年	15 年
5	初次登记日期	1998 年 6 月	1998 年 6 月	1998 年 12 月
6	已使用时间	5 年 6 个月	6 年	5 年 6 个月
7	成新率	53%	48%	50%
8	交易数量	1	1	1
9	付款方式	现款	现款	现款
10	地点	北京	北京	北京
11	物价指数	1	1.03	1.03
12	价格	50000 元	55000 元	待求评估值

解题步骤如下:

1. 以参照车辆Ⅰ为参照车辆做各项差异量化和调整

(1) 结构性能差异量化及调整 参照车辆Ⅰ的车身为老式车身,被评估二手车为新式车身,评估基准时点该项结构价格差异为 8000 元;参照车辆Ⅰ的发动机为化油器式两气门发动机,被评估汽车发动机为电喷式五气门发动机,评估基准时点该项结构价格差异为 6000 元。该项量化调整值为

$$(8000+6000) \times 50\% = 7000 \text{（元）}$$

(2) 销售时间差异量化与调整 参照车辆Ⅰ成交时物价指数为 1,被评估二手车评估时物价指数为 1.03,该项物价指数调整值为

物价指数调整值 = 被评估车当时物价指数/参照物成交时物价指数

$$= 1.03 \div 1 = 1.03$$

(3) 新旧程度差异量化与调整 该项调整值为

$$50000 \times (50\% - 53\%) = -1500 \text{（元）}$$

(4) 销售数量和付款方式 新旧两车无差异,不用量化和调整。

计算以参照车辆Ⅰ为参照车辆时,被评估二手车的评估值 P_1 为

$$P_1 = (50000 + 7000 - 1500) \times 1.03 = 57165 \text{（元）}$$

2. 以参照车辆Ⅱ为参照车辆做各项差异量化和调整

(1) 结构性能差异量化及调整 参照车辆Ⅱ的发动机为电喷式两气门发动机,被评估汽车发动机为电喷式五气门发动机,评估基准时点该项结构价格差异为 3000 元。该项调整值为

$$3000 \times 50\% = 1500 \text{（元）}$$

(2) 新旧程度差异量化与调整　该项调整值为
$$55000 \times (50\% - 48\%) = 1100 \text{（元）}$$
(3) 销售时间、数量和付款方式　新旧两车无差异，不用量化和调整。

计算以参照车辆Ⅱ为参照车辆时，被评估二手车的评估值 P_2 为
$$P_2 = (55000 + 1500 + 1100) \times 1 = 57600 \text{（元）}$$

3. 计算被评估二手车的评估值

由于两辆参照车辆与被评估二手车的交易地点相同，且成新率、已使用年限、交易时间等参数均接近，故可采用算术平均法计算被评估二手车的评估值 P，即
$$P = \frac{P_1 + P_2}{2} = \frac{57165 + 57600}{2} = 57382.5 \text{（元）}$$

4.3　收益现值法及其评估案例

收益现值法是通过估算被评估二手车在剩余寿命期内的预期收益，并折现为评估基准日的现值，借此来确定二手车价值的一种评估方法。也就是说，现值在这里被视为二手车的评估值，而且现值的确定依赖于未来预期收益。

4.3.1　收益现值法的基本原理

收益现值法是基于这样的假设，即人们之所以购买某辆二手车，主要是考虑这辆车能为自己带来一定的收益。任何一个理智的投资者在决定投资购买这辆二手车时，他所愿意支付的货币金额不会高于评估时求得的该车未来预期收益的折现值。

4.3.2　收益现值法的应用前提和适用范围

收益现值法应用的前提是：
① 被评估二手车必须是经营性车辆，且具有继续经营和获利的能力。
② 继续经营的预期收益可以预测而且必须能够用货币金额来表示。
③ 二手车购买者获得预期收益所承担的风险也可以预测，并可以用货币度量。
④ 被评估二手车预期获利年限可以预测。

由以上应用的前提条件可见，运用收益现值法进行评估时，是以车辆投入使用后连续获利为基础的。在机动车的交易中，人们购买的目的往往不在于车辆本身，而是车辆获利的能力。因此，收益现值法较适用于投资营运的车辆。

4.3.3　收益现值法的特点

1. 收益现值法的优点

① 与投资决策相结合，容易被交易双方接受。
② 能真实和较准确地反映车辆本金化的价格。

2. 收益现值法的缺点

① 预期收益额和折现率以及风险报酬率的预测难度大。
② 受主观判断和未来不可预见因素的影响较大。

4.3.4 收益现值法的评估方法

1. 计算公式

应用收益现值法求二手车评估值的计算，实际上就是对被评估二手车未来预期收益进行折现的过程。被评估二手车的评估值等于剩余寿命期内各收益期的收益折现值之和。其基本计算公式为

$$P = \sum_{t=1}^{n} \frac{A_t}{(1+i)^t} = \frac{A_1}{(1+i)^1} + \frac{A_2}{(1+i)^2} + \cdots + \frac{A_n}{(1+i)^n} \tag{4-6}$$

式中，P 为评估值（元）；A_t 为未来第 t 个收益期的预期收益额（元）；n 为收益年期（即二手车剩余使用寿命的年限）；i 为折现率，在经济分析中如果不做其他说明，一般指年利率或收益率；t 为收益期，一般以年计。

由于二手车的收益期是有限的，式（4-6）中的 A_t 还包括期末车辆的残值（残值指旧机动车在报废时净回收的金额，在评估估算时一般忽略不计）。

在式（4-6）中，当 $A_1 = A_2 = \cdots = A_n = A$ 时，即 t 从 1～n 年未来收益都同为 A 时，则式（4-6）可以演化为

$$P = A \left[\frac{1}{1+i} + \frac{1}{(1+i)^2} + \cdots + \frac{1}{(1+i)^n} \right] = A \frac{(1+i)^n - 1}{i(1+i)^n} \tag{4-7}$$

式中，$\frac{(1+i)^n - 1}{i(1+i)^n}$ 被称为年金现值系数；$\frac{1}{(1+i)^t}$ 被称为第 t 个收益年期的现值系数。

由式（4-6）和式（4-7）可知，明确了二手车在预期收益年期 n 内的收益值和折现率，就可以得出评估的二手车辆可接受的最大投资额度 P，下面介绍各评估参数的确定方法。

2. 收益现值法各评估参数的确定

（1）收益年期 n 的确定　收益年期（二手车剩余使用寿命的年限）指从评估基准日到二手车报废的年限。各类营运车辆的报废年限在国家《汽车报废标准》（见附录 D）中都有具体规定。如果剩余使用寿命期估算得过长，则计算的收益期就多，车辆的评估价格就高；反之，则会低估价格。因此，必须根据二手车的实际状况对其收益年期做出正确的评定。

（2）预期收益额 A_t 的确定　运用收益现值法时，未来每年收益额的确定是关键。预期收益额是指被评估二手车在其剩余使用寿命期内的使用过程中，可能带来的年纯收益额。确定车辆预期收益额时应注意两点：

① 预期收益额是通过预测分析获得的。对于买卖双方来说，判断车辆是否有价值，应判断该车辆是否能带来收益。对车辆收益能力的判断，不仅要看现在的情形，更重要的是关注未来的经营风险。

② 收益额的计算方法。以企业为例，目前有几种方法：

a) 企业税后利润。

b) 企业税后利润与提取折旧额之和扣除投资额。

c) 利润总额。

在二手车评估业务中通常选择第一种方法，目的是准确反映预期收益额。其计算公式为

$$收益额 = 税前收入 - 应交所得税 = 税前收入 \times (1 - 所得税率)$$

$$税前收入 = 一年的毛收入 - 车辆使用的各种税费和人员劳务费等$$

2011年财政部发布第65号令，决定修改《中华人民共和国增值税暂行条例实施细则》和《中华人民共和国营业税暂行条例实施细则》，大幅提高增值税、营业税起征点。企业税负，特别是小型微型企业的税负将降低，具体所缴纳的企业所得税率见表4-3，个人所得税率见表4-4。

表4-3　企业所得税率

档次	税率（%）	纳税年度应纳税所得额
1	18	3万元（含3万元）以下
2	27	3万元至10万元（含10万元）
3	33	10万元以上

注：企业所得税应纳税额的计算公式为应纳税额=应纳税所得额×税率。

表4-4　个人所得税率

级数	全月应纳税所得额		税率（%）	速算扣除数
	含税级距	不含税级距		
1	不超过1500元的	不超过1455元的	3	0
2	超过1500元至4500元的部分	超过1455元至4155元的部分	10	105
3	超过4500元至9000元的部分	超过4155元至7755元的部分	20	555
4	超过9000元至35000元的部分	超过7755元至27255元的部分	25	1005
5	超过35000元至55000元的部分	超过27255元至41255元的部分	30	2755
6	超过55000元至80000元的部分	超过41255元至57505元的部分	35	5505
7	超过80000元的部分	超过57505元的部分	45	13505

注：1. 本表所列含税级距与不含税级距，均为按照税法规定减除有关费用后的所得额。

　　2. 含税级距适用于由纳税人负担税款的工资、薪金所得；不含税级距适用于由他人（单位）代付税款的工资、薪金所得。

（3）折现率i的确定　折现率是指将未来预期收益额折算成现值的比率。从本质上讲，折现率是一种期望投资报酬率，是投资者在投资风险一定的情况下，对投资所期望的回报率。折现率由无风险报酬率、风险报酬率和通货膨胀率三部分组成，即式（4-8）所示。

折现率 i = 无风险报酬率 + 风险报酬率 + 通货膨胀率　　　　　　　　(4-8)

无风险报酬率一般是指同期国库券利率，它实际上是一种无风险收益率。风险报酬率是指超过无风险收益率以上部分的投资回报率。在资产评估中，因资产的行业分布、种类、市场条件等的不同，其折现率亦不相同。因此，在利用收益法对二手车鉴定评估选择折现率时，应该进行本企业、本行业历年收益率指标的对比分析，以尽可能准确地估测二手车的折现率，若无充分证据表明所选择折现率是合理的，一般采用同期银行存款的基准利率。

风险报酬率是指冒风险获得报酬与车辆投资中为承担风险所付出代价的比率，一般高风险都会带来高收益。风险收益能够计算，但是为承担风险所付出的代价不好确定，故风险收益率不好确定，也有可能比存钱合算，也有可能不如存钱合算。

通货膨胀率由于涉及国家更多的政治、经济、文化、金融方面的政策，很难确定，在确定折现率时往往忽略。

4.3.5　收益现值法的评估实例

【例 4-2】　2006 年 1 月，某人打算在二手车市场购置一辆捷达 FV7160GIX 型轿车用于个体出租车运营。该车的基本信息及经营预测如下：

2002 年 4 月购买，并于当月完成车辆登记手续，已行驶里程为 20 万 km，目前车辆技术状况良好，能正常运行，如用于出租车运营，全年预计可出勤 320 天。根据市场经营经验，该车型每天平均毛收入约 800 元，每天耗油费用 140 元，年检、保险、养路费及各种应支出费用折合平均每天 95 元，年日常维修保养费用约 12000 元，年平均大修费用约 8000 元，人员劳务费 30000 元。根据目前银行储蓄年利率、行业收益等情况，确定资金预期收益率为 15%，风险报酬率为 5%。

假设每年的纯收入相同，试结合上述条件评估该车可接受的最大投资额是多少？

解题步骤如下：

① 根据题目条件，评估方法采用收益现值法。

② 收益年期 n 的确定：从车辆登记日（2002 年 4 月）至评估基准日（2006 年 1 月）止，该车已使用时间约为 4 年，根据国家《汽车报废标准》的规定，出租车规定运营年限为 8 年，车辆剩余使用寿命为 4 年，即收益年期 $n=4$。

③ 预期收益额 A_t 的确定：

a）根据题设条件，计算预计年毛收入，具体计算见表 4-5。

表 4-5　预计年收支　　　　　　　　　　（单位：元）

	预计年收入	800×320 = 256000
预计年支出	年燃油消耗费用	140×320 = 44800
	年检、保险、养路费及各种应支出费用	95×320 = 30400
	年日常维修保养费用	12000
	年平均大修费用	8000
	人员劳务费	30000
	预计年毛收入	130800

b) 计算年预计纯收入：根据当时国家个人所得税条例规定年收入在 5 万元以上，应缴纳所得税率为 35%，故年预计纯收入为 130800×（1-35%）= 85020（元）。

c) 预期收益额 A_t = 年预计纯收入 = 85020 元。

④ 折现率 i 的确定：折现率 = 无风险报酬率 + 风险报酬率 = 15% + 5% = 20%。

⑤ 计算评估值 P：

$$P = A\left[\frac{1}{1+i} + \frac{1}{(1+i)^2} + \cdots + \frac{1}{(1+i)^n}\right]$$

$$= A\frac{(1+i)^n - 1}{i(1+i)^n} = 85020 \times \frac{(1+20\%)^4 - 1}{20\% \times (1+20\%)^4} = 85020 \times \frac{1.0736}{0.41472} = 220094.2 \text{（元）}$$

【例 4-3】 某企业拟将一辆万山牌 10 座旅行客车转让，某个体工商户准备购买该车用作载客营运。按国家规定，该车辆剩余年限为 3 年，经预测得出 3 年内各年预期收益的数据见表 4-6。

表 4-6 收益现值法各参数值

预期收益年限	收益额/元	折现率（%）	折现系数	收益折现值/元
第一年	30000	8	0.9259	27777
第二年	24000	8	0.8573	20568
第三年	21000	8	0.7938	16671

解：由于该车每年的预期收益额不相等，根据收益现值法的模型即式（4-6），可得该车的评估值为

$$P = 27777 + 20568 + 16671 = 65016 \text{（元）}$$

【例 4-4】 在对某辆二手车进行评估时，评估人员选择了三个近期成交的与被评估二手车类别、结构基本相同，技术经济参数相近的车辆作为参照车辆。参照车辆与被评估二手车的一些具体技术经济参数见表 4-7，试采用现行市价法对该车进行价值评估。

表 4-7 被评估车辆及参照车辆的有关技术经济参数

序号	技术经济参数	参照车辆 A	参照车辆 B	参照车辆 C	被评估二手车
1	车辆交易价格/元	50000	65000	40000	
2	销售条件	公开市场	公开市场	公开市场	公开市场
3	交易时间	6 个月前	2 个月前	10 个月前	
4	已使用年限/年	5	5	6	5
5	尚可使用年限/年	5	5	4	5
6	成新率（%）	62	75	55	70
7	年平均维修费用/元	20000	18000	25000	20000
8	每百千米耗油量/L	25	22	28	24

解题步骤如下：

1. 对被评估二手车与参照车辆之间的差异进行比较和量化

(1) 销售时间的差异 根据搜集到的资料表明,在评估之前到评估基准日之间的 1 年内,物价指数大约每月上升 0.5% 左右。各参照车辆与被评估二手车由于时间差异所产生的差额如下:

被评估二手车与参照车辆 A 相比较晚 6 个月,价格指数上升 3%,其差额为
$$50000 \text{ 元} \times 3\% = 1500 \text{ 元}$$

被评估二手车与参照车辆 B 相比较晚 2 个月,价格指数上升 1%,其差额为
$$65000 \text{ 元} \times 1\% = 650 \text{ 元}$$

被评估二手车与参照车辆 C 相比较晚 10 个月,价格指数上升 5%,其差额为
$$40000 \text{ 元} \times 5\% = 2000 \text{ 元}$$

(2) 车辆性能的差异

① 各参照车辆与被评估二手车每年由于燃油消耗的差异所产生的差额按每日营运 150km、每年平均出车 250 天,燃油价格按 7.2 元/L 计算。

参照车辆 A 每年比被评估二手车多消耗燃料的费用为
$$150 \times (25-24) \times 7.2 \times (150/100) \times 250 = 2700 \text{(元)}$$

参照车辆 B 每年比被评估二手车少消耗燃料的费用为
$$150 \times (24-22) \ 7.2 \times (150/100) \times 250 = 5400 \text{(元)}$$

参照车辆 C 每年比被评估二手车多消耗燃料的费用为
$$(28-24) \times 7.2 \times (150/100) \times 250 = 10800 \text{(元)}$$

② 各参照车辆与被评估二手车每年由于维修费用的差异所产生的差额如下:

参照车辆 A 与被评估二手车每年维修费用的差额为
$$20000 \text{ 元} - 20000 \text{ 元} = 0 \text{ 元}$$

参照车辆 B 比被评估二手车每年少花费的维修费用为
$$20000 \text{ 元} - 18000 \text{ 元} = 2000 \text{ 元}$$

参照车辆 C 比被评估二手车每年多花费的维修费用为
$$25000 \text{ 元} - 20000 \text{ 元} = 5000 \text{ 元}$$

③ 各参照车辆与被评估二手车每年由于营运成本的差异所产生的差额如下:

参照车辆 A 比被评估二手车每年多花费的营运成本为
$$2700 \text{ 元} + 0 \text{ 元} = 2700 \text{ 元}$$

参照车辆 B 比被评估二手车每年少花费的营运成本为
$$5400 \text{ 元} + 2000 \text{ 元} = 7400 \text{ 元}$$

参照车辆 C 比被评估二手车每年多花费的营运成本为
$$10800 \text{ 元} + 5000 \text{ 元} = 15800 \text{ 元}$$

④ 取企业所得税率为 33%,则税后各参照车辆每年比被评估二手车多(或少)花费的营运成本如下:

税后参照车辆 A 比被评估二手车每年多花费的营运成本为
$$2700 \text{ 元} \times (1-33\%) = 1809 \text{ 元}$$

税后参照车辆 B 比被评估二手车每年少花费的营运成本为

$$3650 元 \times (1-33\%) = 4958 元$$

税后参照车辆 C 比被评估二手车每年多花费的营运成本为

$$15800 元 \times (1-33\%) = 10586 元$$

⑤ 适用的折现率为 $i=10\%$，则在剩余的使用年限内，各参照车辆比被评估二手车多（或少）花费的营运成本如下：

参照车辆 A 比被评估二手车多花费的营运成本折现累加为

$$A\frac{(1+i)^n-1}{i(1+i)^n} = 1809 \times \frac{(1+10\%)^5-1}{10\% \times (1+10\%)^5} = 6857.53 元$$

参照车辆 B 比被评估二手车少花费的营运成本折现累加为

$$A\frac{(1+i)^n-1}{i(1+i)^n} = 4958 \times \frac{(1+10\%)^5-1}{10\% \times (1+10\%)^5} = 18794.72 元$$

参照车辆 C 比被评估二手车多花费的营运成本折现累加为

$$A\frac{(1+i)^n-1}{i(1+i)^n} = 10586 \times \frac{(1+10\%)^4-1}{10\% \times (1+10\%)^4} = 33556.20 元$$

（3）成新率的差异

参照车辆 A 比被评估二手车由于成新率的差异所产生的差额为

$$50000 元 \times (70\% - 62\%) = 4000 元$$

参照车辆 B 比被评估二手车由于成新率的差异所产生的差额为

$$65000 元 \times (70\% - 75\%) = -3250 元$$

参照车辆 C 比被评估二手车由于成新率的差异所产生的差额为

$$40000 元 \times (70\% - 55\%) = 6000 元$$

2. 确定评估值

根据被评估二手车与参照车辆之间差异的量化结果，确定车辆的评估值。

（1）初步确定被评估二手车的评估值

① 与参照车辆 A 相比分析调整差额，初步评估的结果为

车辆评估值 = 50000 元 + 1500 元 + 6857.5 元 + 4000 元 = 62357.5 元

② 与参照车辆 B 相比分析调整差额，初步评估的结果为

车辆评估值 = 65000 元 + 650 元 - 18794.7 元 - 3250 元 = 43605.3 元

③ 与参照车辆 C 相比分析调整差额，初步评估的结果为

车辆评估值 = 40000 元 + 2000 元 + 33556.2 元 + 6000 元 = 81556.2 元

（2）综合定性分析以确定被评估二手车的评估值 从上述初步估算的结果可知，按三个不同的参照车辆进行比较测算，初步评估的结果最多相差 37950.9 元（81556.2 元 - 43605.3 元 = 37950.9 元）。其主要原因是三个参照车辆的成新率不同（参照车辆 A 为 62%、参照车辆 B 为 75%、参照车辆 C 为 55%）；另外，在选取有关的技术经济参数时也可能存在误差。为减少误差，结合考虑被评估二手车与参照车辆的相似程度，决定采用加权平均法确定评估值。参照车辆 B 的交易时间离评估基准日较接近（仅隔 2 个月），且已使用年限、尚可使用年限、成新率等都与被评估二手车最相近，由于它的相似程度比参照车辆 A、C 更大，决定取参照车辆 B 的加权系数为 60%；参照车辆 A 的交易时间、已使用年限、尚可使

用年限、成新率等比参照车辆 C 的相似程度更大，故决定取参照车辆 A 的加权系数为 30%；取参照车辆 C 的加权系数为 10%。加权平均后，被评估二手车的评估值为

车辆评估值 = 62357.5 元×30% + 43605.3 元×60% + 81556.2 元×10% = 53026.05 元

4.4 清算价格法及其评估案例

清算价格法是以清算价格为依据来估算二手车价格的一种方法。所谓清算价格，是指企业在停业或破产后，在一定的期限内拍卖资产（如车辆）时可得到的变现价格。清算价格法的理论基础是清算价格标准。

4.4.1 清算价格法的基本原理

清算价格法在原理上基本与现行市价法相同，但实际上清算价格往往大大低于现行市场价格，这是由于企业被迫停业或破产，急于将车辆拍卖或出售。

4.4.2 清算价格法的应用前提和适用范围

1. 清算价格法的应用前提

以清算价格法评估车辆价格的前提条件有以下三点：
① 以具有法律效力的破产处理文件或抵押合同及其他有效文件为依据。
② 车辆在市场上可以快速出售变现。
③ 所卖收入足以补偿因出售车辆的附加支出总额。

2. 清算价格法的适用范围

清算价格法适用于企业破产、资产抵押和停业清理时要出售的车辆。

（1）企业破产　当企业或个人因经营不善造成严重亏损，到期不能清偿债务时，企业应依法宣告破产，法院以其全部财产依法清偿其所欠的债务，不足部分不再清偿。

（2）资产抵押　资产抵押是以所有者资产作为抵押物进行融资的一种经济行为，是合同当事人一方用自己特定的财产（如机动车辆）向对方保证履行合同义务的担保形式。提供财产的一方为抵押人，接受抵押财产的一方为抵押权人。抵押人不履行合同时，抵押权人有权利将抵押财产在法律允许的范围内变卖，从变卖抵押物价款中优先受偿。

（3）停业清理　停业清理是指企业由于经营不善导致严重亏损，已临近破产的边缘或因其他原因无法继续经营下去，为弄清企业财物现状，对全部财产进行清点、整理和查核，为经营决策（破产清算或继续经营）提供依据，以及因资产损毁、报废而进行清理、拆除等的经济行为。

4.4.3 影响清算价格的主要因素

在二手车评估中，影响清算价格的主要因素包括破产形式、债权人处置车辆的方式、车

辆清理费用、拍卖时限、公平市价和参照车辆价格等。

1. 破产形式

如果企业丧失车辆处置权,出售方无讨价还价的可能,则以买方出价决定车辆售价;如果企业未丧失处置权,出售方尚有讨价还价余地,则以双方议价决定售价。

2. 债权人处置车辆的方式

按抵押时的合同契约规定执行,如公开拍卖或收回己有。

3. 车辆清理费用

在企业破产等情况下评估车辆价格时,应对车辆清理费用及其他费用给予充分的考虑。如果这些费用太高,拍卖变现后所剩无几,则失去了拍卖还债的意义。

4. 拍卖时限

一般来说,规定的拍卖时限长,售价会高些;时限短,则售价会低些。这是由资产快速变现原则产生的特定买方市场所决定的。

5. 公平市价

公平市价是指车辆成交时,使交易双方都满意的价格。在清算价格中卖方满意的价格一般不易获得。

6. 参照车辆价格

参照车辆价格是指在市场上出售相同或类似车辆的价格。一般来说,市场参照车辆价格高,车辆出售的价格就会高,反之则低。

4.4.4 清算价格法的计算方法

目前,对于清算价格的确定方法,从理论上还难以找到十分有效的依据,但在实践上仍有一些方法可以采用,主要方法有如下三种:

1. 评估价格折扣法

首先,根据被评估二手车的具体情况及所获得的资料,选择重置成本法、收益现值法及现行市价法中的一种方法确定被评估二手车的价格;然后,根据市场调查和快速变现原则,确定一个适当的折扣率。用评估价格乘以折扣率,所得结果即为被评估二手车的清算价格。

例如,一辆已经使用 3 年的捷达轿车,经调查在二手车交易市场上成交价为 5 万元,根据销售情况调查,折价 20% 可以当即出售,则该车辆清算价格为 $5 \times (1-20\%) = 4$(万元)。

第 4 章 二手车价格评估的基本方法

2. 模拟拍卖法

模拟拍卖法也称意向询价法。这种方法是根据向被评估二手车的潜在购买者询价的办法取得市场信息，最后经评估人员分析确定其清算价格的一种方法。用这种方法确定的清算价格受供需关系影响很大，要充分考虑其影响的程度。

例如，有 1 台 8t 自卸车，拟评估其拍卖清算价格。评估人员对两家运输公司、三个个体运输户征询意向价格，其报价分别为 7 万元、8.3 万元、7.8 万元、8 万元和 7.5 万元，平均价为 7.72 万元。考虑目前各种因素，评估人员确定清算价格为 7.5 万元。

3. 竞价法

竞价法是由法院按照破产清算的法定程序或由卖方根据评估结果提出一个拍卖的底价，在公开市场上由买方竞争出价，谁出的价格高就卖给谁。

4.4.5 清算价格法的评估案例

【例 4-5】 某法院欲在近期内将其扣押的一辆中型载货汽车拍卖出售。至评估基准日止，该汽车已使用了 1 年 6 个月，车况与其新旧程度相符，成新率为 85%，试评估该车的清算价格。

分析：据了解，本次评估的目的属债务清偿，应采用的评估方法为清算价格法。根据被评估车辆的实际情况和所掌握的资料，决定首先利用重置成本法确定车辆在公平市场条件下的评估价格；然后，根据市场调查，按一定的折扣率确定汽车的清算价格。

求解步骤如下：

① 根据题目已知条件，采用重置成本法确定清算价格。

② 求已使用年限和规定使用年限：该车已使用年限为 1 年 6 个月，折合为 18 个月。根据国家规定，被评估车辆的使用年限为 10 年，折合为 120 个月。

③ 确定车辆的重置成本全价：据市场调查，全新的同型车目前售价为 5.5 万元。根据相关规定，购置此型车时，要交纳 10% 的车辆购置税，3% 的货运附加费，故被评估车辆的重置成本全价 B 为

$$B = 55000 \times (1 + 10\% + 3\%) = 62150 \text{（元）}$$

④ 确定车辆的成新率为 85%，成新率的计算方法在第 5 章进行详细介绍。

⑤ 确定被评估车辆在公平市场条件下的评估值：根据调查了解，被评估车辆的功能性损耗及经济性损耗均很小，可忽略不计，故在公平市场条件下，该车的评估值 P 为

$$P = BC = 62150 \times 85\% = 52827.5 \text{（元）}$$

⑥ 确定折扣率：根据市场调查，折扣率取 70% 时，可在清算日内出售车辆，故确定折扣率为 70%。

⑦ 确定被评估车辆的清算价格 P 为

$$P = 52827.5 \times 70\% = 39621 \text{（元）}$$

4.5 重置成本法及其评估案例

重置成本法是指在现时市场条件下重新购置一辆全新状态的被评估车辆所需的全部成本，减去该被评估车辆的各种陈旧贬值后的差额作为被评估车辆现时价格的一种评估方法。其评估公式为

$$二手车评估值 = 重置成本 - 各种陈旧性贬值 \tag{4-9}$$

重置成本法既充分考虑了被评估二手车的重置全价，又考虑了该二手车已使用年限内的有形损耗以及功能性、经济性贬值，因而是一种适应性较强，并在实践中被广泛采用的基本评估方法。

4.5.1 重置成本法的基本要素

重置成本法的概念中涉及四个基本要素，即二手车的重置成本、二手车实体性贬值、二手车功能性贬值和二手车经济性贬值。

1. 二手车的重置成本

二手车重置成本是指在现行市场条件下重新购置一辆全新车辆所需支付的全部货币总额。简单地说，二手车重置成本就是当前再取得该车的成本。实际获得重置成本时，重置成本又分为复原重置成本和更新重置成本两种。

1) 复原重置成本是指用与被评估车辆相同的材料、制造标准、结构设计及技术水平等，以现时市场价格重新购进与被评估车辆相同的全新车辆所发生的全部成本。汽车不同于一般机器设备，技术性很强，又有很强的法规限制，一般用户是很难复原一辆已经停产很久的汽车的。

2) 更新重置成本是指利用新型材料、新技术标准和新型设计等，以现时市场价格购进具有相同或相似功能的全新车辆所支付的全部成本。应该注意的是，无论复原重置还是成本更新重置成本，车辆本身的功能不变，如作为私家轿车用的车辆依然作为私家轿车用，用于出租用的车辆依然作为出租用来确定购置全价。

一般情况下，在选择重置成本时，如果同时取得复原重置成本和更新重置成本，应优先选择更新重置成本。在不存在更新重置成本时，再考虑采用复原重置成本。由此可见，重置成本法主要立足于二手车的现行市价，与二手车的原购置价并无多大的关系。现行市价越高，重置成本也越高。

2. 二手车实体性贬值

二手车实体性贬值也称二手车有形损耗，是指二手车在存放和使用过程中，由于物理和化学原因（如机件磨损、锈蚀和老化等）而导致的车辆实体发生的价值损耗，即由于自然力的作用而发生的损耗。计量二手车实体有形损耗时主要根据已使用年限进行分析。

3. 二手车功能性贬值

二手车功能性贬值是指由于技术进步引起的车辆功能相对落后而导致的贬值。这是一种无形损耗。功能性贬值可分为一次性功能贬值和营运性功能贬值。

一次性功能贬值是由于技术进步引起劳动生产率的提高，现在再生产制造与原功能相同的车辆的社会必要劳动时间减少、成本降低而造成原车辆的价值贬值。

营运性功能贬值是由于技术进步，出现了新的、性能更优的车辆，致使原有车辆的功能相对新车型落后而引起其价值贬值。具体表现为原有车辆在工作任务完成相同的前提下，在燃料、人力、配件材料等方面的消耗增加，形成了一部分超额运营成本。

4. 二手车经济性贬值

二手车经济性贬值是指由于外部经济环境变化所造成的车辆贬值，它也是一种无形损耗。外部经济环境包括宏观经济政策、市场需求、通货膨胀和环境保护等，如国家提高对汽车排放标准的要求，实施欧Ⅲ排放标准，原来执行欧Ⅱ排放标准的在用车就会因此而贬值。经济性贬值是由于外部环境而不是车辆本身或内部因素所引起的达不到原有设计的获利能力而造成的贬值。外界因素对车辆价值的影响不仅是客观存在的，而且对车辆价值影响还相当大，所以在二手车的评估中不可忽视。

5. 重置成本法的理论依据

任何一个精明的投资者在购买某项资产时，他所愿意支付的价格，绝不会超过现时在市场上能够购买到与该项资产具有同等效用的全新资产所需的最低成本，而不管这项资产的原拥有者当初在购买这项资产时的购置价（历史成本）是多少。这就是重置成本法的理论依据。可见重置成本是现时购买一辆全新的与被评估二手车相同的车辆所支付的最低金额。

4.5.2 重置成本法的应用前提和适用范围

重置成本法作为一种二手车评估的方法，是从能够重新取得被评估二手车的角度来反映二手车的交换价值的，即通过被评估二手车的重置成本反映二手车的交换价值。只有当被评估的二手车处于继续使用状态下，再取得被评估二手车的全部费用才能构成其交换价值。二手车继续使用包含着其使用有效性的经济意义，只有当二手车能够继续使用并且在持续使用中为潜在投资者带来经济利益，二手车的重置成本才能为潜在投资者和市场承认及接受。从这个意义上讲，重置成本法主要适用于有继续使用功能前提下的二手车评估。

4.5.3 重置成本法的优缺点

1. 重置成本法的优点

① 比较充分地考虑了车辆的各方面损耗，反映了车辆市场价格的变化，评估结果更趋于公平合理，在不易估算车辆未来收益，或难以在市场上找到可类比对象的情况下可广泛

应用。

② 可采用综合分析法确定成新率（成新率的计算方法将在第 5 章详细介绍），将车况和配置以及车辆使用情况用适当的调整系数表征出来，比较清晰地解析了车辆残值的构成，使整个评估过程显得有理有据，有助于增强交易双方对评估结果的信任，可广泛应用于价值较高的中高档车辆评估。

2. 重置成本法的缺点

① 评估工作量较大，确定成新率时主观因素影响较大。

② 对极少数的进口车辆，不易查询到现时市场报价，一些已停产或是国内自然淘汰的车型，由于不可能查询到相同车型新车的市场报价，很难准确地确定出它们的重置成本或重置全价。

4.5.4 重置成本法的评估方法

1. 重置成本法的计算模型

重置成本法有两种基本计算公式，分别为

$$评估值 = 重置成本 - 实体性贬值 - 功能性贬值 - 经济性贬值 \tag{4-10}$$

$$评估值 = 重置成本 \times 成新率 \tag{4-11}$$

式（4-10）是重置成本法评估二手车的最基本模型。它综合考虑了二手车的现行市场价格和各种影响二手车价值量变化（贬值）的因素，容易让人信服和易于接受。但造成这些贬值的影响因素较多且有一定的不确定性，所以准确地确定二手车的贬值是不容易的。重置成本、实体性贬值、功能性贬值和经济性贬值被称为重置成本法的四要素。

式（4-11）以成新率综合考虑了各种贬值对二手车价值的影响，是一种定性和定量相结合的评估方法，能比较客观地反映二手车的价值，是目前市场上应用最广的一种评估方法。本书第 5 章重点介绍此评估模型中成新率的计算方法。

2. 基于成新率的重置成本法评估计算

（1）评估计算公式　式（4-11）也可表示为

$$P = BC$$

式中，P 为被评估二手车的评估值（元）；B 为被评估二手车的现时重置成本（元）；C 为被评估二手车的现时成新率。

（2）重置成本的计算　在资产评估中，重置成本的估算有多种方法，对二手车评估来说，计算重置成本一般有重置核算法和物价指数法两种。

① 重置核算法：重置核算法是利用成本核算原理，根据现实条件下重新取得一辆与二手车车型和功能一样的新车所需的费用项目，逐项计算后累加得到二手车的重置成本。二手车的重置成本具体由二手车的现行购买价格、运杂费以及必要的税费构成。根据新车来源方式不同，二手车重置成本可分为国产车和进口车两种不同的构成。

a）国产二手车重置成本的构成。国产二手车重置成本构成的计算公式为

$$B = B1 + B2 \tag{4-12}$$

式中，B 为二手车重置成本（元）；$B1$ 为车辆直接成本，即购置全新车辆的市场成交价（元）；$B2$ 为车辆间接成本，即车辆购置价格以外国家和地方政府一次性缴纳的各种税费总和（元）。

在车辆间接成本中，各种税费（包括车辆购置税和注册登记费，即牌照费）为合理间接成本，而车辆拥有阶段及使用阶段的税费，如车辆拥有阶段的年审费、车船使用税、消费税，车辆使用阶段的保险费、燃油税、路桥费等为不合理的间接费用，在确定重置成本时一定要认真鉴定各种间接费用。

b）进口二手车重置成本的构成。根据海关税则和收费标准，进口轿车的重置成本（即现行价格）的税费构成为

$$进口二手车重置成本 = 报关价 + 关税 + 消费税 + 增值税 + 其他必要费用 \tag{4-13}$$

式（4-13）中所涉及的参数的确定方法为

（ⅰ）报关价即到岸价，又称 CIF 价格，它与离岸价 FOB 的关系为

$$CIF 价格 = FOB 价格 + 途中保险费 + 从装运港到目的港的运费$$

FOB 价格是指在国外装运港船上交货时的价格，因此也称为离岸价，它不包括从装运港到目的港的运费和保险费。

由于这部分费用是以外汇支付的，在计算时，需要将报关价格换算成人民币，外汇汇率采用评估基准日的外汇汇率进行计算。

（ⅱ）关税：其计算方法为

$$关税 = 报关价 \times 关税税率$$

根据我国加入 WTO 的承诺，自 2006 年 7 月 1 日起，轿车的关税税率为 25%。

（ⅲ）消费税：其计算方法为

$$消费税 = \frac{报关价 + 关税}{1 - 消费税率} \times 消费税率$$

我国 2008 年 9 月 1 日起实施新的汽车消费税率。消费税率根据汽车排量分档，具体情况见表 4-8。

表 4-8 汽车排量与汽车消费税率对照表

车 型	排量/L	税率（%）
乘用车（含越野车）	1.0 以下	1
	1.0~1.5（含）	3
	1.5~2.0（含）	5
	2.0~2.5（含）	9
	2.5~3.0（含）	12
	3.0~4.0（含）	25
	大于 4.0	40
中轻型商用客车		5

（ⅳ）增值税：其计算方法为

$$增值税 =（报关价+关税+消费税）\times 增值税率$$

各种进口车增值税税率均为17%。

（ⅴ）其他必要费用：除了上述费用之外，进口车价还包括通关、商检、仓储运输、银行、选装件价格、经销商、进口许可证等非关税措施造成的费用。

一般而言，车辆重置成本大多是依靠市场调查搜集而来的，并不需要进行十分复杂的计算。但是对于市场上尚未出现的新车型（特别是进口新车型）或淘汰车型，由于其价格信息获取不容易，这时需要按照其重置成本的构成进行估算。

② 物价指数法：物价指数法也叫价格指数法，是指根据已掌握历年来的价格指数，在二手车原始成本的基础上，通过现时物价指数确定其重置成本。其计算公式为

$$B = B_0 \frac{I}{I_0}$$

或

$$B = B_0 (1+\lambda) \tag{4-14}$$

式中，B 为车辆重置成本（元）；B_0 为车辆原始成本（元）；I 为车辆评估时物价指数；I_0 为车辆当初购买时物价指数；λ 为车辆价格变动指数。

当被评估车辆已停产，或是进口车辆，无法找到现时市场价格时，物价指数法是一种很有用的方法，但应用时必须要注意，一定要先检查被评估车辆的账面购买原价。如果购买原价不准确，则不能用物价指数法。

车辆价格变动指数是表示车辆历年价格变动趋势和速度的指标。使用时要选用国家统计部门、物价管理部门或行业协会定期发布和提供的数据，不能使用无依据、不明来源的数据。

（3）二手车重置成本的确定　实际工作中，一般根据鉴定估价的经济行为确定重置成本的全价，具体有以下两种处理方法：

① 对于以所有权转让为目的的二手车交易经济行为，按评估基准日被评估车辆所在地收集的现行市场成交价格作为被评估车辆的重置成本全价，其他费用略去不计。

② 对企业产权变动的经济行为（如企业合资、合作和联营，企业分设、合并和兼并，企业清算，企业租赁等），其重置成本全价除了考虑被评估车辆的现行市场购置价格以外，还应将国家和地方政府规定对车辆加收的其他税费（如车辆购置附加费、车船使用税等）一并计入重置成本全价中。

（4）二手车成新率的计算　二手车成新率的计算应根据评估目的选用第5章所介绍的方法。

4.6　二手车鉴定评估方法的选择

对同一辆二手车，采用不同的价格计量标准估价，会得到不同的价格。这些价格的差异不仅在质上不同，在量上也存在较大差异。因此，必须根据评估的目的，选择与二手车评估

业务相匹配的价格计量标准。

1. 四种价格计量标准

（1）重置成本标准　重置成本是指在现时条件下，按功能重置车辆并使其处于在用状态所耗费的成本。重置成本的构成与历史成本一样，都是反映车辆在购置、运输、注册登记等过程中所支出的全部费用，但重置成本是按现有技术条件和价格水平计算的。

重置成本标准适用的前提是车辆处于在用状态，一方面反映车辆已经投入使用；另一方面反映车辆能够继续使用，对车辆所有者具有使用价值。

（2）现行市价标准　现行市价是指车辆在公平市场上的销售价格。所谓公平市场是指充分竞争的市场，买卖双方没有垄断和强制，双方的交易行为都是自愿的，都有足够的时间与能力了解市场行情。

（3）收益现值标准　收益现值是指根据车辆未来的预期获利能力大小，以适当的折现率将未来收益折成现值。从"以利索本"的角度看，收益现值就是为获得车辆取得预期收益的权利所支付的货币总额。在折现率相同的情况下，车辆未来的效用越大，获利能力越强，评估值就越大。投资者购买车辆时，一般要进行可行性分析，只有在预期回报率超过评估时的折现率时，才可能支付货币购买车辆。收益现值标准适用的前提条件是车辆投入使用后可连续获利。

（4）清算价格标准　清算价格是指在非正常市场上限制拍卖的价格。它与现行市价相比，两者的根本区别在于：现行市价是公平市场价格；而清算价格是非正常市场上的拍卖价格，它由于受到快速变现的限制和买主限制，一般大大低于现行市价。

二手车鉴定评估服务是一种第三方中介资产评估，其价格评估方法和资产评估的方法一样，按照国家规定的重置成本法、收益现值法、现行市价法和清算价格法四种方法进行，评估价格具有约束性。二手车收购估价是二手车经营企业为了自身发展需要开展的业务，收购估算价格由买卖双方自由确定，具有灵活性。

清算价格标准适用于企业破产清算，以及因抵押、典当等不能按期偿债而导致的车辆变现清偿等汽车评估业务。

2. 各种价格计量标准的联系与区别

（1）重置成本价格与现行市价价格的联系与区别　现行市价与重置成本的区别在于：现行市价以市场价格为依据，车辆价格受市场因素约束，并且其评估值直接受市场检验；而重置成本只是在模拟条件下重置车辆的现行价格。

（2）现行市价价格与收益现值价格的联系与区别　现行市价价格与收益现值价格的联系主要表现在：两者在价格形式上有相似之处，都是评估公平市场价格。现行市价价格与收益现值价格的区别在于：两者的价格内涵不同，现行市价主要是车辆进入市场的价格计量；而收益现值主要是以车辆的获利能力进行价格计量。

通过把现行市价法和收益现值法结合起来评估车辆的价值，在市场发达国家应用得相当普遍。把收益现值法和现行市价法结合起来使用，其目的在于降低评估过程中的人为因素，更好地反映客观实际，从而使车辆的评估更能体现市场观点。

（3）现行市价价格与清算价格的联系与区别　现行市价价格与清算价格的联系主要表现在：两者均是市场价格。现行市价价格与清算价格的根本区别在于：现行市价是公平市场价格；而清算价格是非正常市场上的拍卖价格，一般大大低于现行市价。

（4）重置成本法与收益现值法的联系与区别　重置成本法与收益现值法的区别在于：前者是历史过程，后者是预期过程。如果没有对被评估车辆的历史进行判断和记录，那么运用重置成本法评估车辆的价值是不可能的。收益现值法所考虑和侧重的是被评估对象未来能给予投资者带来收益的能力。

3. 评估方法的选用

（1）重置成本法的适用条件　重置成本法比较充分地考虑了车辆的各方面损耗，反映了车辆市场价格的变化，评估结果更趋于公平合理，在不易估算车辆未来收益，或难于在市场上找到可类比对象的情况下可广泛应用。在确定成新率的各种方法中，综合分析法将车况和配置以及车辆使用情况用适当的调整系数表征出来，比较清晰地解析了车辆残值的构成，使整个评估过程显得有理有据，有助于提升委托方对评估结果的信任，适用于价值较高的中高档车辆评估。

（2）现行市价法的适用条件　现行市价法要求评估方在当地或周边地区能找到一个发育成熟、活跃，交易量大，车型丰富的二手车交易市场，容易找到可类比的参照车辆，并且参照车辆是近期的、可比较的。因此，它特别适用于产权转让的畅销车型评估，如二手车收购（尤其是成批收购）和典当等业务。

（3）收益现值法的适用条件　收益现值法是从被评估二手车在剩余经济使用寿命内能够带来预期利润的前提下进行评估的，因此，比较适用于投资营运车辆的评估。

（4）清算价格法的适用条件　清算价格法是从车辆资产债权人的角度出发，以车辆快速变现为目的进行评估的，因此，适用于企业破产、资产抵押、停业清理等急于出售变现的车辆评估，如法院、海关委托评估的涉案车辆。

（5）折旧法的适用条件　折旧法是从二手车使用产生价值转移后剩余价值的角度估算二手车价格的。此法计算二手车价值转移可采用加速折旧法计算，使二手车剩余价值相对比较小，这对二手车收购方来说是比较有利的。因此，折旧法比较适用于二手车的收购估价，本书不对此方法进行详细介绍。

综上所述，重置成本法是汽车评估中的一种常用方法，它适用于该车继续使用前提下的评估。对在用车辆，可直接运用重置成本法进行评估，无须做较大的调整。

运用收益现值法进行汽车评估的前提是被评估车辆具有独立的、能连续用货币计量的可预期收益。该方法较适于营运车辆的评估。

现行市价法的运用必须以公平市场和车型可比性为前提，对车辆的买卖无论是把车辆作为投资参股、合作经营，还是购置自用，均适用现行市价法。

清算价格法适用于企业破产、抵押、停业清理时要售出的车辆。

由于估价方法的多样性，为鉴定估价人员提供了选择评估的途径。选择估价方法时应考虑以下因素：

① 必须严格与二手车评估的计价标准相适应。
② 要受收集数据和信息资料的制约。
③ 要充分考虑二手车鉴定估价工作的效率，选择简单易行的方法。

鉴于上述因素的考虑，在五种估价方法中，重置成本法、现行市价法、收益现值法和清算价格法适用于鉴定估价。采用现行市价法评估时，可能会由于目前我国二手车交易市场发育不完全，很难寻找到与被评估车辆相同的车辆，相同的使用日期、使用强度、使用条件等；采用收益现值法时，由于投资者对预期收益额预测难度大，易受较强的主观判断和未来不可预见因素的影响；采用清算价格法评估车辆时，又受其适用条件的局限。故上述三种评估方法在二手车鉴定估价中很少采用，而重置成本法具有收集资料信息便捷、操作简单易行、评估理论强并结合对车辆的技术鉴定、评估结果有依有据、可信度高等优点而成为鉴定评估中应用最广的一种评估方法。

思考与练习

1. 二手车鉴定与评估方法有哪些？
2. 列表说明几种评估方法的定义、意义、优缺点、适用范围及评估方法有哪些？
3. 熟悉并掌握各例题，并进行相关题的练习。
4. 现行市价法的适用范围、优缺点？
5. 重置成本法的优缺点？
6. 现行市价价格与收益现值价格的联系与区别？

第 5 章　车辆损耗指标及其计算方法

车辆损耗指标参数在二手车鉴定与评估中起着至关重要的作用，直接决定二手车评估价格的高低，因此车辆损耗指标参数的计算方法就显得尤为重要。

5.1　车辆损耗指标参数

车辆损耗指标参数有以下几种，各车辆损耗的指标参数之间既有区别又有联系。

1. 有形损耗率

有形损耗率又叫车辆的陈旧性贬值率，同时也称为实体性贬值率，是指车辆的现时实体损耗状态与其全新状态的比率，处在 0~1 之间，新车有形损耗率为 0，报废车有形损耗率为 1。

在评估过程中，有形损耗率的估算方法有如下 3 种：

（1）观察法　对评估车辆由具有专业知识和丰富经验的工程技术人员对车辆的实体各主要总成部件进行技术鉴定，综合分析车辆设计、制造、使用、磨损、维护、小修理、大修理和改装情况以及经济寿命等因素，将评估对象与其全新状态相比较，考察由于使用磨损和自然损耗对车辆功能技术状况带来的影响，评估公式为

$$有形损耗率 = 车辆实体性贬值 / 重置成本 \tag{5-1}$$

用观察法确定有形损耗率也可以靠评估师经验查表 5-1 获得。

由于用表 5-1 获得的车辆有形损耗率只是一个定性的经验数值，只能供评估人员参考，不能作为唯一标准。

观察法简单易行，一般用于初步估算中、低档二手车的价格。但由于观察法是采用人工观察方法进行的，有形损耗率的估值是否客观，实际取决于评估人员的专业水准和评估经验。

（2）使用年限法　通过确定被评估旧机动车已使用年限与该车辆预期可以使用年限的比率来确定，具体计算公式为

$$有形损耗率 = 实体性贬值率 = \frac{已使用年限}{规定使用年限} \tag{5-2}$$

【例 5-1】　一载货车已经使用 3 年，采用使用年限法计算实体性贬值率为（　　）。
A. 37.5%　　　　B. 20%　　　　C. 30%　　　　D. 62.5%
答案：C

(3)修复费用法(功能补偿法) 对于交通事故车辆,通过确定被评估旧机动车恢复原有的技术状态和功能所需要的费用补偿来直接确定旧机动车的有形损耗,具体计算公式为

$$有形损耗 = 修复后的重置成本 - 修复补偿费用 \tag{5-3}$$

表 5-1 二手车有形损耗率评估参考表

车况等级	新旧情况	有形损耗率(%)	技术状况描述	成新率(%)
1	使用不久	0~10	刚使用不久,行驶里程一般在3万~5万km,在用状态良好,能按设计要求正常使用	90~100
2	较新车	11~35	使用1年以上,行驶15万km左右,一般没有经过大修,在用状态良好,故障率低,可随时出车使用	65~89
3	二手车	36~60	使用0~5年,发动机或整车经过大修一次,大修较好地恢复原设计性能,在用状态良好,外观中度受损,恢复情况良好	40~64
4	老二手车	61~85	使用5~8年,发动机或整车经过两次大修,动力性能、经济性能、工作可靠性都有所下降,外观涂料脱落受损、金属件锈蚀程度明显;故障率上升,维修费用、使用费用明显上升,但车辆符合《机动车安全技术条件》,在用状态一般或者较差	15~39
5	待报废处理车	86~100	基本达到或达到使用年限,通过《机动车安全技术条件》检查,能使用但不能正常使用;动力性、经济性、可靠性下降,燃料费、维修费、大修费用增长速度快,车辆收益与支出基本持平,排放污染和噪声污染达到极限	15以下

2. 成新率

成新率是车辆的现时实物状态或现时整车性能状态与其全新状态时的比率,反映被评估车辆的新旧程度。成新率说明了车辆整车性能有几成新,是衡量被评估车新旧程度的重要指标,它与有形损耗一起反映了同一车辆的两方面。

成新率和有形损耗率的关系为

$$成新率 + 有形损耗率 = 1 \tag{5-4}$$

式(5-4)在表 5-1 中也有体现。成新率是重置成本法的一项重要指标,其计算方法除了式(5-4)以外,还有很多针对不同车型、不同价位的计算方法,具体将在 5.2 节中详细介绍。

3. 折旧率

折旧率是指二手车在二手车交易市场上的现时市场价值相对当前市场上同型号新车价值的丧失比率,数值上等于车辆有形损耗率,其计算公式为

$$折旧率 = 有形损耗率 = 1 - 成新率 \tag{5-5}$$

由公式可得，折旧率越高，车辆的车况就越差，成新率越低，剩余价值也越低。

4. 机动车辆的保值率

机动车辆的保值率是指车辆使用一段时间后，将其卖出时的交易价格与其新车原始购买价格（账面原值）的比值。保值率反映其在估价基准日的相对价值，与汽车的制造质量和品牌知名度紧密相关，其计算公式为

$$保值率=二手车交易价格/新车原始购买价格×100\% \qquad (5-6)$$

例：某车型上市参考价 27.3 万元，两年后旧机动车交易市场参考价为 20 万元，车价折损 7.3 万元，二手车保值率为 73.3%。

车辆保值率一直是汽车性价比的重要组成部分。保值率高低取决于汽车的性能、价格变动幅度、可靠性、配件价格及维修便捷程度等多项因素，是汽车综合水平的体现。保值率高的车型的优势在于它的价格受降价风潮的影响不大，使消费者承受较小的因产品贬值而造成的经济损失。表 5-2 所示为 2010 年紧凑型乘用车辆保值率网络排名表，仅供参考。

表 5-2 2010 年紧凑型乘用车辆保值率网络排名表

归属	制造商	品牌	保值率（%）
国产	上汽荣威	550	71.78
	海马汽车	海福星	70.39
	海马汽车	海马 3	65.88
	华晨汽车	骏捷 FRV	63.08
	华普汽车	海尚	63.04
	力帆汽车	520	62.10
	比亚迪	F3	58.85
合资	东风日产	颐达	73.04
	一汽大众	速腾	72.53
	长安铃木	天语 SX4	71.09
	上海大众	朗逸	70.85
	东风雪铁龙	世嘉	70.75
	一汽大众	捷达	70.63
	东风日产	骐达	69.82
	东风日产	轩逸	68.64
	上海大众斯柯达	明锐	68.03
	东南汽车	蓝瑟	66.04
	北京现代	伊兰特	65.81
	一汽大众	新宝来	65.37
	天津一汽丰田	花冠	65.24
	北京现代	Elantra 悦动	65.14
	东风本田	思域	65.11
	天津一汽丰田	卡罗拉	63.81
	东南汽车	菱帅	63.58
	长安福特	福克斯	62.99
	东风悦达起亚	赛拉图	62.47
	长安沃尔沃	S40	61.85

(续)

归属	制造商	品牌	保值率（%）
合资	长安马自达	马自达3	60.46
	东风标致	307	59.46
	上海通用雪佛兰	景程	59.16
	北京克莱斯勒	铂锐	58.69
	上海通用别克	凯越	57.02
	一汽大众	宝来	55.43
	一汽大众	高尔夫	52.48
	东风雪铁龙	爱丽舍	47.73

5. 折损率

折损率表示车辆在评估基准日所丧失的价值与其账面原值的比率，其计算公式为

$$\text{保值率} + \text{折损率} = 1 \tag{5-7}$$

例如：如果一辆使用了一年的汽车在评估基准日的保值率为80%，那么它的折损率即为20%，表示作为二手车出售时，已经损失了原车车款的20%。

根据业内惯例，车辆在使用第1～3年内，年均折损率为15%，第4～7年的年均折损率为10%，第8～10年的年均折损率为5%。

5.2 车辆成新率计算方法

二手车成新率是表示二手车的功能或使用价值占全新机动车的功能或使用价值的比例，是反映二手车新旧程度的一个指标，也可以理解为二手车的现时状态与机动车全新状态的比率。它与有形损耗一起反映了同一车辆的两方面。车辆的有形损耗也称为车辆的实体性贬值。它是由于使用磨损和自然损耗形成的。

成新率是重置成本法的一项重要指标，如何科学、准确地确定该项指标是二手车评估中的重点和难点。目前在二手车的鉴定估价中，成新率的估算方法通常有以下几种，实际评估时，可根据被评估车辆的客观情况灵活选用不同的成新率计算方法，下面分别进行详细介绍。

5.2.1 使用年限法

1. 计算方法

使用年限法是假设车辆成新率与其剩余使用时间成线性正比关系，主要反映车辆使用时间对其有形损耗的影响，认为使用时间越长，有形损耗越严重，且损耗程度随时间线性增长。评估方法可分为等速折旧法和加速折旧法。

等速折旧法是通过确定被评估二手车的尚可使用年限与规定使用年限的比值来确定二手

车成新率的一种方法，适用于 7 万元以下的经济型轿车的成新率估算。其计算公式为

$$C_Y = \left(1 - \frac{Y}{Y_g}\right) \times 100\% \tag{5-8}$$

式中，C_Y 为使用年限成新率；Y 为二手车实际已使用年限（年或月）；Y_g 为车辆规定的使用年限（年或月）。

等速折旧法可看成是车辆的时间损耗及时间折旧率，与车辆的日常使用强度和车况无关。

实际上，随着使用时间的推移，汽车磨损加剧，等速折旧是理想状态，故加速折旧法更适合理论成新率的估算。通常，25 万元以上的汽车采用加速折旧法中的年份数求和法较好，25 万元以下的汽车采用加速折旧法中的双倍余额递减法较好。

年份数求和法（适合 25 万元以上汽车评估）的计算公式为

$$C_Y = \left[1 - \frac{2}{Y_g(Y_g+1)}\sum_{n=1}^{Y}(Y_g+1-n)\right] \times 100\% \tag{5-9}$$

注意：$n = 1 \sim Y$，指已使用年限。

双倍余额递减法（适合 25 万元以下汽车评估）的计算公式为

$$C_Y = \left[1 - \frac{2}{Y_g}\left(1 - \frac{2}{Y_g}\right)^{n-1}\right] \times 100\% \tag{5-10}$$

【例 5-2】 某家庭用桑塔纳轿车，初次登记时间为 2000 年 2 月，评估基准日为 2005 年 2 月，分别采用等速折旧法、加速折旧法中的年份数求和法和双倍余额递减法计算成新率。

解：

（1）等速折旧法计算成新率为

$$C_Y = \left(1 - \frac{Y}{Y_g}\right) \times 100\% = \left(1 - \frac{5}{15}\right) \times 100\% = 66.7\%$$

（2）年份数求和法计算成新率为

$$C_Y = \left[1 - \frac{2}{Y_g(Y_g+1)}\sum_{n=1}^{Y}(Y_g+1-n)\right] \times 100\% = 45.9\%$$

（3）双倍余额递减法计算成新率为

$$C_Y = \left[1 - \frac{2}{Y_g}\left(1 - \frac{2}{Y_g}\right)^{n-1}\right] \times 100\% = 48.9\%$$

2. 已使用年限与规定使用年限注意事项

（1）已使用年限　使用年限是代表汽车运行量和工作量的一种计量。这种计量是以汽车正常使用为前提的，包括正常的使用时间和使用强度。对于汽车来说，它的经济使用寿命指标既有规定使用年限，同时也应以行驶里程数作为运行量的计量单位。从理论上讲，综合考虑已使用年限和行驶里程数要符合实际一些，即汽车的已使用年限应采用折算年限，如式（5-11）所示。

$$折算年限 = \frac{总的累计行驶里程}{年平均行驶里程} \tag{5-11}$$

这种使用年限表示方法既反映了汽车的使用情况（包括管理水平、使用水平和维护保养水平）、使用强度，又包括了运行条件和某些停驶时间较长的汽车的自然损耗。但在实践操作中，很难找到总的累计行驶里程和年平均行驶里程这一组数据，所以已使用年限一般取该车从新车在公安交通管理机关注册登记日起至评估基准日所经历的时间。这个时间可以用年或月或日为单位计算。实际计算中，评估基准日并不恰好与注册登记日同日，如果以年为单位计算实际已使用年限，结果误差太大；如果以日为单位计算实际已使用年限，需要精确计算实际已使用天数，结果精确，但工作量较大，比较麻烦；所以一般以月为单位计算实际已使用年限，即将已使用年限和规定使用年限换算成月数，这样计算简单，结果误差也较小，比较切合实际。

（2）规定使用年限　车辆规定使用年限是指《汽车报废标准》中对被评估车辆规定的使用年限。各种类型汽车的规定使用年限应按《汽车报废标准》和 2001 年 3 月 1 日国家发布的《关于调整汽车报废标准若干规定的通知》的规定执行。各类汽车规定使用年限见表 5-3。

表 5-3　各类汽车规定使用年限

车型	使用年限/年
一般非运营性 9 座（含 9 座）以下载客汽车	15
旅游载客汽车和 9 座以上非运营载客汽车	10
载货汽车（不含微型载货汽车）	10
微型载货汽车和各类出租汽车	8

由表 5-3 可得，汽车有三种常用规定使用年限，即 8 年（常见的有出租车）、10 年（租赁汽车）和 15 年（9 座及 9 座以下非营运载客汽车，含越野型）。

3. 使用年限法的前提条件

使用年限法计算成新率的前提条件是车辆在正常使用条件下，按正常使用强度（年平均行驶里程）使用。我国各类汽车年平均行驶里程见表 5-4。

表 5-4　我国各类汽车年平均行驶里程

汽车类别	年平均行驶里程/万 km	汽车类别	年平均行驶里程/万 km
微型、轻型货车	3～5	租赁车	5～8
中型、重型货车	6～10	旅游车	6～10
私家车	1～3	中、低档长途客运车	8～12
公务、商务用车	3～6	高档长途客运车	15～25
出租车	10～15		

利用使用年限法计算得到的成新率实际上反映的是车辆的时间损耗及时间折旧率，与车辆的日常使用强度和车况无关。

如果车辆的日常使用强度较大，在运用已使用年限指标时，应适当乘以一定的系数。例如，对于某些以双班制运行的车辆，其实际使用时间为正常使用时间的两倍，因此该车辆的已使用年限，应是车辆从开始使用到评估基准日所经历时间的两倍。

在《汽车报废标准》中除了规定使用年限外，还规定了行驶里程，因此也可以使用下面介绍的行驶里程法进行估算。

5.2.2 行驶里程法

1. 计算方法

行驶里程法是通过计算被评估二手车的尚可行驶里程与规定行驶里程的比值来确定二手车成新率的一种方法，其计算公式为

$$C_s = \frac{s_g - s}{s_g} \times 100\% \tag{5-12}$$

式中，C_s 为行驶里程成新率；s 为二手车实际累计行驶里程（km）；s_g 为车辆规定的行驶里程（km）；$(s_g - s)$ 为被评估二手车的尚可行驶里程（km）。

式（5-12）反映了二手车使用强度对其成新率的影响。

2. 累计行驶里程与规定行驶里程

（1）累计行驶里程　二手车累计行驶里程是指被评估二手车从开始使用到评估基准时点所行驶的总里程。

（2）规定行驶里程　车辆规定行驶里程是指《汽车报废标准》中规定的该车型的行驶里程。

行驶里程较使用年限更真实地反映了二手车使用强度及使用过程中实际的物理损耗。它反映了二手车使用强度对其成新率的影响。累计行驶里程越大，车辆的实际有形损耗也越大。

3. 应用行驶里程法的前提条件

行驶里程法计算成新率的前提条件是车辆里程表的记录必须是原始的，不能被人为更改过。由于里程表容易被人为变更，在实际应用中，较少直接采用此方法进行评估。

5.2.3 部件鉴定法

1. 计算方法

部件鉴定法（也称技术鉴定法）是指评估人员在确定二手车各组成部分技术状况的基础上，按其各组成部分对整车的重要性和价值量的大小加权评分，最后确定出成新率的一种方法。

采用部件鉴定法评估二手车成新率的计算公式为

$$C_B = \sum_{i=1}^{n} C_i \beta_i \tag{5-13}$$

式中，C_B 为部件鉴定法二手车成新率；C_i 为二手车第 i 项部件的成新率；β_i 为二手车第 i 项部件的价值权重。

2. 计算步骤

此方法的基本步骤为：

① 先确定二手车的各主要总成、部件，再根据各部分的制造成本占整车制造成本的比例，确定其权重的百分比 β_i（$i=1,2,\cdots,n$），表 5-5 可以作为汽车各部分的价值权重参考。

② 以全新车辆对应的各总成、部件功能为满分（100 分），功能完全丧失为零分，再根据被评估二手车各相应总成、部件的技术状态估算出其成新率 C_i（$i=1,2,\cdots,n$）。

③ 将各总成、部件估算出的成新率与权重相乘，得到各总成、部件的权重成新率 $C_i\beta_i$（$i=1,2,\cdots,n$）。

④ 最后将各总成、部件的权重成新率相加，即得出被评估车辆的成新率。

表 5-5　汽车各部分的价值权重参考表

序号	车辆各主要总成、部件名称	价值权重（%）		
		轿车	客车	货车
1	发动机及离合器总成	26	27	25
2	变速器及万向传动装置总成	11	10	15
3	前桥、前悬架及转向系统总成	10	10	15
4	后桥及后悬架总成	8	11	15
5	制动系统	6	6	5
6	车架	2	6	6
7	车身	26	20	9
8	电气设备及仪表	7	6	5
9	轮胎	4	4	5
	合计	100	100	100

在不同种类、档次的车辆上，各组成部分对整车的重要性及其价值占整车的比重各不相同，有些类型车辆之间相差还很大。因此，表 5-5 只能供评估人员参考，不可作为唯一标准。在实际评估时，应根据被评估车辆各部分价值量占整车价值的比重，调整各部分的权重。

3. 特点及适用范围

从上述计算步骤可见，采用部件鉴定法计算加权成新率比较费时费力，但评估值更接近客观实际，可信度高。它既考虑了二手车实体性损耗，也考虑了二手车维修或换件等追加投资使车辆价值发生的变化。这种方法一般用于价值较高的二手车评估。

【例 5-3】　某中心接受委托后，对评估对象进行现场勘估和广泛市场调查，并根据本次评估的特殊目的属于债务清偿,决定本次评估方法为清算价格法,采用清算价格法里的"评估价格折扣法",据市场调查,取 80% 的折扣率可在清算之日出售车辆。车辆基本信息如下:

车辆名称:万里小客车,9 座,初次登记 1998 年 12 月,已使用 2 年 3 个月,累计行驶 7.2 万 km,账面原值 28.03 万元。据调查,该车生产厂家已经停止生产该型号汽车,与该车型类似产品为 6440 型,经销商卖价为 25 万元。该车型比被评估车型动力性要好,内饰装潢豪华一些,最后确定交易车辆市场购置价为 22.5 万元。该车购置附加费为 10%,根据当地政府规定,购买外地这种类似小客车要缴纳教育费、消费附加税,其税率为 10%,成新率确定采用部件鉴定法,见表 5-6。综上试评估该车的价格。

表 5-6 车辆成新率估算表

各总成及部件	成新率估算明细表		
总成部件	权分(%)	成新率(%)	加权成新率(%)
发动机及离合器总成	30	80	24
变速器及传动轴总成	10	80	8
前桥及转向器前悬架总成	10	60	6
后桥及后悬架总成	10	85	8.5
制动系统	5	80	4
车架总成	5	80	4
车身总成	22	70	15.4
电气设备及仪表	6	60	3.6
轮胎	2	80	1.6
合计	100		75.1

解题步骤如下:

利用重置成本法计算车辆评估价格涉及两个因素,故确定这两个因素后就可以得出车辆评估值。

(1) 确定重置成本 由题意可得评估车辆重置成本的直接成本为 22.5 万元,所要缴纳的间接成本占总车价的 20%,故车辆重置成本为

$$22.5 \times (1+20\%) = 27 \text{(万元)}$$

(2) 确定评估车辆成新率 由表 5-6 所得车辆各组成部件的加权成新率,累计相加获得部件鉴定法的车辆成新率为 75.1%。

(3) 确定评估车辆价格

车辆评估值 = 重置成本 × 成新率 = 27 × 75.1% = 20.277(万元)

5.2.4 整车观测法

整车观测法是指评估人员在人工观察的基础上,辅助简单的仪器检测,判定被评估二手车的技术等级以确定成新率的一种方法。整车观测法观察和检测的技术指标主要包括二手车

的现时技术状态、使用时间及行驶里程、主要故障经历及大修情况、整车外观和完整性等。二手车技术状况的分级可参考表5-1。

5.2.5 综合分析法

1. 估算方法

综合分析法是以使用年限法为基础，综合考虑二手车的实际技术状况、维护保养情况、原车制造质量、二手车用途及使用条件等多种因素对二手车价值的影响，以调整系数形式确定成新率的一种方法。其计算公式为

$$C_F = C_Y K \times 100\% \qquad (5\text{-}14)$$

式中，C_F 为综合成新率；C_Y 为使用年限法计算成新率，计算公式见式（5-8）～式（5-10）；K 为综合调整系数。

2. 综合调整系数 K

影响二手车成新率的主要因素有二手车技术状况、二手车维护保养情况、二手车质量、二手车用途和二手车使用条件五个方面，可采用表5-7推荐的综合调整系数，用加权平均的方法进行调整。

根据被评估二手车是否需要进行项目修理或换件维修，综合调整系数有两种确定方法：

① 二手车无须进行项目修理或换件时，可直接采用表5-7所推荐的调整系数，应用式（5-7）进行计算。

② 二手车需要进行项目修理或换件，或需要进行大修时，可采用"一揽子"评估方法，综合考虑确定表5-7所列因素的影响。所谓"一揽子"评估方法就是综合考虑修理后对二手车成新率估算值的影响，直接确定一个合理的综合调整系数而进行价值评估的一种方法。采用"一揽子"评估方法后，综合调整系数的确定不再用式（5-15）进行分别计算。

表5-7 二手车成新率综合调整系数参考表

序号	影响因素	因素分级	调整系数	权重（%）
1	技术状况	好	1.0	30
		较好	0.9	
		一般	0.8	
		较差	0.7	
		差	0.6	
2	维护保养	好	1.0	25
		较好	0.9	
		一般	0.8	
		差	0.7	

(续)

序号	影响因素	因素分级	调整系数	权重（%）
3	制造质量	进口车	1.0	20
		国产名牌车（走私罚没车）	0.9	
		国产非名牌车	0.8	
4	车辆用途	私用	1.0	15
		公务、商务	0.9	
		营运	0.7	
5	使用条件	好	1.0	10
		一般	0.9	
		差	0.8	

综合调整系数计算公式为

$$K = K_1 \times 30\% + K_2 \times 25\% + K_3 \times 20\% + K_4 \times 15\% + K_5 \times 10\% \tag{5-15}$$

式中，K 为综合调整系数；K_1 为二手车技术状况调整系数；K_2 为二手车维护保养调整系数；K_3 为二手车原始制造质量调整系数；K_4 为二手车用途调整系数；K_5 为二手车使用条件调整系数。

表 5-7 中的因素分级和调整系数只是一个参考，实际确定综合调整系数时，应根据具体情况进行适当的调整，但各因素的调整系数取值一般不要超过 1，综合调整系数计算结果也不能超过 1。

3. 调整系数的选取

（1）二手车技术状况调整系数 K_1　二手车技术状况调整系数是在对车辆技术状况鉴定的基础上对车辆进行的分级，然后取调整系数来修正车辆的成新率。技术状况调整系数取值范围为 0.6~1.0，技术状况好的取上限，反之取下限。

（2）二手车维护保养调整系数 K_2　维护保养调整系数反映了使用者对车辆使用、维护和保养的水平。不同的使用者，对车辆使用、维护和保养的实际执行情况差别较大，因而直接影响到车辆的使用寿命和成新率。维护保养调整系数取值范围为 0.7~1.0，维护保养好的取上限，反之取下限。

（3）二手车原始制造质量调整系数 K_3　确定该系数时，应了解被评估的二手车是国产车还是进口车以及进口国别，是国产车应了解是名牌产品还是一般产品，在确定此系数时应较慎重。对依法没收领取牌证的走私车辆，其原始制造质量系数建议视同国产名牌产品考虑。原始制造质量系数取值范围在 0.8~1.0。

（4）二手车用途调整系数 K_4　二手车用途（或使用性质）不同，其繁忙程度不同，使用强度亦不同。一般车辆用途可分为私人工作和生活用车，机关企事业单位的公务和商务用车，从事旅客、货运、城市出租的营运用车。以普通小轿车为例，一般来说，私人工作和生活用车每年最多行驶约 3 万 km；公务、商务用车每年不超过 6 万 km；而营运出租车每年行驶则高达 15 万 km。可见二手车用途不同，其使用强度差异很大。二手车用途调整系数取值范围为 0.7～1.0，使用强度小的取上限，反之取下限。

（5）二手车使用条件调整系数 K_5　我国地域辽阔，各地自然条件差别很大，道路对汽车使用寿命影响很大，直接影响车辆技术状况，使其年平均行驶里程相差比较大。道路对车辆使用寿命的影响主要是道路条件和特殊使用条件两种因素。

道路按国家标准可分为两类五个等级：

第一类：汽车专用公路、高速公路、一级公路和二级汽车专用公路。

第二类：一般二级公路、三级公路和四级公路。

高速公路具有特别的政治、经济意义，是专供汽车分道高速行驶，并全部控制出入的公路；一级公路为连接重要政治、经济中心，通往重点工矿区、港口、机场，专供汽车分道行驶并部分控制出入、部分立体交叉的公路；二级汽车专用公路为连接政治、经济中心或大工矿区、港口、机场等地的专供汽车行驶的公路；一般二级公路为连接政治、经济中心或大工矿区、港口、机场等地的城郊公路；三级公路为沟通县或县以上城市的干线公路；四级公路为沟通县、乡（镇）、村等的支线公路。

通常我们可以将上述道路分类划分成好路、中等路和差路。好路所指的是国家道路等级中的高速公路，以及一、二、三级道路，好路率在 50% 以上；中等路所指的是符合国家道路等级四级道路，好路率在 30%～50%；差路所指的是国家等级以外的路，好路率在 30% 以下。

由于我国历史的原因，道路数量、质量与车辆、人口增长的速度不相适应，从而构成了我国道路混合交通的特殊性，即快慢车同道而行，机动车、非机动车和行人同道混行；平原地区地势平坦、道路宽阔、路面质量好；北方地区，年降雨量比较小，对道路，尤其是土路影响不大，只是冬天出现冰雪路，影响车辆运行；南方地区，年降雨量大，尤其是雨季，道路泥泞、湿滑，车辆不易行驶；城市或城郊的道路四通八达，但人口稠密，车辆多，行人多，交通拥挤，道路堵塞。

特殊使用条件主要指一些特殊自然条件和地理环境，如寒冷、沿海、风沙、高原、山区等地区。在这些特殊使用条件下工作，都将缩短汽车的经济使用寿命。

车辆使用条件调整系数取值范围为 0.8～1.0。取值时应根据二手车实际使用条件适当取值。如果二手车长期在道路条件为好路和中等路行驶时，分别取 1 和 0.9；如果二手车长期在差路或特殊环境使用条件下工作，其系数取 0.8。

从上述影响因素中可以看出，各影响因素关联性较大。一般来说，其中某一影响因素加强时，其他项影响因素也随之加强；反之则减弱。影响因素作用加强时，对其综合调整系数不要随影响作用加强而随之无限加大，一般综合调整系数取值不要超过 1。

4. 其他因素对成新率的影响

（1）车辆大修　车辆大修对成新率的影响有两方面。

① 动力性、经济性、工作可靠性和外形美观性，这样对车辆追加投入，无疑增加了车辆使用寿命，成新率估算适当增加。

② 由于维修厂存在设备落后、维修安装水平差、装配质量差等情况，大修后车辆不一定都能很好恢复使用性能，况且有时候大修完后不久性能就变差、耐久性差，高档进口车更不易恢复到良好的工作状况，故一般不采用。价格小于等于 7 万元，不考虑；价格在 7 万～25 万元，适当增加成新率；价格大于 25 万元的进口车，酌情决定是否增加成新率。

（2）重大交通事故　重大交通事故会使汽车性能受到很大影响，因此车辆评估时价格会大受影响。

5. 特点及适用范围

综合分析法较为详细地考虑了影响二手车价值的各种因素，并用一个综合调整系数指标来调整二手车成新率，评估值准确度较高，因而适用于具有中等价值的二手车评估。这是目前二手车鉴定评估最常用的方法之一。

5.2.6　综合成新率法

1. 计算方法

前面介绍的用使用年限法、行驶里程法和部件鉴定法计算二手车成新率只从单一因素考虑了二手车的新旧程度，具有一定的片面性。为了全面地反映二手车的新旧状态，可以采用综合成新率来反映二手车的新旧程度。所谓综合成新率就是采用定性和定量分析的方法，综合多种单一因素对二手车成新率的估算结果，并分别赋予不同的权重，计算加权平均成新率。这样，就可以尽量减小使用单一因素成新率计算给评估结果所带来的误差，因而是一种较为科学的方法。下面介绍一种综合使用年限法、行驶里程法、技术鉴定法和整车观测法估算二手车成新率的方法。

综合成新率法的数学计算公式为

$$C_z = C_1 \alpha_1 + C_2 \alpha_2 \tag{5-16}$$

式中，C_z 为综合成新率；C_1 为理论成新率；C_2 为二手车现场查勘成新率；α_1、α_2 为权重系数。

2. 二手车理论成新率 C_1

理论成新率 C_1 包括使用年限法和行驶里程法计算的成新率，是根据二手车实际使用时间和行驶里程计算而得的，是一种对二手车成新率的定量计算，其结果一般不能人为改变，其计算公式为

$$C_1 = C_Y \times 50\% + C_S \times 50\% \tag{5-17}$$

权重系数的取值要求评估人员根据被评估二手车的实际情况而定。

【例 5-4】　某中型载货车已经使用 3 年 6 个月（规定使用年限为 10 年），已行驶 35 万 km（规定行驶里程为 40 万 km），应用式（5-17）计算理论成新率 C_1。

解：

（1）根据使用年限法中的等速折旧法来计算成新率 C_Y

$$C_Y = (1-42/120) \times 100\% = 65\%$$

（2）根据行驶里程法来计算成新率 C_S。

$$C_S = (1-35/40) \times 100\% = 12.5\%$$

（3）$C_1 = C_Y \times 50\% + C_S \times 50\% = (65\% + 12.5\%) \times 50\% = 38.75\%$

由上述计算过程可得，单一考虑使用年限所得到的成新率与单一考虑行驶里程所得到的成新率相差悬殊，所以应用综合成新率法可以全面得到令人信服的理论成新率。

3. 二手车现场查勘成新率 C_2

二手车现场查勘成新率是由评估人员根据现场查勘情况而确定的一个综合评价值。具体确定步骤是：评估人员先对二手车技术状况做现场查勘（包括静态检查和动态检查），得出鉴定评价意见；然后对整车和重要部件分别做综合评分；累加评分的结果就是二手车现场查勘成新率。可见二手车现场查勘成新率是一个定性与定量相结合的结果。

（1）二手车技术状况现场查勘　被评估二手车技术状况现场查勘的主要内容有：

车身外观：包括车身颜色、光泽，有无褪色及锈蚀情况，车身是否被碰撞过，车灯是否齐全，前后保险杠是否完整及其他情况等。

车内装饰：包括装潢程度、颜色、清洁程度、仪表及座位是否完整和其他相关装饰的情况等。

发动机工作状况：包括发动机动力状况，有否更换部件（或替代部件）和修复现象，是否有漏油现象等。

底盘：包括是否有变形、是否有异响、变速器状况是否正常、前后桥状况是否正常、传动系统工作状况是否正常、是否有漏油现象、转向系统情况是否正常和制动系统工作状况是否正常等。

电气系统：包括电源系统是否工作正常、发动机点火器是否工作正常、空调系统是否工作正常和音响系统是否工作正常等。

对于以上查勘情况，一般应由评估委托方或车辆所有单位技术人员签名，以确认查勘情况是客观的、真实的，不存在与实际车况不相符合的情况。确定查勘情况后，评估人员必须对被评估车辆做出查勘鉴定结论。上述资料经过整理，就可以填写表5-8所示的《二手车技术状况调查表》案例。

（2）二手车现场查勘成新率　在上述对二手车进行技术状况现场查勘的基础上，对整车和重要部件做定性分析并以评分形式给予量化，可参考表5-9。总分就是二手车现场查勘成新率。

必须指出的是，被评估二手车理论成新率和现场查勘成新率的权重分配、使用年限成新率和机动车行驶里程成新率的权重分配，要根据被评估二手车类型、使用状况、维修保养状况综合考虑，科学、合理地确定权重分配，这与二手车鉴定评估人员的实践经验和专业判断能力有很大的关系，需要在实践中注意学习和总结。

表 5-8 二手车技术状况调查表

评估委托方：×××　　　　　　　　　　　　　　　　　评估基准日：××××年××月××日

<table>
<tr><td rowspan="7">车辆基本情况</td><td>明细表序号</td><td>01</td><td>车辆牌号</td><td colspan="2">粤×××××</td><td>厂牌型号</td><td colspan="2">上海别克××××</td></tr>
<tr><td>生产厂家</td><td colspan="2">上海通用</td><td colspan="2">已行驶里程150000km</td><td>规定行驶里程</td><td colspan="2">500000km</td></tr>
<tr><td>购置日期</td><td>2001.2</td><td>登记日期</td><td colspan="2">2001年2月</td><td colspan="3">规定使用年限15年（180个月）</td></tr>
<tr><td>大修情况</td><td colspan="7">无大修</td></tr>
<tr><td>改装情况</td><td colspan="7">无改装</td></tr>
<tr><td>耗油量</td><td>正常</td><td>是否达到环保要求</td><td colspan="2">是</td><td>事故次数及情况</td><td colspan="2">无重大事故</td></tr>
<tr><td colspan="8">现场查勘情况</td></tr>
<tr><td rowspan="19">车辆实际技术状况</td><td rowspan="3">外形车身部分</td><td>颜色</td><td>白</td><td>光泽</td><td>较好</td><td>退色</td><td>无</td><td>锈蚀</td><td>无</td></tr>
<tr><td>有否被碰撞</td><td>轻微</td><td>严重程度</td><td colspan="2">修复</td><td colspan="2">车灯是否齐全</td><td>齐全</td></tr>
<tr><td>前、后保险杠是否完整</td><td>完整</td><td colspan="7">其他：车头右侧及左前车门有轻碰痕</td></tr>
<tr><td rowspan="2">车内装饰部分</td><td>装潢程度</td><td>一般</td><td>颜色</td><td>浅色</td><td>清洁</td><td>较好</td><td>表是否齐全</td><td>齐全</td></tr>
<tr><td>座位是否完整</td><td>是</td><td colspan="6">其他</td></tr>
<tr><td rowspan="2">发动机总成</td><td>动力状况评分</td><td>85</td><td>有否更换部件</td><td>无</td><td>有否修补</td><td>无</td><td>有否替代部件</td><td>无</td></tr>
<tr><td>漏油现象</td><td colspan="7">严重□　一般□　轻微□　无□</td></tr>
<tr><td rowspan="3">底盘各部分</td><td>有否变形</td><td>无</td><td>有否异响</td><td>无</td><td>变速器状况</td><td>工况正常</td><td>后桥状况</td><td>××</td></tr>
<tr><td>前桥状况</td><td>正常</td><td>传动状况</td><td>工况正常</td><td>漏油现象</td><td colspan="3">严重□　一般□　轻微□　无□</td></tr>
<tr><td>转向系统情况</td><td colspan="3">工况正常</td><td>制动系统情况</td><td colspan="3">工况正常</td></tr>
<tr><td rowspan="2">电气系统</td><td>电源系统是否工作正常</td><td>正常</td><td>发动机点火器是否工作正常</td><td>工况正常</td><td>空调系统是否有效</td><td>工况正常</td><td>音响系统是否正常工作</td><td>工况正常</td></tr>
<tr><td>其他</td><td colspan="7"></td></tr>
<tr><td>鉴定意见</td><td colspan="8">维护保养情况较好，磨损正常，整体车况较好</td></tr>
</table>

二手车成新率的确定可根据鉴定评估目的和评估对象的实际情况选择相应的计算方法。在这些计算成新率的方法中，由于综合分析法以使用年限法为基础，以调整系数形式调整二手车成新率，调整系数综合考虑了二手车的实际技术状况、维护保养情况、原车制造质量、二手车用途及使用条件等多种因素对二手车价值的影响，评估值准确度较高，是目前二手车鉴定评估业务中最常用的方法之一。综合成新率法也是以技术状况现场查勘为基础，因此也是二手车鉴定评估业务中常用的方法。

第 5 章 车辆损耗指标及其计算方法

表 5-9 二手车成新率评定表

序号	项目名称	达标程度	参考标准分	评分
1	整车 （满分 20 分）	全新	20	
		良好	15	15
		较差	5	
2	车架 （满分 15 分）	全新	15	12
		一般	7	
3	前后桥 （满分 15 分）	全新	15	12
		一般	7	
4	发动机 （满分 30 分）	全新	30	
		轻度磨损	25	28
		中度磨损	17	
		重度磨损	5	
5	变速器 （满分 10 分）	全新	10	
		轻度磨损	8	8
		中度磨损	6	
		重度磨损	2	
6	转向及 制动系统 （满分 10 分）	全新	10	
		轻度磨损	8	8
		中度磨损	5	
		重度磨损	2	
总分（现场查勘成新率（%））			100	83

5.3 重置成本—成新率法评估案例

由于确定二手车成新率的方法较多，应根据评估情况采用不同的方法得出公平合理的二手车评估价格。以下是不同方法评估二手车的案例，以供参考。

1. 使用年限法评估二手车

【例 5-5】 一辆私人用雪铁龙 C4 世嘉，2017 年 8 月份购买，购买价格为 97800 元，车辆购置税为 9780 元，初次登记日期是 2017 年 9 月，使用 4 年后于 2021 年 12 月进入二手车交易市场估价交易。经核对相关证件（照）齐全。经现场勘查，车身外观较好。无漆面脱落现象，经点火试驾，发动机运转平稳，无异常的响声，挡位清晰，制动系统良好该车里程表显示累计行驶里程为 10 万 km，与实际情况比较吻合，评估基准日为 2021 年 12 月。在评估时,已知该车的现行市场销售价格为 79800 元,其他税费不计,试应用重置成本-成新率等速折旧法评估该车的现时市场价值。

解题步骤如下:

① 根据题目已知条件,选用重置成本法进行评估。

② 该车为轿车,其报废年限为 15 年,即 180 个月。

③ 初次登记日为 2000 年 9 月,评估基准日为 2004 年 12 月,已使用 51 个月。

④ 由于此项业务属于交易类业务,重置成本不计车辆购置税等附加费用,因此该车的现时重置成本为 79800 元。

⑤ 由式(5-8),该车的年限成新率为

$$C_Y = (1-51/180) \times 100\% = 71.67\%$$

评估值=重置成本×成新率=79800×71.67%=57192(元)

2. 行驶里程法评估二手车

【例 5-6】 一辆飞驰 FSQ6100HD 大型普通客车欲转让。据该车的机动车行驶证和登记证书所记,该车登记日期为 2001 年 9 月,检验合格至 2005 年 4 月有效。据现场查勘,该车的外观和内饰正常,能正常上路行驶,累计行驶里程约为 13.55 万 km。试估算该车的价格。提示:从中国车网上查得,同生产厂家与被估车型相近大型客车的车身价为 37 万元,其购置税约为车身价的 10%。

解题步骤如下:

① 正常运营的大型客车一般较少人为调整里程表,表上显示的累计行驶里程数能比较真实地反映使用强度,故可采用行驶里程法估算其价格。

② 根据《汽车报废标准》,大型客车规定的累计行驶里程数为 50 万 km。已知该车里程表显示累计行驶里程约为 13.55 万 km。

③ 由式(5-12),该车的里程成新率为 $C_S = (1-13.55/50) \times 100\% = 72.9\%$。

④ 该车的现时重置成本=车身价×(1+10%)=37×(1+10%)=40.7(万元)。

由于该车于 2001 年 9 月购置,存在功能性贬值,重置成本取 95%,约为 38.665 万元。

⑤ 评估值=重置成本×成新率=38.665×72.9%=28.187(万元)。

3. 部件鉴定法评估二手车

【例 5-7】 评估车型为上海通用别克 2.5GL。

(1)车辆基本情况及手续

① 初次登记日期:2002 年 9 月。评估基准日:2006 年 11 月。累计行驶里程:6.8 万 km。

② 该车配置:排量 2.5L V6 多点电喷发动机,双顶置凸轮轴,四轮独立悬架,四轮盘式制动系统配合 ABS,全电动门窗以及电子除霜,前排双安全气囊,单碟 DVD 配合四声道六扬声器音响系统,可调节转向盘,助力转向,智能倒车雷达,真皮座椅,防盗点火系统,智能中控门锁。

③ 市场新车价格：183800 元。

④ 车辆手续：该车为公司老板个人使用车辆，证件、税费齐全。

（2）车况检查

① 静态检查内容：对车辆的外观整体检查中发现保险杠有碰撞修补的痕迹，车辆的左前侧灯下方有刮蹭痕迹，造成油漆脱落，车辆左侧的滑动门需要进行润滑，不过整个车身情况保持得比较好。发动机舱线束整齐，观察车辆大梁、左右翼子板均没有变形、锈蚀，油路也没有渗油现象，整个前端的车架部分还保持着原厂油漆的痕迹，各部位代码清晰可见，足以证明车辆保养得比较好。车内真皮座椅及内饰干净，丝毫没有二手车的感觉。电动门窗、倒车雷达、音响使用正常。

② 动态检查内容：发动机性能比较稳定，轻踩加速踏板，在 4500r/min 时达到了动力输出峰值。在车速较高的情况下，风噪、胎噪几乎听不到。急踩制动踏板，反应迅速，制动没有跑偏现象。高速行驶略有摆振，当车速在 50km/h 左右时，前轮摇摆；当车辆在低速 40km/h 以下行驶或高速超过 70km/h 行驶时，前轮摇摆现象消失。经检查发现左前轮补过轮胎，试验更换两个前胎，摆动现象消失，这说明轮胎有过修补从而引起了动不平衡。乘坐较舒适，对地面的振动反应一般。

试根据上述条件采用重置成本—部件鉴定法估算其市场价值。

解题步骤如下：

① 根据题目已知条件及要求，选用重置成本法进行评估。

② 该车为轿车，其报废年限为 15 年，即 180 个月。

③ 初次登记日为 2002 年 9 月，评估基准日为 2006 年 11 月，已使用 50 个月。

④ 由于此项业务属于交易类业务，重置成本不计车辆购置税等附加费用，因此，该车的现时重置成本 = 183800 元。

⑤ 根据对该车的检查结果，其成新率的估算参见表 5-5 进行，明细见表 5-10。

表 5-10　二手车成新率估算明细表

序号	车辆各主要总成、部件名称	价值权重（%）	成新率（%）	加权成新率（%）
1	发动机及离合器总成	26	72	18.72
2	变速器及万向传动装置总成	11	72	7.92
3	前桥、前悬架及转向系统总成	10	72	7.20
4	后桥及后悬架总成	8	72	5.76
5	制动系统	6	72	5.32
6	车架	2	72	1.44
7	车身	26	70	18.20
8	电气系统及仪表	7	72	5.04
9	轮胎	4	50	2.00
	合计	100		70.6

值得注意的是，此车没有进行大件更换而产生附加费用，所以部件鉴定法计算的成新率不应高于使用年限法计算的成新率 C_Y，即

$$C_Y = (1-Y/Y_g) = (1-50/180) \times 100\% = 72.2\%$$

评估值＝重置成本×成新率＝183800×70.6%＝129763（元）。

4. 整车观测法评估二手车

【例 5-8】 2006 年 12 月二手车鉴定评估人员对一辆奥拓都市贝贝进行评估。

（1）车辆基本情况

① 型号：SC7081A。购买年份：2002 年 5 月。行驶里程：76427km。

② 车辆基本配置：排量 0.796L，发动机型号 JL368Q，直列 3 缸 6 气门多点电喷发动机，4 速手动变速器，发动机最大功率 26.5kW，铝合金轮毂。

③ 内饰配置：无发动机转速表，手动调节车窗及后视镜，机械式手动调节空调，卡带及调频收音机。

④ 新车价格：34800 元。

（2）车况检查

① 静态检查内容：首先整体看过车辆后，发现该车外观不佳，具体情况如下：前后保险杠均有多处蹭伤；左侧两个车门都出现重新做漆迹象，在阳光下观察，车门已不平整，有凹凸不平痕迹，再仔细观察漆面色差，发现右前翼子板、前门、后门形成三种颜色，特别是右前门漆面光泽晦涩，影响美观度，但车门部分没有发现事故痕迹；打开左前门检查门边沿，发现有明显的拉伸及焊接的维修迹象；车顶左边沿也有明显通过拉伸修复的痕迹，而且重新喷漆的部位有多处脱落；打开发动机舱盖，发现左前翼子板部位有焊接及钣金喷漆的痕迹，两根前纵梁没有任何事故痕迹；车尾部有被追尾留下的凹陷；车内饰显出一定的磨损，座椅正常无损坏；玻璃升降器无异常。

② 动态检查内容：起动发动机，急速状态有明显的抖动；空调效果差，需要加氟；灯光、刮水器无异常；音响效果欠佳，扬声器失真明显，需要更换；变速器已经有明显的松旷感；倒车档无异常，不过离合器踏板偏高。之后进行路试的结果如下：起步平稳顺畅，提速尚可，但挂入 2 档比较费劲，而且在 2 档加速时，驾驶人有向后锉的感觉；制动器不佳，脚感不好，给人比较软的感觉，在驾驶人感觉似乎没有制动反应时，本能地深踩制动踏板，这时制动的反应又太过灵敏，近似紧急制动的状态；转向正常，但因为没有转向助力，操纵比较沉；弯道的侧倾比较明显；行进中，感觉车的密封性较差，发动机噪声以及风噪、胎噪都很明显；行车中发现右后轮减振器有异响，需要更换；驻车检查无异常。

试用整车观测法估算该车的价格。

解题步骤如下：

① 利用整车观测法，粗略估算该车的成新率：根据车况检查结果，该车的车况一般，使用时间已有 6 年，保养较差，车外观不佳，有明显的事故痕迹，可大致确定该车的成新率为 55% 左右。

② 粗略估算评估价为

评估价＝重置成本×成新率＝34800×55%＝19140（元）

③ 综合评价：在二手车市场，奥拓的收购行情以及转手的价格都比较稳定。2002年的奥拓都市贝贝，在车况正常时，应该可以得到2万元的收购价，但这辆车外观不佳，车况不是太好，所以，结合二手车收购行情，该车评估价为1.9万元，价格低于正常行情。

5. 综合分析法评估二手车

【例5-9】 2006年3月25日，客户于先生驾驶其奥迪2.8轿车到哈尔滨某奥迪专卖店进行二手车置换业务，以下是鉴定估价师对该车的检查鉴定情况：

（1）手续检验 该车出厂日期为2001年2月，初次登记日期为2001年3月31日，年检有效期至2006年3月，已行驶里程为52122km。该车所有证件、手续齐全，真实合法。

（2）车辆使用背景 该车属私家车，有车库保管，仅为上下班用，长年工作在市区内，工作条件较好，使用强度不大，日常维护、保养也好。

（3）车辆配置 V形6缸24气门2.8L多点电喷发动机，手自一体式变速器，前排双气囊，电动座椅，倒车雷达，CD机，行李架，ABS+EBD系统，车载电话，氙气前照灯，电动后视镜，四门电动窗，助力转向系统，前后盘式制动器，中控及防盗系统，真皮转向盘及座椅，铝合金轮毂。

（4）车况检查

① 静态检查内容：左前翼子板有钣金迹象，但做漆质量上乘，前后保险杠表面有碰伤痕迹，整体外观尚好。

车辆的内部装饰清洁整齐，座椅皮面保养较好，电器部件工作良好；发动机舱内布置整齐合理，但清洁度差，较多尘土，机油量在中线；将车开进地沟检查发现：发动机保护钢板有刮蹭痕迹，其他部件尚好。

② 动态检查内容：车辆起动后非常安静，无抖动现象，车辆起步加速反应良好，在车速为60km/h的情况下，车辆悬架平稳，没有振抖、异响，胎噪声正常，突然加速时车辆也无特别的声响，滑行效果良好，乘坐人员反映车辆舒适性不错。在高速公路上行驶时（110km/h）车辆运行平稳，无振抖、异响、跑偏、摆偏、转向盘发抖等现象。动态试验后车辆油、冷却液温度正常，运动机件无过热，无漏水、油、电等现象。

已知该车型新车市场行情价为490000元，试用重置成本—综合分析法评估该车的价值。

解题步骤如下：

① 根据题意，评估价值采用重置成本—综合分析法，其计算公式为

$$P = BC_F = B(1 - Y/Y_g)K \times 100\%$$

② 初次登记日为2001年3月，评估基准日为2006年3月，则已使用年限$Y=61$个月，规定使用年限为15年，$Y_g=180$个月。

③ 重置成本的确定：因属交易类，故重置成本为市场价，即重置成本为490000元。

④ 综合调整系数K的确定：根据技术鉴定情况，该车无须进行项目修理或换件，参考表5-7得到以下综合调整系数：

该车技术状况好,车辆技术状况调整系数 $K_1=0.9$;

使用、维护保养好,使用与维护保养调整系数 $K_2=0.9$;

此奥迪 2.8 轿车是国产名牌车,制造质量调整系数 $K_3=0.9$;

该车为私人用车,车辆用途调整系数 $K_4=1.0$;

该车主要在市内行驶,使用条件好,使用条件调整系数 $K_5=1.0$。

综合调整系数 K 为

$$K = K_1\times30\% + K_2\times25\% + K_3\times20\% + K_4\times15\% + K_5\times10\%$$
$$= 0.9\times30\% + 0.9\times25\% + 0.9\times20\% + 1.0\times15\% + 1.0\times10\% = 0.925$$

⑤ 计算成新率 C_F 为

$$C_F = (1-Y/Y_g)K\times100\% = (1-61/180)\times0.925\times100\% = 61.15\%$$

⑥ 计算评估值 P 为

$$P = BC_F$$
$$= 490000\times61.15\% = 299635 \text{(元)}$$

【例 5-10】 某单位一辆非营运商用车,2006 年 6 月 15 日到某江铃汽车专卖店要求置换新车,以下是鉴定估价师对该车的检查与鉴定情况:

(1) 该车的基本资料

车型:江铃双排座标准轻型货车;型号:J×1030D。

初次登记时间:2002 年 6 月;使用性质:非营运单位车。

(2) 手续检查 各种税费、证件齐全有效。

(3) 静态检查 该车整车无大的碰撞,但前面板和车门有局部刮蹭,虽经修补但色差较为明显;车厢后挡板破损严重,需更换锁钩并做钣金校型;发动机舱泥土较多,但发动机无窜油迹象,观察底部发现曲轴后油封漏油需更换,尾灯胶基本全损;驾驶室内各电器和仪表改造正常,卫生状况较差,变速杆护套、椅套破损严重,需更换。

(4) 动态检查 该车起动正常,发动机运转平稳,空调制冷效果良好,二、三档提速较好,方向无跑偏现象;制动力较弱,疑是制动主缸损坏。

(5) 综合评定 江铃轻型货车是江铃汽车的主力车型。该车秉承了五十铃系列车的优良特性,整车性能稳定,结实耐用;江铃 4JB1 发动机动力澎湃,经济省油,维修方便(全国近 400 家维修站),品牌认知程度高,新车、二手车均受消费者青睐。

该车原产权单位为道路施工企业,从车辆的日常工况到维护保养都比较差。该车整车性能无明显降低,但整车修复预计费用为 2000 元左右(包括漆面修复、后车厢整修、尾灯更换、修理制动主缸)。

试对该车辆进行鉴定评估。

解:根据上述技术鉴定认为:收购该车需要进行一些项目维修和换件后,才能投入正常使用。鉴于这种情况,拟采用重置成本—综合分析法进行鉴定估价。首先采用使用年限法估算车辆正常情况下的成新率,然后综合考虑项目维修和换件影响成新率的各项因素,采用"一揽子"评估方法确定综合调整系数,具体计算如下:

① 估算成新率:根据《汽车报废标准》规定,该车的使用年限为 10 年,折合 120 个

月,从初次登记日(2002年6月)至评估基准日(2006年6月)计算,该车已使用4年,折合48个月。该车的实际技术状况较差,综合调整系数确定为$K=0.8$,故成新率C_F为

$$C_F = (1-Y/Y_g) K \times 100\% = (1-48/120) \times 0.8 \times 100\% = 48\%$$

② 计算重置成本:经市场询价,现新车售价为64600元,加购置税和车牌等费用,该车的重置成本全价约为70000元。

③ 计算评估值为

$$P = 70000 \times 48\% = 33600 (元)$$

减去维修费用2000元,该车最后评估定价为33600-2000=31600(元)。

本例中,如果无须进行项目维修和换件,则可参照【例5-5】的方法计算综合调整系数。

6. 综合成新率法评估二手车

【例5-11】 2021年8月内蒙古某通信公司委托当地一会计师事务所对欲处置的雪佛兰越野车进行评估。

(1)车辆概况 车牌号:蒙L×××××;车型:SY6460TAD;发动机号:×××××××;车架号:××××××××××××××;乘员数(包括驾驶人):5人;生产商:通用汽车公司;登记日期:2001年8月。

(2)性能参数及配置 发动机型号:LG3;排量:4300mL;最大功率:140/4400kW;最大转矩:340/2800N·m;最高转速:6000r/min;气缸数:6个;气缸排列形式:V形;气缸压缩比:9.5∶1;排放标准:欧Ⅱ;燃油供给方式:多点电喷;冷却系统:水冷;三元催化转化器。

标准配置:前悬架:双叉臂式独立悬架;后悬架:整体桥可变刚度钢板弹簧非独立悬架;驱动方式:可调四驱;动力助力转向:标准配置;助力转向方式:液压;前制动器:盘式;后制动器:鼓式;最高车速:172km/h;100km/h加速时间:12.8s;整车整备质量:1930kg;经济油耗:11L/100km;长×宽×高:4640mm×1793mm×1742mm。

$P = 70000 \times 48\% = 33600$ 元 减去维修费用2000元,该车最后评估定价为

$$33600 - 2000 = 31600 \text{ 元}。$$

本例中,如果无需进行项目维修和换件,则可参照例5-9方法计算综合调整系数。

【例5-12】 2021年8月,内蒙古某通信公司委托当地一会计师事务所对欲处置的雪佛兰越野车进行评估。

(1)车辆概况

车牌号:蒙L×××××;车型:SY6460TAD;发动机号:×××××××;车架号:××××××××××××××××;乘员数(包括驾驶员):5人;生产商:通用汽车公司;登记日期:2001年8月。

(2)性能参数及配置

发动机型号:LG3;排量:4300mL;最大功率:140/4400kW;最大转矩:340/2800N·m;最高转速:6000r/min;气缸数:6个;气缸排列形式:V型;气缸压缩比:9.5∶1;达到排

放标准：欧Ⅱ；燃油供给方式：多点电喷；冷却系统：水冷；三元催化：标准配置；前悬架：双叉臂式独立悬架；后悬架：整体桥可变刚度钢板弹簧非独立悬架；驱动方式：可调四驱；动力助力转向：标准配置；助力转向方式：液压；前制动器：盘式；后制动器：鼓式；最高车速：172km/h；100km 加速时间：12.8s；整车整备质量：1930kg；经济油耗：11L；长×宽×高：4640mm×1793mm×1742mm。

(3) 采用重置成本—综合成新率法进行价值评估　解题步骤如下：

① 重置成本全价的确定。

a) 现行购置价的确定：经当地市场询价，雪佛兰开拓者 5.3 越野车的市场售价为 190000 元。

b) 车辆购置税及相关税费的确定：

车辆购置税为 190000×10% = 19000（元）；证照费、检车费为 600 元；

重置成本全价为 190000+（19000+600）= 209600（元）。

② 成新率的确定：采用综合成新率法计算成新率。

a) 计算理论成新率 C_1：由于该车的里程表读数为 15 万 km（规定报废行驶里程为 50 万 km），理论成新率 C_1 可以由使用年限法和行驶里程法获得。该车登记日期为 2001 年 8 月，评估基准日为 2006 年 8 月，已使用 5 年，根据国家《汽车报废标准》，小型越野汽车的规定使用年限为 15 年，所以：

$$C_Y =（1-已使用年限/规定使用年限）×100\% =（1-5/15）×100\% = 67\%$$
$$C_S =（1-15/50）×100\% = 70\%$$
$$C_1 =（67\% + 70\%）×50\% = 68.5\%$$

b) 计算现场查勘成新率 C_2：评估人员在现场对该车的查勘中，分别对车辆的发动机、底盘、车身、内饰及电气系统进行鉴定打分，详见表 5-11。所以，现场查勘成新率 C_2 = 现场查勘打分值/100 = 51%。

表 5-11　车辆鉴定表

项目	鉴定标准	鉴定情况	评定分数
发动机、离合器总成	35 分 ① 气缸压力是否符合标准 ② 机油是否泄漏，冷却系统是否漏水 ③ 燃油消耗量是否在正常范围内 ④ 测量气缸内圆度不超过 0.125mm ⑤ 在高中低速时没有断火现象和其他异常现象	燃油消耗超标 -10 分 其他情况一般	20 分
前桥总成	8 分 工字梁应无变形和裂纹，转向系统操作轻便灵活，转向节不应有裂纹	操作较灵活及准确，其他均正常	6 分
后桥总成	10 分 圆锥主动齿轮轴在 1400~1500r/min 时，各轴承温度不应高于 60℃，差速器及半轴齿轮符合要求的敲击声或高低变化声响，各接合部位不允许漏油	较好，符合要求	8 分

(续)

项目	鉴定标准	鉴定情况	评定分数
变速器总成	8 分 ① 变速器在运动中,齿轮在任何档位均不应有脱档、跳档及异常声响 ② 变速杆不应有明显抖动,密封部位不漏油,变速杆操作灵便 ③ 箱体各孔圆度误差不大于 0.0075mm	符合要求	6 分
车架总成	14 分 车架应无变形,各焊口应无裂纹及损伤,连接件齐全无松动	符合要求	12 分
车身总成	15 分 车身无碰伤、脱漆、锈蚀,门窗玻璃完好,密封良好,座椅完整	有脱漆、锈蚀现象,车辆维护一般	6 分
轮胎	2 分 依磨损量确定	轻度磨损	1 分
其他	8 分 ① 制动系统:气压制动的储气筒、制动管不漏气 ② 电系统:电源点火、信号照明应正常	工作状况较好	6 分
合计			65

取权重系数 $\alpha_1 = 0.4$,$\alpha_2 = 0.6$,则综合成新率为

$$C_z = C_1\alpha_1 + C_2\alpha_2 = 68.5\% \times 0.4 + 65\% \times 0.6 = 66.4\%$$

③ 评估值的确定:

评估价值 = 重置全价 × 综合成新率 = 209600 元 × 66.4% = 139174.4 元

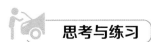

思考与练习

1. 某捷达牌出租车,登记日期 2002 年 3 月,评估日期 2007 年 3 月,分别采用等速折旧法、加速折旧法中的年份数求和法和双倍余额递减法计算成新率。

2. 在例 5-8、例 5-9 已知条件不变的情况下,采用重置成本—加速折旧法对评估车辆进行价格评估。

第6章 二手车技术状况鉴定

二手车技术状况的鉴定是二手车鉴定评估工作的基础与关键，其鉴定方法主要有静态检查、动态检查和仪器检查三种。其中，静态检查和动态检查是依据评估人员的技能和经验对被评估车辆进行直观、定性判断，即初步判断评估车辆的运行情况是否正常、车辆各部分有无故障及故障的可能原因、车辆各总成及部件的新旧程度等；而仪器检查是对评估车辆的各项技术性能及各总成部件技术状况进行定量、客观的评价，是进行二手车技术等级划分的依据，在实际工作中往往视评估目的和实际情况而定。

6.1 静态检查

二手车静态检查是指在静态情况下，评估人员依靠目测、触摸、自身专业技能和工作经验，辅之以简单的量具，对二手车的技术状况进行静态直观检查。所需工具及用品如下：

① 一个笔记本和一支钢笔或铅笔。用来记录看到、听到和闻到的异常情况，以及需要让机械师进一步检测和考虑的事情。

② 一个手电筒。用来照亮发动机舱和汽车下面又暗又脏的地方。

③ 一些棉丝头或纸巾。用于擦手或用于擦干净将要检查的零件。

④ 一块大的旧毛毯或帆布。用于仰面检查汽车下面是否有漏油、磨损或损坏的零件等。

⑤ 一截300～400mm的清洁橡胶管或塑料管。可以当作"听诊器"，用来倾听发动机或其他不可见地方是否有不正常的噪声。

⑥ 一个卷尺或小金属直尺。用于测量车辆和车轮罩之间的距离。

⑦ 一盒盒式录音带和一个光盘。用来测试磁带收放机和CD唱机。

⑧ 一个小型工具箱，里面应该装有成套套筒棘轮扳手、一个火花塞套筒扳手、各种旋具、一把尖嘴钳子和一个轮胎撬棒。

⑨ 一个小磁铁，用于检查塑料车身腻子的车身镶板。

⑩ 一块万用表，用来进行辅助电气测试。

静态检查的目的是快速、全面地了解二手车的大概技术状况。通过全面检查，发现一些较大的缺陷，如严重碰撞、车身或车架锈蚀或有结构性损坏、发动机或传动系统严重磨损、车厢内部设施不良、损坏维修费用较大等，为价值评估提供依据。

6.1.1 静态检查内容

二手车静态检查主要包括识伪检查和外观检查两大部分。其中识伪检查主要包括鉴别走私车辆、拼装车辆和盗抢车辆等工作,外观检查包括鉴别事故车辆、检查发动机舱、检查乘坐舱、检查行李箱和检查车底等内容,具体如图6-1所示。

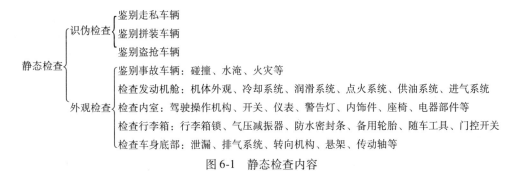

图6-1 静态检查内容

6.1.2 静态检查中的识伪检查

1. 鉴别走私和拼装车辆

在二手车交易市场不可避免地会出现一些走私车辆、拼装车辆、盗抢车辆以及事故车辆,如何界定这部分车辆,是一项十分重要而又艰难的工作。技术人员必须凭借所掌握的专业知识和丰富经验,结合有关部门的信息材料,对评估车辆进行全面细致的鉴别,将这部分车辆与其他正常车辆区分开,从而促使二手车交易规范、有序地进行。

走私车辆是指没有通过国家正常进口渠道进口的、未完税的进口车辆。拼装车辆是指一些不法厂商和不法商人为了牟取暴利,非法组织生产、拼装,无产品合格证的假冒、低劣汽车。这些汽车有些是境外整车切割、境内焊接拼装车辆,有些是进口汽车散件国内拼装的国外品牌汽车,有些是国内零配件拼装的国内品牌汽车,有些是旧车拼装车辆,即两台或者几台拼装成一台汽车,有些甚至是国产或进口零配件拼装的杂牌汽车。

在二手车交易鉴定评估中,对于走私车辆、拼装车辆,首先要确定这些车辆的合法性。

其中,一种情况是车辆技术状况较好,符合国家有关机动车行驶标准和要求,已经被国家有关执法部门处理,通过拍卖等方式,在公安车管部门注册登记上牌,并取得合法地位的车辆。这类二手车在评估价格上要低于正常状态的车辆;另一种情况是无牌、无证的非法车辆。对走私车辆、拼装车辆的鉴别方法是:

① 运用公安车管部门的车辆档案资料,查找车辆来源信息,确定车辆的合法性及来源情况,这是一种最直接有效的判别方法。

② 查验二手车的汽车产品合格证、维护保养手册,对进口车还必须查验进口产品检验证明书和商验标志。

③ 检查二手车外观。查看车身是否有重新做油漆的痕迹,特别是顶部下沿部位。车身的曲线部位线条是否流畅,尤其是小曲线部位。根据目前技术条件,没有专门的设备不可能处理得十分完美,再加工痕迹特别明显。检查门柱和车架部分是否有焊接的痕迹,很多走私车辆是在境外把车身切割后,运入国内再进行焊接拼凑起来的。查看车门、发动机舱盖、行李箱盖与车身的接合缝隙是否整齐、均衡。

④ 查看二手车内饰。检查汽车内饰材料是否平整，内装饰压条边沿部分是否有明显的手指印或有其他工具碾压后留下的痕迹，车顶装饰材料上或多或少都会留下被弄脏后的痕迹。

⑤ 打开发动机舱盖，检查发动机和其他零部件是否有拆卸后重新安装的痕迹，是否有旧的零部件或缺少零部件；查看电线、管路布置是否有条理、安装是否平整；核对发动机号码和车辆识别代码（车架号码）的字体和部位。

2. 鉴别盗抢车辆

盗抢车辆一般是指公安车管部门已登记上牌，在使用期内丢失或被不法分子盗窃、在公安部门已报案的车辆。由于这类车辆被盗窃的方式多种多样，它们被盗窃后所遗留下来的痕迹会有所不同。如撬开门锁、砸车窗玻璃和撬转向盘锁等，一般都会留下痕迹。同时，这些被盗抢车大部分要经过一些修饰后才会被卖出，很可能会流入二手车交易市场。这类车辆的鉴别方法一般有：

① 根据公安车辆管理部门的档案资料，及时掌握车辆状态情况，防止盗抢车辆进入市场交易。这些车辆从车辆主人报案起到追寻找到为止这段时期内，公安车管部门将这部分车辆档案材料锁定，不允许进行车辆过户、转籍等一切交易活动。

② 根据盗窃一般手段，主要检查汽车门锁是否过于新，锁芯是否有被更换过的痕迹，门窗玻璃是否为原配正品，窗框四周的防水胶是否有插入玻璃升降器开门的痕迹，转向盘锁或点火开关是否有被破坏或调换过的痕迹。

③ 由于不法分子急于对有些盗抢车辆销赃，会对车辆、有关证件进行篡改和伪造，使被盗抢车面目全非。检查重点是核对发动机号码和车辆识别代码，检查钢印周围是否变形或有褶皱现象，检查钢印正反面是否有焊接的痕迹。

④ 查看车辆外观是否全身重新做过油漆，或者改变原车辆颜色。

打开发动机舱盖查看线或管布置得是否有条理，发动机和其他零部件是否正常、有无杂音，空调是否制冷、有无暖风，发动机及其他相关部件有无漏油现象。

检查汽车内饰材料是否平整，表面是否干净。尤其是压条边沿部分要特别仔细检查，经过再装配的车辆内装饰压条边沿部分会有明显的手指印或其他工具碾压过后留下的痕迹。车顶装饰材料或多或少要留下弄脏的印迹。

6.1.3 静态检查中的外观检查

1. 鉴别事故车辆

机动车发生事故无疑会极大地损害车辆的技术性能，但由于车辆在交易以前往往会进行整修、修复及美容，正确判别车辆是否发生过事故对于准确判断车辆技术状况、合理评定车辆交易价格具有重要的意义。车辆事故状况判断一般从以下几个方面进行：

（1）检查车辆的周正情况　在汽车制造厂，汽车车身及各部件的装配位置是由生产线上经过严格调试的装、夹具保证的，装配出的车辆各部分对称、周正。而维修企业对车身的修复则是靠维修人员目测和手工操作，装配难以精确保证。因此，检查车身是否发生过碰撞，可站在车的前部观察车身各部的周正、对称状况，特别注意观察车身各接缝，如出现不直、缝隙大小不一、线条弯曲、装饰条有脱落或新旧不一的情况，则说明该车可能出过事故或修理过。

【方法一】 从汽车的前面走出 5m 或 6m，蹲下沿着轮胎和汽车的外表面向下看汽车的两侧，前、后车轮应该排成一线；然后，走到汽车后面进行同样的观察，前轮和后轮应该仍然成一条直线。如果不是这样，则说明车架或整体车身弯了（图 6-2）。即使左侧前、后轮和右侧前、后轮互相成一条直线，但一侧车轮比另一侧车轮更突出车身，则表明汽车曾碰撞过。

【方法二】 蹲在前车轮附近，检查车轮后面的空间，即车轮后面与车轮罩后缘之间的距离，用金属直尺测量这段距离；再转到另一前轮，测量车轮后面和车轮罩

图 6-2 检测汽车两侧的前轮、后轮是否在同一直线上

后缘之间的距离，该距离应该和另一前轮大致相同。在后轮测量同一间隙：如果左前轮或左后轮和它们轮罩之间的距离与右前轮或右后轮的相应距离大大不同，则说明车架或整体车身弯了（图 6-3）。

（2）检查油漆脱落情况 查看排气管、镶条、窗户四周和轮胎等处是否有多余油漆。如果有，则说明该车已做过油漆或翻新。用一块磁铁（最好选用冰箱柔性磁铁，不会损伤汽车漆面，且磁性足以承担此项工作）在车身周围移动，如遇到突然减少磁力的地方，则说明该局部补了灰，做了油漆。当用手敲击车身时，如敲击声发脆，则说明车身没有补过灰做过漆；如敲击声沉闷，则说明车身曾补过灰做过漆。

图 6-3 测量每个车轮后面与车轮罩后缘之间的距离

如果发现了新漆的迹象，则应查找车身制造不良或金属抛光的痕迹。沿车身看，并检查是否有像波状或非线性翼子板或后顶盖侧板那样的不规则板材。如果发现车身制造或面板、车门、发动机罩、行李箱盖等配合不好，则说明汽车可能曾遭受过碰撞，以至于这些板面对

准很困难。换句话说，车架可能已经弯曲。

（3）检查底盘线束及其连接情况　在正常情况下，未发生事故的车辆，其连接部件应配合良好，车身没有多余焊缝，线束、仪表部件等应安装整齐且新旧程度接近。因此，在检查车辆底盘时，应认真观察车底是否漏水、漏油、漏气，锈蚀程度与车体上部检查的是否相符，是否有焊接痕迹，车辆转向节臂、转向横直拉杆及球头销处有无裂纹和损伤，球头销是否松旷，连接是否牢固可靠，车辆车架是否有弯、扭、裂、断、锈蚀等损伤，螺栓、螺钉是否齐全、紧固，车辆前后是否有变形、裂纹，固定在车身上的线束是否整齐，新旧程度是否一致等，这些都可以作为判断车辆是否发生过事故的线索。

（4）检查刮蹭情况　汽车在使用过程中小的刮蹭和磕碰在所难免，如何从单独的局部外观判断一辆车有无刮蹭事故呢？现在就以宝马 X 系车型为例，结合图片来分析：

① 打开发动机舱盖，既然是宝马 X 系车，那么二手车的规整也是超高要求的。内部清洗得很干净，如图6-4所示。

图6-4　某宝马 X 系车发动机舱

② 细节处看整体1：注意发动机舱盖的固定螺钉，有明显的拧动痕迹，所以前面的发动机舱盖肯定是调整过的，如图6-5所示。

③ 细节处看整体2：前面的保险杠和左翼子板的边缝明显不合，另外接缝处有明显的后喷漆留下的漆雾痕迹，如图6-6所示。

④ 细节处看整体3：左侧的翼子板固定螺钉有着明显的拧动痕迹，不在原来的固定位置上。原车出厂的时候，其安装还是很规整的，如图6-7所示。

评估师结论：发动机各部件都十分完整，前保险杠和左侧翼子板都有明显的漆雾痕迹，发动机舱盖和左侧翼子板的固定螺钉都有拧动的痕迹，所以可以推断，这辆宝马 X 系车辆左侧曾有过一次小的刮蹭事故，致使发动机舱盖调整，左侧的翼子板拆除后重新喷漆。这些对于使用来讲并不影响，对于车价也不会产生损失，只不过原车的原厂漆变为局部后喷漆，在评估上会产生级别的变动。

图 6-5 某宝马 X 系车固定螺钉

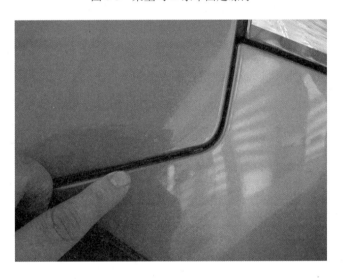

图 6-6 某宝马 X 系车接缝

2. 检查发动机舱

(1) 检查发动机舱清洁情况 打开发动机舱盖,观察发动机表面是否清洁,是否有油污,是否锈蚀,是否有零部件损坏或遗失,导线、电缆、真空管是否松动。

如果发动机上堆满灰尘,则说明该车的日常维护不够;如果发动机表面特别干净,也可能是车主在此前对发动机进行了特别的清洗,不能由此断定车辆状况一定很好。

为了使汽车能更快售出,且卖个好价钱,有的车主将发动机舱进行了专业蒸汽清洁,但这并不意味着车主想隐瞒什么。

(2) 检查发动机铭牌和排放信息标牌

① 检查发动机铭牌。查看有无发动机铭牌,如果有,检查上面是否有发动机型号、出

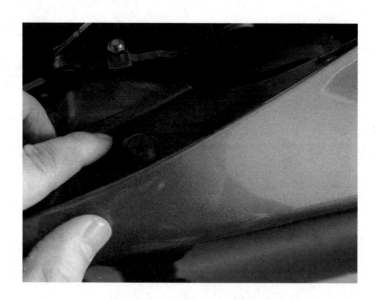

图 6-7 某宝马 X 系车左侧翼子板固定螺钉

厂编号、主要性能指标等，这可以判别发动机是不是正品。

② 查看排放信息标牌。排放信息标牌应该在发动机舱盖下的适当位置或在风扇罩上。这些信息在以后的发动机诊断或调整时需要。

（3）检查发动机冷却系统　发动机冷却系统对发动机有很大影响，应仔细检查发动机冷却系统相关零部件，主要检查冷却液、散热器、水管、风扇传动带、冷却风扇等。

① 检查冷却液。看一下储液罐里的冷却液，应清洁，且冷却液面在"满"标记附近。冷却液颜色应该是浅绿色的（但有些冷却液是红色的）。如果冷却液看上去更像水而不像冷却液，则可能某处有泄漏情况，车主错误地加水而造成的（当然，这意味着冷却液的沸点更低，冷却系统会沸腾溢出更多的冷却液）。冷却液的味道闻起来不应该有汽油或机油味，如果有，则说明发动机气缸垫可能已烧坏。如果冷却液中有悬浮的残渣或储液罐底部有发黑的物质，说明发动机可能严重受损。

② 检查散热器。仔细全面地检查散热器水室和散热器芯，查看是不是有褪色或潮湿区域。芯子上的所有散热片应该是同一颜色的。当看到芯子区域呈现浅绿色（腐蚀产生的硫酸铜），这说明在此区域有针孔泄漏。修理或更换散热器费用较高。另外，要特别查看水室底部，如果全湿了，则应设法查找出冷却液泄漏处。

当发动机充分冷却后，拆下散热器盖，观察散热器盖上的腐蚀和橡胶密封垫片的情况（图 6-8），散热器盖上应该没有锈迹。将手指尽可能伸进散热器颈部检查是否有锈斑或像淤泥那样的沉积物，有锈斑说明没有定期更换冷却液；如果水垢严重，则说明发动机机体内也有水垢，发动机会经常出现"开锅"现象，即发动机温度过高。

③ 检查水管。用手挤压散热器和暖风器软管，看是否有裂纹或发脆现象。仔细检查软管上卡紧的两端部是否有鼓起部分和裂口或有锈蚀迹象（特别是连接水泵、节温器壳或进气歧管的软管处）。新式的暖风器和散热器软管比过去的好。在老式汽车上用的软管通常在汽车行驶 80000km 后要进行更换，而在新式汽车上的软管，则可以在 160000km 以上再更

换。好的软管为将来的冷却问题提供了安全保障,但是费用也较高。冷却系统软管损坏的几种情形如图 6-9 所示。

图 6-8 检查散热器盖和散热器内部的锈迹和水垢

 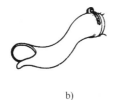  

a)　　　　　　　　　b)　　　　　　　　　c)　　　　　　　　　d)

图 6-9 冷却系统软管损坏的几种情况

a) 擦破或烧蚀　b) 变形　c) 密封连接处失效　d) 局部隆起

④ 检查散热器风扇传动带。大部分汽车散热器风扇是通过传动带来传动的,但有些轿车则采用电动机来驱动,即电子风扇。对于传动带传动的冷却风扇,应检查散热器风扇传动带的磨损情况。

使用手电筒仔细检查传动带的外部,查看是否有裂纹或传动带层片脱落。应该检查传动带与带轮接触的工作区是否磨亮,如果磨亮,则说明传动带已经打滑。传动带磨损、抛光或打滑可能引起尖啸声,甚至产生过热现象。传动带上常出现的一些不良现象如图 6-10 所示。如果 V 带上有一些细小裂纹,也是可以继续使用的。V 带的作用区域是在与带轮接触的部分,所以要将传动带的内侧拧转过来检查(图 6-11)。

a)　　　b)　　　c)　　　d)

图 6-10 风扇传动带常见的不良现象　　　　图 6-11 检查风扇传动带的内侧

a) 有小裂纹　b) 有润滑油

c) 工作面光滑　d) 底面损坏

⑤ 检查冷却风扇。检查冷却风扇叶片是否有变形或损坏，若有变形或损坏，则其排风量会相应减少，发动机冷却效果会变差，发动机温度会升高，此时需要更换冷却风扇。

（4）检查发动机润滑系统　发动机润滑系统是对发动机各个运动部件进行润滑，使其发挥出最大的性能。若发动机润滑系统不良，将严重影响发动机的使用寿命，应仔细检查机油质量、机油泄漏、机油滤清器等项目。

① 检查机油：

第一步：找出机油口盖。

对直列4缸、5缸或6缸发动机，其机油口盖在气门室盖上。对于纵向安装的V6或V8发动机，机油口盖在其中一个气门室盖上。如果发动机横向安装，机油口盖一定在前面的气门室盖上。一些老式的机油口盖上有一根通向空气滤清器壳体的曲轴箱强制通风过滤器软管；新式车机油口盖上没有软管，但有清晰的标记。在拧开机油口盖之前，一定要保证开口周围区域干净，以防止灰尘进入而污染发动机。

第二步：打开机油口盖

拧下机油口盖，将它反过来观察，这时可以看到机油的牌号。不要感到吃惊，卖主将二手车开到车市之前常常已经更换过机油。在机油口盖的底部可以看到旧油甚至脏油的痕迹，这是正常的。不正常的是机油口盖底面有一层具有黏稠度的浅棕色巧克力乳状物，这可能是油与油污混合的小液滴。这种情况表明冷却液通过损坏的衬垫或者气缸盖、气缸体裂纹进入机油中。不管是哪种情况，汽车不进行大修已不能行驶得很远或者根本不能行驶。被冷却液污染的机油在短时间内会对发动机零件造成许多危害。这种修理通常花费很高，如果情况很严重或者对此不注意，可能会造成发动机的全面大修。

第三步：检查机油质量。

取一片洁净的白纸，在纸上滴下一滴机油（图6-12）。如果在用的机油中间黑点里有较多的硬沥青质及炭粒等，表明机油滤清器的滤清作用不良，但并不说明机油已变质；如果黑点较大，且机油是黑褐色，均匀无颗粒，黑点与周围的黄色油迹界限清晰，有明显的分界线，则说明其中的洁净分散剂已经失效，机油已经变质。

机油变质的原因有很多，如机油使用时间过长，一般行驶5000km便应更换机油；或发动机气缸磨损严重，使燃烧废气进入油底壳，造成了机油污染。

也可将机油滴在手指上，观察机油的颜色和浓度（图6-13）。先观察其透明度，色泽通透略带杂质说明还可以继续使用，若色泽发黑，闻起来带有酸味则说明要更换机油，因为机油已经变质，不能起到保护作用。然后，检查其黏稠度，沾一点机油在手上，用两根手指检查机油是否还具有黏性。如果在手指中没有一点黏性，像水一样，则说明机油已达到使用极限需要更换，以确保发动机的正常运作。

特别需要注意的是：不能用发动机机油来认定保养程度。车主可能在汽车出售前更换了机油和滤清器，这时机油标尺上显示的几乎就是新的、清洁的机油。

第四步：检查机油气味。

拔下机油尺，闻闻机油尺上的机油有无异味（图6-14），来判断是新机油还是旧机油。如有汽油味，则说明机油中混入了汽油，汽车已经或正在混合气过浓的情况下运行。发动机在此条件下长时间运转会使其远在寿命期到达之前就已经磨损,因为未稀释的燃油会冲刷掉气缸壁上的机油膜。抽出机油尺,仔细检查;如果机油尺上有水珠,则说明机油中混入水分。进行近距离的检查,查看是否有污垢或金属粒,若有污垢或金属粒则说明应该更换机油。检查机油尺自身的颜色,如果发动机曾严重过热,则机油尺会变色。

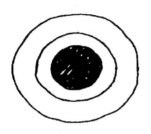 

图 6-12　将机油滴在白纸上检查机油质量　　　图 6-13　将机油滴在手指上检查机油质量

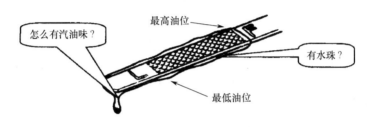

图 6-14　检查机油气味

第五步:检查机油液位。

起动发动机之前或停机 30min 以后,打开发动机舱盖,抽出机油尺,将机油尺上的油迹用抹布擦干净后,插入机油尺导孔,拔出查看(图 6-15)。油位在上下刻线之间即为合适;若机油油位过低,则观察汽车底下的地面,看是否有机油泄漏的现象。

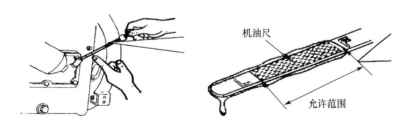

图 6-15　检查机油液位

② 检查机油滤清器:用棘轮扳手拆下机油滤清器,观察机油滤清器有无裂纹,密封圈是否完好。

③ 检查 PCV 阀:PCV 阀用于控制发动机曲轴箱通风,如其工作不良,将对发动机润滑有严重影响。从气门室盖拔出 PCV 阀并晃动,应发出"咔嗒"声。若 PCV 阀充满油污且不能自由地发出"咔嗒"声,则说明发动机机油和滤清器没有经常更换,此时需要更换新的 PCV 阀。

④ 检查机油泄漏。机油泄漏的地方主要有气门室盖、气缸垫、油底壳垫、曲轴前、后油封、油底壳放油螺塞、机油滤清器、机油散热器的机油管、机油散热器、机油压力感

应塞。

（5）检查点火系统　点火系统工作性能的好坏直接影响发动机的动力性和经济性，对点火系统的外观检查主要是检查蓄电池、点火线圈、高压线、分电器、火花塞等零件的外观性能。

① 检查蓄电池标牌，确定蓄电池是否是原装的。通常标牌固定在蓄电池上部，标牌上有首次售出日期，以编号打点的形式冲出。前面部分表示年，后面部分表示卖出的月份。将卖出的日期与电池寿命进行比较，即可算出蓄电池剩余寿命。如果蓄电池的有效寿命快接近极限，则需要考虑更换蓄电池所需成本。

检查蓄电池的表面情况。检查蓄电池表面是否清洁亦可以看出车主对汽车的保养情况。

蓄电池盖上有电解液、尘土等异物或蓄电池端子、接线柱处有严重铜锈或堆满腐蚀物，可能会造成正、负极柱之间短路，使蓄电池自行放电或电解液消耗过快及蓄电池充不进电等情况。

检查蓄电池压紧装置和蓄电池安装。蓄电池压紧装置是否完整，是否为原来部件。

蓄电池必须牢固地安装在汽车上，以防止蓄电池、发动机舱和附近线路、软管等损坏。如果原来的压紧装置遗失，则必须安装一个"万能"压紧装置。钢索和软绳不足以防止振动对蓄电池的损害且不足以防止电解液泄漏。

② 检查高压线。查看点火线圈与分电器之间的高压线以及分电器与火花塞之间的高压线。高压线应该清洁、布线整齐、无切割口、无擦伤部位、无裂纹或无排气烧焦处，否则会造成高压线漏电，需要更换高压线。注意：高压线更换须成套更换，费用较高。

（6）检查发动机的供油系统

第一步：检查燃油泄漏。

查找进气歧管上残留的燃油污迹并仔细观察通向化油器或燃油喷射装置的燃油管和软管。

对于所有车型，注意发动机舱盖下的燃油气味或在行驶中注意燃油气味。有燃油味通常暗示着有燃油泄漏。

第二步：检查汽油管路。

发动机供油系统有进油管路和回油管路，检查油管是否老化。

第三步：检查燃油滤清器。

燃油滤清器一般在汽车行驶 50000km 左右更换，如果这辆车行驶里程达到一定值且燃油滤清器看起来和底盘的其他部件一样脏，则可能是燃油滤清器还没有更换过。

（7）检查发动机进气系统　发动机进气系统性能的好坏，对发动机工作性能有很大影响，尤其是混合气浓度的控制，因此应仔细检查发动机进气系统。

第一步：检查进气软管（波纹管）。

检查进气软管是否有老化变形，是否变硬，是否有损坏或烧坏处，这些现象表明进气软管需要更换。如果进气软管比较光亮，可能喷过防护剂喷射液，应仔细检查，以防必须更换的零部件未检查出缺陷。

第二步：检查真空软管。

首先用手挤压真空软管。这些软管应该富有弹性，而不是又硬又脆。

塑料 T 形管接头破碎或裂开，则需要更换。

如果一根软管变硬或开裂，那么应该考虑是否更换全部软管。

查看软管是否像原来出厂时那样整齐排列，是否有软管从零件上明显拔出、堵住或夹断。

第三步：检查空气滤清器。

空气滤清器用于清除空气中的灰尘等杂物，若空气滤清器滤芯过脏，则会降低发动机进气量，影响发动机的动力，所以应拆开空气滤清器，检查空气滤芯（图 6-16），观察其清洁情况。若空气滤清器脏污，则说明此车可能经常行驶在灰尘较多的地方，保养差，车况较差。

第四步：检查节气门拉索。

检查节气门拉索是否有阻滞或有毛刺等现象。

（8）检查机体附件 检查发动机支架：检查发动机支架减振垫是否有裂纹，如有损坏，则发动机振动大，使用寿命急剧下降，更换发动机支架的费用较高。

图 6-16 检查空气滤清器

检查正时带：拆下正时罩，如果有必要，使用手电筒，仔细检查同步带内外两侧有无裂纹、缺齿、磨损等现象，若有，则说明此车行驶了相当长的里程。对于 V 形发动机而言，更换同步带的费用非常高。

检查发动机各种带传动附件的支架和调节装置是否松动，检查螺栓是否丢失或有裂纹等现象。

（9）检查发动机舱内其他部件

第一步：检查制动主缸及制动液。

检查制动主缸是否发生锈蚀或变色。

滴一些制动液在一张白纸上，如果看到颜色深，则说明油液使用时间较长或已被污染，应该进行更换。

检查制动液中是否存在污垢、杂质或小水滴，以及液面是否正确。

第二步：检查离合器液压操纵机构。

应该检查油液是否和制动主缸中的油液相同。

第三步：检查继电器盒。

第四步：检查发动机线束。

检查发动机线束是否擦破或裸露；是否露在保护层外；是否固定在导线夹中；是否用非标准的胶带包裹；是否有旁通原有线束的外加导线。

3. 检查内室（乘客舱）

（1）检查驾驶操纵机构

① 转向盘检查内容如下：

将汽车处于直线行驶的位置，左右转动转向盘，最大游动间隙由中间位置向左或向右应不超过15°。如果游动间隙超过标准，则说明转向系统的各部间隙过大，转向系统需要保养维修。

两手握住转向盘，将转向盘向上下、前后、左右方向摇动推拉，应无松旷的感觉。如果有松旷的感觉，则说明转向机内轴承松旷，需要调整。

② 加速踏板检查内容如下：

观察加速踏板是否磨损过度（如发亮），若磨损严重，则说明此车行驶里程已很长。踩下加速踏板，试试踏板有无弹性（图6-17）。若踩下很轻松，说明节气门拉索松弛，需要检修；若踩下加速踏板较费劲，则说明节气门拉索有阻滞、破损，可能需要更换。

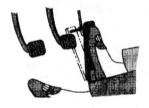

图6-17 踩下加速踏板，检查加速踏板运动情况

③ 制动踏板检查内容如下：

检查制动踏板的踏板胶皮是否磨损过度，通常制动踏板胶皮寿命是3万km左右，如果换了新的，说明此车已经行驶了3万km以上。用手轻压制动踏板，自由行程应在10～20mm范围内（图6-18），若不在此范围内，则应调整踏板自由行程。踩下制动踏板全程时，制动踏板与地板之间应有一定的距离。踩下液压制动系统的制动踏板时，踏板反应要适当，若过软则说明制动系统有故障。空气制动系统气路中的工作气压必须符合规定。

图6-18 检查制动踏板自由行程

④ 离合器踏板检查内容如下：

检查离合器踏板的踏板胶皮是否磨损过度，如果已更换了新的踏板胶皮，则说明此车已行驶了3万km以上。

轻轻踩下或用手推下离合器踏板，试一试踏板有没有自由行程（图6-19），离合器踏板的自由行程一般为30～45mm。如果没有自由行程或自由行程小，就会引起离合

图6-19 检查离合器踏板自由行程

器打滑。如果踩下离合器踏板几乎接触到底板时才能分离离合器,则说明离合器踏板自由行程过大,可能是由于离合器摩擦片或分离轴承磨损严重造成的,需要检修离合器及其操纵机构。

⑤ 驻车制动操纵杆检查内容如下:

放松驻车制动,再拉紧驻车制动,检查驻车制动操纵杆是否灵活(图6-20),锁止机构是否正常。

大多数驻车制动操纵杆拉起时应在发出五六声"咔嗒"声后使后轮制动。多次"咔嗒"声后不能拉起制动杆,可能是因为太紧的缘故。如果用驻车制动器操纵杆施加制动时,发出更多或更少的"咔嗒"声,则说明驻车制动器需要检修。

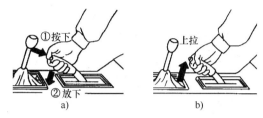

图6-20 检查驻车制动操纵杆
a) 放松驻车制动 b) 拉紧驻车制动

⑥ 变速杆检查内容如下:

用手握住变速杆球头,根据档位图,逐一将变速器换至各个档位,检查变速器换档操纵机构是否灵活。

观察变速器操纵机构防护罩是否破损,若有破损,异物(如硬币)就有可能掉入换档操纵机构内,引起换档阻滞,此时必须更换。

(2)检查开关 需要检查的开关有点火开关、转向灯开关、车灯总开关、变光开关、刮水器开关、电喇叭开关等。

(3)检查仪表 需检查的仪表有气压表、车速里程表、燃油表、机油压力表(或机油压力指示器)、冷却液温度表、电流表等。

(4)检查指示灯或警告灯 需要检查的灯有制动警告灯、机油压力警告灯、充电指示灯、远光指示灯、转向指示灯、燃油余量指示灯、驻车制动指示灯、发动机故障灯、自动变速器故障灯、ABS故障灯、SRS故障灯、电控悬架故障灯等。

电控系统的故障灯一般在仪表板上,其检查方法是:打开点火开关,观察这些故障灯是否亮3s后,自动熄灭。若在3s内自动熄灭,则表明此电子控制系统自检通过,系统正常;若在3s内没有熄灭,或根本就不点亮,说明此电子控制系统自检不通过,系统有故障。电控系统的故障原因较复杂,对汽车的价格影响很大,若有故障,应借助于专用诊断仪来检查故障原因,以判断此系统的故障位置,确定其维修价格。

(5)检查座椅 检查座椅罩是否有撕破、裂开或有油迹等情况;检查座椅前后是否灵活,能否固定;检查座椅高、低能否调节;检查座椅后倾调节角度;确保所有座椅安全带数量正确、在合适位置并工作可靠;当坐在座椅上,若感到座椅弹簧松弛,弹力不足,则说明该车辆已行驶了很长里程。

(6)检查地毯和地板 检查是否有霉味,是否有水浸或修饰过的痕迹,地板垫或地毯底下是否有水。

检查容易进水的六大孔:制动器和离合器踏板连杆孔、加速踏板拉锁孔、换档拉索孔、散热器芯软管孔、空调蒸发器管孔和连接发动机舱与仪表板下线路的大线束孔。

如果发现地板上有被水浸泡的迹象，则汽车的价格要大打折扣。

(7) 检查杂物箱和托架　检查内饰最后的重要事项是仔细看看杂物箱和托架（如果装备的话）。

(8) 检查电器设备

① 检查刮水器和前窗玻璃洗涤器；检查电动车窗；检查电动外后视镜、电动天线及电动座椅。

② 检查电动门锁；检查点烟器（图6-21）；检查收音机和音响；检查防盗报警器。

图6-21　试用点烟器

③ 检查电动天窗；检查空调鼓风机；检查除雾器。

4. 检查行李舱

(1) 检查行李箱锁　行李箱锁只能用钥匙才能打开，观察行李箱锁有无损坏。

(2) 检查气压减振器　一般行李箱采用气体助力支柱，要检查气压减振器能否支撑起行李箱盖的重量。失效的气压减振器可能使行李箱盖自动倒下，这是很麻烦甚至危险的。

(3) 检查行李箱开关拉索或电动开关　有些汽车在乘客舱内部有行李箱开启拉索或电动开关。确保其能够工作，并能不费劲地打开行李箱或箱盖。

(4) 检查防水密封条　行李箱防水密封条对行李箱内部储物和地板车身的防护十分重要，所以应仔细检查防水密封条有无划痕、损坏脱落。

(5) 检查内部的油漆与外部油漆是否一致　在打开行李箱后，对内部进行近距离全面观察，检查油漆是否相配，行李箱区漆成的颜色是否与外部的颜色相同，行李箱盖底部的颜色是否与外部的颜色相同。

(6) 检查行李箱地板　拉起行李箱中的橡胶地板垫或地毯，观察地板是否有铁锈、修理和焊接痕迹，或行李箱密封条泄漏引起的发霉迹象。

(7) 检查备用轮胎　如果是一辆行驶里程较少的汽车，其备用轮胎应该是新标记，与原车上的标记相同，而不是花纹几乎磨光的轮胎（图6-22）。

(8) 检查随车工具　出厂原装的千斤顶、千斤顶手柄和轮毂盖/带耳螺母拆卸工具。

图6-22　检查备用轮胎花纹

(9) 检查门控灯　行李箱上有一门控灯，当行李箱盖打开时，门控灯应点亮；否则说明门控灯或门控灯开关损坏。

(10) 检查行李箱盖的对中性和闭合质量　轻轻按下行李箱盖，不用很大力气就应能关上行李箱盖。对于一些高档轿车，行李箱盖是自动闭合的，不能用大力关行李箱盖。行李箱盖关闭后，行李箱盖与车身其他部分的缝隙应全部均匀，不能有明显的偏斜现象。

5. 检查车身底部

（1）检查泄漏

① 检查冷却液泄漏：冷却液泄漏通常从上部最容易看见，但是如果暖风器芯或软管泄漏，液滴可能只出现在汽车下侧，所以应在离合器壳或发动机舱壁周围区域寻找那些冷却液污迹。

注意：不要把水滴和冷却液泄漏混淆。

② 检查机油泄漏：检查油底壳和油底壳放油螺栓区域是否有泄漏的迹象。

③ 检查动力转向油泄漏：动力转向油泄漏造成的污迹通常集中在动力转向泵或转向器（或齿条齿轮）本体附近。

④ 检查变速器油泄漏：

第一步：在冷却管路连接到散热器底部的地方查看是否有变速器油泄漏，沿着冷却管路、变速器油底壳和变速器后油封周围的区域查看。

第二步：返回变速器的金属冷却管应成对布置，用几个金属夹子沿着管路将它们固定，管路不应该悬下来。

第三步：检查变速器油冷却器的管路是否符合要求。是否有人在某些地方不切断金属管而用螺钉夹安装橡胶软管进行了修理。

⑤ 检查制动液泄漏：诊断前、后制动器是否有制动液的痕迹。查找制动钳、鼓式制动器后板和轮胎上是否有污迹。从汽车的前部到后部，循着制动钢管寻找管路中是否有扭结或凹陷，以及是否有泄漏的痕迹。

⑥ 检查排气泄漏：排气泄漏通常呈现为白色、浅灰或者黑色条纹。它们可能来自排气管、催化转化器或消声器上的针孔、裂缝或孔洞。要特别注意查看消声器和转化器接缝，以及两个管或排气零件的接合处。有排气垫的地方，就有排气泄漏的可能性。

（2）检查排气系统　观察排气系统上所有吊架。它们是否都在原来位置并且是否与原来部件一致。

检查排气系统零件是否标准，排气尾管是否曾更换，要确保它们远离制动管。

（3）检查前、后悬架

① 检查减振弹簧：对于钢板弹簧，应检查车辆的钢板弹簧是否有裂纹、断片和碎片现象；两侧钢板弹簧的厚度、长度、片数、弧度、新旧程度是否相同；钢板弹簧U形螺栓和中心螺栓是否松动；钢板弹簧销与衬套的配合是否松旷。

对于螺旋弹簧，应检查有无裂纹、折断或疲劳失效等现象。螺旋弹簧上、下支座有无变形损坏。

② 检查减振器：观察四个减振器是否有漏油现象，如果有漏油，则说明减振器已失效，需要更换。而更换减振器则需要全部更换，不能仅仅更换一个，所以成本较高。

观察前、后减振器的生产厂家是否一致，减振器上下连接处有无松动、磨损等现象。

③ 检查稳定杆：稳定杆主要用于前轮，有时也用于后轮，两端固定于悬架控制臂上。其功用是保持汽车转弯时车身平衡，防止汽车侧倾。

检查稳定杆有无裂纹，与车身连接处的橡胶衬有无损坏，与左、右悬架控制臂的连接处有无松旷现象。

（4）检查转向机构　汽车转向机构性能的好坏对汽车行驶稳定性有很大影响，因此，应仔细检查转向系统，尤其是转向传动机构。检查转向系统时除了检查转向盘的自由行程之外，还应仔细检查以下项目：

检查转向盘与转向轴的连接部位是否松旷；转向器垂臂轴与垂臂连接部位是否松旷；纵、横拉杆球头连接部位是否松旷；纵、横拉杆臂与转向节的连接部位是否松旷；转向节与主销之间是否松旷。

检查转向节与主销之间是否配合过紧或缺润滑油；纵、横拉杆球头连接部位是否调整过紧或缺润滑油；转向器是否无润滑油或缺润滑油。

检查转向轴是否弯曲，其套管是否凹瘪。

对于动力转向系统，还应该检查动力转向泵驱动带是否松动；转向油泵安装螺栓是否松动；动力转向系统油管及管接头处是否存在损伤或松动等。

（5）检查传动轴　对于后轮驱动的汽车，检查传动轴、中间轴及万向节等处有无裂纹和松动；传动轴是否弯曲、传动轴轴管是否凹陷；万向节轴承是否因磨损而松旷，万向节凸缘盘连接螺栓是否松动等（图6-23）。

对于前轮驱动的汽车，要密切注意等速万向节上的橡胶套。绝大多数汽车在每一侧（左驱动桥和右驱动桥）都有内、外万向节，每一个万向节都是由橡胶套罩住的。它里面充满润滑脂，橡胶套保护万向节避免污物、锈蚀和潮气。更换万向节的维修费用和工时费用相对较高。用手弯曲或挤压橡胶套，查找是否有裂纹或擦伤（图6-24）。如果等速万向节橡胶套里面已经没有润滑脂且有划痕，则说明万向节已受到了污物和潮气的侵蚀，需要立即更换。

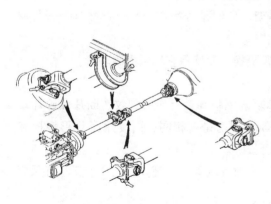

图6-23　传动轴检查的主要部位

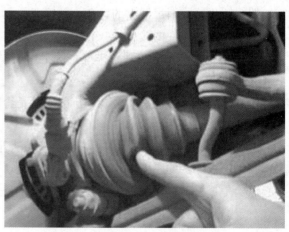

图6-24　检查橡胶套

（6）检查车轮　检查车轮轮毂轴承是否松旷；检查轮胎磨损情况，如图6-25所示；检查轮胎花纹磨损深度。

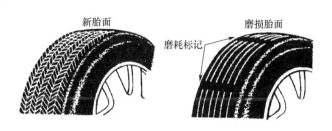

图 6-25　轮胎的磨损标记

6.2　动态检查

二手车的动态检查是指对车辆的路试检查。路试的主要目的是在一定条件下，通过机动车各种工况，如发动机起动、怠速、起步、加速、匀速、滑行、强制减速、紧急制动，从低速档到高速档、从高速档到低速档的行驶，检查汽车的操纵性能、制动性能、滑行性能、加速性能、噪声和废气排放情况，以鉴定二手车的技术状况。

6.2.1　动态检查的主要内容

二手车动态检查的主要内容如图 6-26 所示。

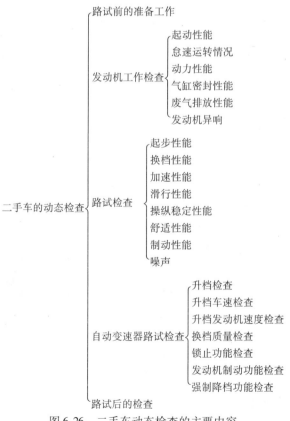

图 6-26　二手车动态检查的主要内容

6.2.2 路试前的准备

1. 检查机油油位

检查之前应将车停放在平坦的场地上。将起动开关钥匙拧到关闭位置，把驻车制动杆放到制动位置，变速杆放到空档位置。机油油位在上下刻线之间，即为合适（图6-27）。如果超出上刻线，应放出机油；如果低于下刻线，则可从加油口处添加，待10min后，再次检查油位。

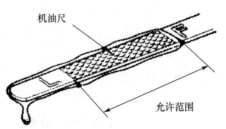

图 6-27 机油油位的检查

2. 检查冷却液液位

对于没有膨胀罐的冷却系统，可以打开散热器盖进行检视，要求液面不低于排气孔 10mm。如果使用了防冻冷却液，则要求液面高度应低于排气孔 50~70mm（这是为了防止防冻冷却液因温度增高溢出）。对于装有膨胀罐的冷却系统，应检查膨胀罐的冷却液量，应在规定刻线（H~L）之间（图6-28）。

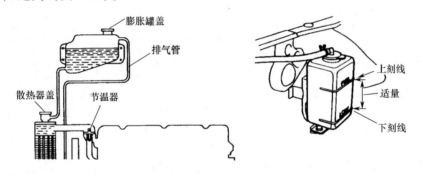

图 6-28 冷却液液位的检查

3. 检查制动液液位

正常制动液量位置应在储液罐的上限（H）与下限（F）刻线之间或标定位置处（图6-29）。当液位低于标定刻线或下限位置时，应把新的制动液补充到标定刻线或上限位置。

在添加或更换制动液时，要严格执行厂方有关规定；否则制动液的效能将会改变，制动件会被损坏。如发现制动液量显著减少，应注意查找渗漏部位，及时修复，防止制动失灵。

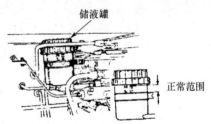

图 6-29 制动液液位的检查

4. 检查离合器液压油液位

检查离合器液压油液位高度的方法与检查制动液相同。

5. 动力转向液压油的油量

如果液压油平面高度低于油尺下限刻度,则需要添加同种转向液压油直到上限刻度(F)为止。在添加之前应检查动力管路是否有渗漏现象。

6. 检查燃油箱的油量

打开点火开关,观察燃油表,大致了解油箱的储油量(图 6-30),也可打开油箱盖,目测观察或用清洁量尺测量,但要注意油箱盖的清洁,避免尘土、脏物等落入。

7. 检查冷却风扇传动带

检查冷却风扇传动带的张紧度,用拇指以 90~100N 的力按压传动带中间部位时,挠度应为 10~15mm,如图 6-31 所示。如果不符合要求,则可根据需要调节发动机支架固定螺栓改变其张紧度。

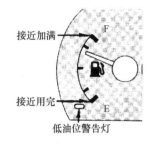

图 6-30 燃油箱油量

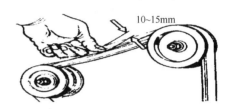

图 6-31 冷却风扇传动带的检查

8. 检查制动踏板行程并确保制动灯工作

检查踩踏制动踏板的感觉,踩下制动踏板 25~50mm,就应感到坚实而没有松软感,即使踩下 0.5min 也是如此。如果制动踏板有松软感,则说明可能制动管路有空气,这意味着制动系统中某处可能有泄漏。另外,还要检查驻车制动是否工作,是否能将汽车停放位置稳固地保持住。

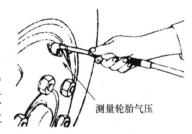

图 6-32 轮胎气压测量

9. 检查轮胎气压

气压不足,应进行充气;气压过高,应放出部分气体,如图 6-32 所示。

6.2.3 发动机工作性能检查

1. 检查发动机起动性

影响发动机起动性的原因有很多,主要有油路、电路、气路和机械四个方面。如供油不畅、电动汽油泵无保压、点火系统漏电、蓄电池电极锈蚀、空气滤清器堵塞、气缸磨损,则会致使气缸压力过低、气门关闭不严等。

2. 检查发动机怠速

发动机怠速时，若出现转速过高、过低、发动机抖动严重等现象，均表明发动机怠速不良。引起发动机怠速不良的原因多达几十种，如点火正时、气门间隙、进气系统、怠速阀、曲轴箱通风系统、废气再循环系统、活性炭罐系统、点火系统、供油系统、线束等均可能引起怠速不良。

3. 检查发动机异响

让发动机怠速运转，听发动机有无异响及响声大小；然后用手拨动节气门，适当增加发动机转速，倾听发动机的异响是否加大，或是否有新的异响出现。发动机发出的敲击声、"咔哒"声、爆燃声、"咯咯"声、尖叫声等均是不正常的响声。如果有来自发动机底部的低频"隆隆"声或爆燃声，则说明发动机严重损坏，需要对发动机进行大修。

4. 检查发动机急加速性

待发动机运转正常，发动机温度达到80℃以上后，用手拨动节气门，从怠速到急加速，观察发动机的急加速性能，然后迅速松开节气门，注意发动机怠速是否熄火或工作不稳。通常急加速时，发动机应发出强劲且有节奏的轰鸣声。

5. 检查发动机曲轴箱窜气量

若曲轴箱窜气量大于600L/min，则说明曲轴箱通风系统已不能保证曲轴箱的气体完全被排出，通风系统可能结胶堵塞，曲轴箱气体压力将增大，曲轴箱前后油封可能漏油，此时发动机已需要大修。

6. 检查排气颜色

正常的汽油机排出的气体是无色的，在严寒的冬季可见白色的水汽；柴油机带负荷运转时，发动机排出的气体一般是灰色的，负荷加重时，排气颜色会深一些。

汽车排气常有三种不正常的烟雾：

（1）冒黑烟 黑烟意味着燃油系统输出的燃油太多。

（2）冒蓝烟 蓝烟意味着发动机烧机油，机油窜入燃烧室。

（3）冒白烟 白烟意味着发动机烧自身冷却系统中的冷却液（防冻液和水）。

6.2.4 汽车路试检查

1. 检查离合器的工作状况

正常情况下，离合器应该接合平稳，分离彻底，工作时无异响、抖动和不正常打滑等现象。如果离合器发抖或有异响，则说明离合器内部有零件损坏现象，应立即结束路试。

2. 检查变速器的工作状况

① 变速器换档是否轻便灵活。
② 是否有异响。
③ 互锁和自锁装置是否有效。
④ 是否有乱档或掉档。
⑤ 换档时变速杆不得与其他部件干涉。

3. 检查汽车动力性

汽车起步后，猛踩加速踏板加速行驶，检查汽车的加速性能。通常，急加速时，发动机应发出强劲的轰鸣声，车速迅速提升。

有经验的汽车评估人员能够了解各种常见车型的加速性能，通过路试即能够检查出被检汽车的加速性能与正常的该型号汽车加速性能的差距。

4. 检查汽车制动性能

当踩下制动踏板时，若制动踏板或制动鼓发出冲击或尖叫声，则表明制动摩擦片可能磨损，路试结束后应检查制动摩擦片的厚度。

若踩下制动踏板有海绵感，则说明制动管路进入空气，或制动系统某处有泄漏，应立即停止路试。

5. 检查汽车行驶稳定性

① 以 50km/h 左右中速直线行驶，双手松开转向盘，观察汽车行驶状况。
② 以 90km/h 以上高速行驶，观察转向盘有无摆动现象，即所谓的"汽车摆头"。
③ 选择宽敞的路面，左右转动转向盘，检查转向是否灵活、轻便。

6. 检查汽车行驶平顺性

将汽车开到粗糙、有凸起的路面行驶，或通过铁轨、公路有伸缩接缝处，感觉汽车的平顺性和乘坐舒适性。通常汽车排量越大，行驶越平顺，但燃油消耗也越多。

7. 检查汽车传动效率

在平坦的路面上进行汽车滑行试验。将汽车加速至 30km/h 左右，踏下离合器踏板，将变速器挂入空档滑行，其滑行距离应不小于 220m。

将汽车加速至 40～60km/h 后迅速抬起加速踏板，检查有无明显的金属撞击声，如果有则说明传动系统间隙过大。

8. 检查风噪声

逐渐提高车速，使汽车高速行驶，倾听车外风噪声。如果风噪声过大，则说明车门或车窗密封条变质损坏，或车门变形密封不严，尤其是整形后的事故车。

9. 检查驻车制动

选一坡路，将车停在坡中，拉上驻车制动器操纵杆，观察汽车是否能停稳，有无滑溜现象。

6.2.5 自动变速器的路试检查

1. 自动变速器路试前的准备工作

在道路试验之前，应先让汽车以中低速行驶 5～10min，让发动机和自动变速器都达到正常工作温度。

2. 检查自动变速器升档

将变速杆拨至前进档（D）位置，踩下加速踏板，使节气门保持在 1/2 开度左右，让汽车起步加速，检查自动变速器的升档情况。若自动变速器不能升入高档，则说明控制系统或换档执行元件有故障。

3. 检查自动变速器升档车速

升档车速太低一般是控制系统故障所致；换档车速太高则可能是控制系统的故障所致，也可能是换档执行元件的故障所致。

4. 检查自动变速器升档时发动机的转速

有发动机转速表的汽车在做自动变速器道路试验时，应注意观察汽车行驶中发动机转速变化的情况。它是判断自动变速器工作是否正常的重要依据之一。

5. 检查自动变速器换档质量

若换档冲击太大，说明自动变速器的控制系统或换档执行元件有故障，其原因可能是油路油压过高或换档执行元件打滑，自动变速器有故障需要维修。

6. 检查自动变速器的锁止离合器工作状况

自动变速器变矩器中的锁止离合器工作是否正常也可以采用道路试验的方法进行检查。

7. 检查发动机制动功能

若松开加速踏板后车速立即随之下降，则说明有发动机制动作用；否则说明控制系统或前进强制离合器有故障。

8. 检查自动变速器强制降档功能

检查自动变速器强制降档功能时，应将变速杆拨至前进档（D）位置，保持节气门开度为 1/3 左右，在以 2 档、3 档或超速档行驶时突然将加速踏板完全踩到底，检查自动变速器是否被强制降低一个档位。

6.2.6 路试后的检查

1. 检查各部件温度

① 检查油、冷却液温度，冷却液的温度应不大于 90℃，机油温度不高于 95℃，齿轮油温度不高于 85℃。

② 检查运动机件过热情况，尤其是高速旋转或者有相互运动的部件的接触部分的温度。

2. 检查"四漏"现象

① 在发动机运转及停车时，散热器、水泵、气缸、缸盖、暖风装置及所有连接部位应均无明显渗漏水现象。

② 机动车连续行驶距离不小于 10km，停车 5min 后观察不得有明显渗漏油现象。检查机油、变速器油、主减速器油、转向液压油、制动液、离合器油、液压悬架油等相关处有无泄漏。

③ 检查汽车的进气系统、排气系统有无漏气现象。

④ 检查发动机点火系统有无漏电现象。

6.3 仪器检测

利用静态检查和动态检查，可以对汽车的技术状况进行定性的判断，即初步判定车辆的运行情况是否基本正常、车辆各部分有无故障及故障的可能原因、车辆各总成及部件的新旧程度等。当对车辆各项技术性能及各总成、部件的技术状况进行定量、客观的评价时，通常需要借助一些专用仪器、设备进行。

对二手车进行综合检测时，需要检测车辆的动力性、燃料经济性、转向操纵性、排放污染、噪声等整车性能指标，以及发动机、底盘、电器电子等各部件的技术状况。汽车主要检测内容及对应采用的仪器设备见表 6-1。

表 6-1　车辆性能检测指标与检测设备

检测项目		检测指标	检测仪器设备
整车性能	动力性	底盘输出功率	底盘测功机
		汽车直接加速时间	底盘测功机（装有模拟质量）
		滑行性能	底盘测功机
	燃料经济性	等速百公里油耗	底盘测功机、油耗仪
	制动性	制动力	制动检测台、轮重仪
		制动力平衡	制动检测台、轮重仪
		制动协调时间	制动检测台、轮重仪
		车轮阻滞力	制动检测台、轮重仪
		驻车制动力	制动检测台、轮重仪
	转向操纵性	转向轮横向侧滑量	侧滑检验台
		转向盘最大自由转动量	转向力-转向角检测仪
		转向操纵力	转向力-转向角检测仪
		悬架特性	底盘测功机
	前照灯	发光强度	前照灯检测仪
		光束照射位置	前照灯检测仪
	排放污染物	汽油车怠速污染物排放	废气分析仪
		汽油车双怠速污染物排放	废气分析仪
		柴油车排气污染物	不透光仪
		柴油车排气自由加速烟度	烟度计
	喇叭声级	分贝	声级仪
	车辆防雨密封性		淋雨试验台
	车辆表示值误差		车速表试验台
发动机部分	发动机功率		无负荷测功仪
			发动机综合测试仪
	气缸密封性	气缸压力	气缸压力表
		曲轴箱窜气量	曲轴箱窜气量检测仪
		气缸漏气率	气缸漏气量检测仪
		进气管真空度	真空表
	起动系	起动电流	发动机综合测试仪
		蓄电池起动电压	
		起动转速	汽车电器万能试验台
	点火系	点火波形	专用示波器
		点火提前角	发动机综合测试仪
	燃油系	燃油压力	燃油压力表
	润滑系	机油压力、品质	机油压力表
			机油品质检测仪
	异响		发动机异响诊断仪

(续)

	检测项目	检测指标	检测仪器设备
底盘部分	离合器打滑		离合器打滑测定仪
	传动系游动角度		游动角度检验仪
	车轮定位、车轮不平衡		四轮定位仪、车轮平衡仪
电器部分	空调系统	空调密封性	空调压力表
	大屏	黑屏、蓝屏	检测仪
	汽车线束	导通性	万用表
	汽车传感器		万用表
	碰撞预警系统	雷达探测能力	微机故障检测仪
	电子稳定程序	ESP 防侧滑能力	诊断仪
	电子设备		微机故障检测仪

检测汽车性能指标需要的设备有很多,主要有底盘测功机、制动检测台、油耗仪、侧滑试验台、前照灯检测仪、车速表试验台、发动机综合测试仪、示波器、四轮定位仪、车轮平衡仪等设备。这些设备一般在汽车的综合性能检测中心(站)或汽车修理厂采用,操作难度较大,二手车鉴定评估人员不需要掌握这些设备的使用方法,但对于一些常规的、小型检测设备应能掌握,以迅速快捷地判断汽车常见故障。这些设备仪器主要有气缸压力表、真空表、万用表、正时枪、燃油压力表、废气分析仪、烟度计、声级计、微机故障诊断仪(俗称解码仪)等。

思考与练习

1. 二手车技术鉴定方法有哪些?
2. 二手车静态、动态及仪器检测的主要内容及方法有哪些?

第7章 事故车损失评估

对发生了各种交通事故的车辆进行准确的评估，是二手车公司及公估公司一项十分重要而又有难度的工作。由于事故车辆的损失是随机的，每一辆事故车造成的损失都有差异，要求评估人员对事故车辆造成的损失做出准确的鉴定，这需要提高评估人员的思想道德素质和业务素质。

7.1 机动车辆碰撞损失评估

在各类汽车事故中，因碰撞所造成的损失是最常见的，也是损失最大的项目。因此，评估人员必须了解汽车的基本结构，掌握汽车碰撞事故的分类及特征，掌握碰撞造成的损失及常见修复方法，掌握汽车基本件的修理与更换标准，掌握各部位修复所需要的工时标准等。

7.1.1 汽车碰撞事故分类及汽车碰撞损坏类型

1. 汽车碰撞事故分类

汽车碰撞事故可分为单车事故和多车事故。单车事故又可细分为翻车事故与障碍物碰撞事故。翻车事故一般是驶离路面或高速转弯造成的，其严重程度与事故车辆的车速和翻车路况有关，既可能是人车均无大恙的局面，也可能造成车毁人亡的严重后果，图7-1列举了翻车的几种典型状态。与障碍物碰撞事故可分为前撞、尾撞和侧撞，其中前撞和尾撞较常见，而侧撞较少发生。与障碍物碰撞的前撞和尾撞又可根据障碍物的特征和碰撞方向的不同再分类，图7-2为几种典型的汽车与障碍物碰撞案例。尽管在单车事故中，侧撞较少发生，但当障碍物具有一定速度时也有可能发生，如图7-3所示。单车事故汽车可受到前、后、左、右、上、下的冲击载荷，且对汽车施加冲击载荷的障碍物可以是有生命的人体或运动物体，

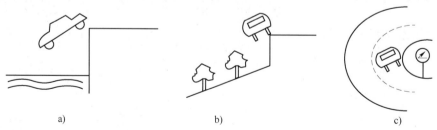

图7-1 翻车情形
a) 正向坠崖翻车 b) 侧向坠崖翻车 c) 高速转弯翻车

也可以是无生命的物体。

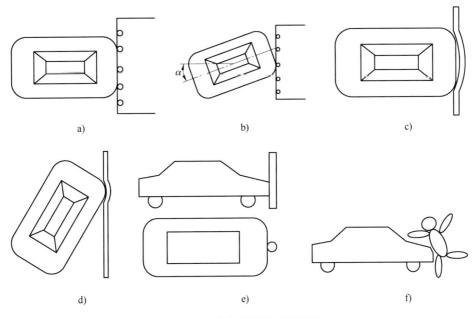

图 7-2 汽车与障碍物碰撞情形
a) 与刚性墙正碰 b) 与刚性墙斜碰 c) 与护栏正碰 d) 与护栏斜碰 e) 与刚性柱碰撞 f) 与行人碰撞

显然，障碍物的特性和汽车运动状态对事故的后果影响较大。障碍物的这些特性包括质量、形状、尺寸和刚性等。这些特性参数的实际变化范围很大，如人体的质量远比牛这类动物的质量小，而路面和混凝土墙的刚性远比护栏和松土的刚性大。障碍物特性和状态的千变万化导致对事故车辆及乘员造成不同类型和不同程度的伤害。

多车事故为两辆及两辆以上的汽车发生相撞（图 7-4），但讨论其特征时可以只考虑两辆车相撞的情形，如图 7-5 所示。图 7-5a 所示的正面相撞和图 7-5c 所示的侧面相撞都是具有极大危险性的典型事故状态，占事故总量的 70% 以上。追尾事故在市内交通中发生时，一般相对碰撞速度较低，但由于追尾可造成被撞车辆中乘员颈部严重损伤和致残，其后果仍然十分严重。从图 7-5 不难看出，在多车事故中，不同车辆所受的碰撞类型是不一样的。如在图 7-5a 所示的正面碰撞中，两辆车均受前撞；在图 7-5b 所示的追尾事故中，前面车辆受到尾部碰撞，而后面车辆却是前部受到碰撞；在图 7-5c 所示的侧撞事故中，一辆汽车受侧面碰撞，而另一辆汽车是前部受碰撞。在多车事故中，汽车受碰撞的模式是千变万化的，但与单车事故相比，有两个明显的特征。

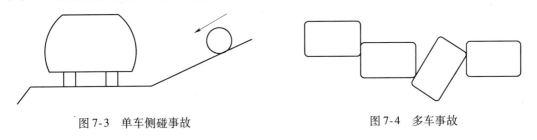

图 7-3 单车侧碰事故　　　　　　　图 7-4 多车事故

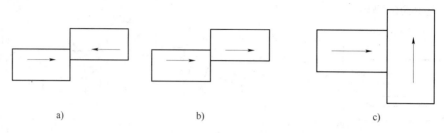

图 7-5 两车相撞情形

a）正面碰撞　b）追尾碰撞　c）侧面碰撞

1) 在多车事故中,一般没有来自上、下方向的冲击载荷。

2) 给事故车施加冲击力的均为其他车辆,尽管不同车辆的刚性不一样,但没有单车事故中障碍物的刚性变化大。

在实际生活中,除了以上描述的典型单车事故和典型多车事故外,还有这两类典型事故的综合事故,如在多车事故中,一辆或多辆车与行人或其他障碍物发生碰撞。对于这类综合性事故的分析,可结合典型的单车事故和多车事故分析方法来讨论。

2. 汽车碰撞损坏类型

根据汽车车架和车身结构的损坏情况可以将汽车碰撞分成许多类型,每种碰撞类型都有其自身特点,应该区分开来。

(1) 侧弯　汽车前部、中部或后部在冲击力的作用下,偏离原来的行驶方向发生的碰撞损坏称为侧弯。图 7-6a 所示为汽车的前部侧弯,冲击力使汽车的一边伸长,一边缩短。

侧弯也有可能在汽车的中部和后部发生。侧弯可以通过视觉观察或通过对汽车侧面的检查判别出来,在汽车的伸长侧面会留下一条刮痕,而在另一缩短侧面会有折皱。发动机舱盖不能正常开启等情况都是侧面损坏的明显特征。对于非承载式车身汽车,折皱或侧面损坏一般发生在汽车车架横梁的内部和相反方向的外部。承载式车身汽车也能够发生侧面损坏。

(2) 凹陷　凹陷一般是由于正面碰撞和追尾碰撞引起的,有可能发生在汽车的一侧或两侧（图 7-6b）。当发生凹陷时,可以看到在汽车翼子板和车门之间顶部变窄,底部变宽,也可以看到车门闩眼处变得过低。凹陷是一种普通碰撞损坏类型,大量存在于交通事故中。尽管折皱或扭结在汽车车架本身并不明显,但是一定的凹陷将破坏汽车车身钣金件的接合。

(3) 折皱或压溃　折皱就是在车架（非承载式车身汽车）或侧梁（承载式车身汽车）上出现的微小弯曲。例如,在车架纵梁内侧有折皱,表明有向内的侧面损坏;折皱在车架边梁外侧,表明有向外的侧面损坏;在车架边梁的上表面有折皱,一般表明是向上凹陷类型;如果折皱在相反的方向,即位于车架的下表面,则一般为向下凹陷类型。

压溃是一种简单、具有广泛性的折皱损坏。这种损坏使得汽车框架的任何部分都变短（图 7-6c）。压溃损坏一般发生在前罩板之前或后窗之后。车门没有明显的损坏痕迹,但在前翼子板、发动机舱盖和车架棱角等处会有折皱和变形。在轮罩上部车身框架常向上升,引起弹簧座损坏（图 7-7）。伴随压溃损坏,保险杠的垂直位移很小。发生正面碰撞或追尾碰撞时,常会引起这种损坏。

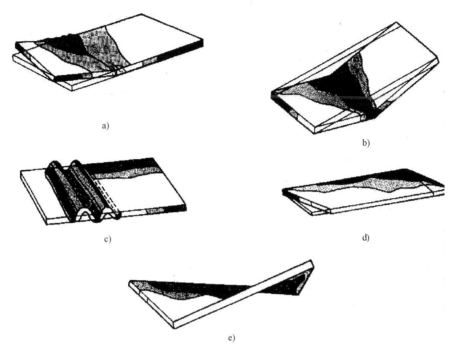

图 7-6 汽车车架和车身的碰撞损坏类型
a）侧弯 b）凹陷 c）折皱或压溃 d）菱形损坏 e）扭曲

在确定严重压溃损坏的修理方法时，定损员必须记住一点：在承载式车身上，高强度钢加热后，易于拉伸，但这种方法要严格限制，因为这些钢材加热处理不当，会使其强度降低。另一方面，对弯曲横梁冷法拉直可能导致板件撕裂或拉断。对小的撕裂小于等于 19mm 可用焊接的方法修复。定损员必须合理地考虑是修理还是换新件。如果

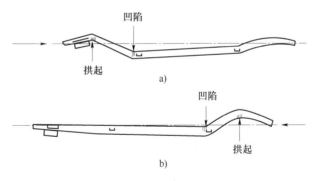

图 7-7 车架的压溃、折皱和凹陷损坏
a）汽车正面碰撞 b）汽车追尾碰撞

结构部件纽绞，即弯曲超过 90°，该零件应该换新件；如果弯曲小于 90°，可以拉直并且能够满足设计强度，该零件可以修理。但用简单的方法拉直纽绞零部件可能会使汽车结构性能下降。当这种未达到设计标准的汽车再发生事故时，气囊将有可能不能正常打开，这样就会危及乘客的生命。

（4）菱形损坏　菱形损坏就是一辆汽车的一侧向前或向后发生位移，使车架或车身不再是方形。如图 7-6d 所示，汽车的形状类似一个平行四边形，这是由于汽车碰撞发生在前部或尾部的一角或偏离质心方向所造成的。明显的迹象就是发动机舱盖和车尾行李箱盖发生了位移。在后驾驶室后侧围板的后轮罩附近或在后侧围板与车顶盖交接处可能会出现折皱。折皱也可能出现在乘员舱或行李箱的地板上。通常，压溃和凹陷会带有菱形损坏。

菱形损坏经常发生在非承载式车身汽车上。车架的一边梁相对于另一边梁向前或向后运动。可以通过量规交叉测量来验证菱形损坏。

（5）扭曲　扭曲即汽车的一角比正常的要高，而另一角要比正常的低（图7-6e）。当一辆汽车高速撞击到路边或高级公路中间的隔离带时，有可能发生扭曲型损坏。后侧车角发生碰撞也常发生扭曲损坏。仔细检查能发现板件不明显的损坏。然而真正的损坏一般隐藏在下部。由于碰撞，车辆的一角向上扭曲，同样，相应的另一角向下扭曲。由于弹簧弹性弱，如果汽车的一角凹陷到接近地面的程度，应检查是否有扭曲损坏。当汽车发生翻滚时，也会有扭曲。

只有非承载式车身汽车才能真正发生扭曲。车架的一端垂直向上变形，而另一端垂直向下变形，如图7-8所示。从一侧观察，可看到两侧纵梁在中间交叉。

承载式车身汽车前后横梁并没有连接，因此并不存在真正意义上的"扭曲"。

承载式车身损坏与扭曲相似的是，前部和后部元件发生相反的凹陷。例如：右前侧向上凹陷，左后侧向下凹陷；左前侧向下凹陷而右后侧向上凹陷。

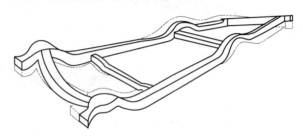

图7-8　典型车架扭曲损坏情况

要区分开车架扭曲和车身扭曲，因为它们的修理方法和修理工时是不同的。对于承载式车身汽车而言，在校正每一段的凹陷时应对汽车的拉伸修理进行评估。

对于非承载式车身汽车，需要两方面的拉伸修理，汽车前端的拉伸修理和汽车后端的拉伸修理。

7.1.2　事故车车身碰撞损伤的诊断与测量

要准确地评估一辆碰撞事故车辆，就要对其受损情况做出精确诊断，以确切地评估出汽车受损的严重程度、范围及受损部件。一辆没有经过准确诊断的汽车会在修理过程中发现新的损伤情况，这样会造成修理工艺及修理方案的改变，从而造成修理成本的改变。若要控制修理成本，往往会造成修理质量的下降，甚至留下安全隐患，所以对碰撞做出准确的诊断是衡量一名汽车定损评估人员水平的重要标志。

通常，一般定损评估人员都能对碰撞部位直接造成的零部件损伤做诊断，但是对于与其相关联零部件的影响以及发生在碰撞部位附近的损伤可能会被忽视。因此，对于现代汽车来说，较大的碰撞损伤只用目测来鉴定是不够的，还必须借助相应的工具及仪器设备来鉴定汽车的损伤。

1. 在进行碰撞评估损伤鉴定之前应注意的安全事项

1）在查勘碰撞受损的汽车之前，首先看车上是否有破碎玻璃，是否有锋利的刀状或锯齿状金属边角。对危险部位需做安全警示或进行处理。

2）如果闻到有汽油泄漏的气味，切勿使用明火，切勿开关电器设备。事故较大时，可考虑切断蓄电池电源。

3）如果有机油或齿轮油泄漏，当心滑倒。

4）在检验电器设备的状态时，不要造成新的损伤。例如：在车门变形的情况下，检验电动车窗玻璃升降功能时，切勿盲目升降，以免造成玻璃损坏。

5）应在光线良好的场所进行碰撞诊断，如果损伤涉及底盘或需在车下进行细致检查时，务必使用汽车升降机，以保证评估定损人员的安全。

2. 了解基本的碰撞损伤鉴定步骤

1）了解车身结构的类型。

2）以目测方式确定碰撞部位。

3）以目测方式确定碰撞的方向及碰撞力大小，并检查可能有的损伤。

4）确定损伤是否限制在车身范围内，是否还包含功能部件或零配件（如车轮、悬架、发动机及附件等）。

5）沿着碰撞路线系统地检查部件的损伤，直到没有任何损伤痕迹的位置。例如立柱的损伤可以通过检查门的配合状况来确定。

6）测量汽车的主要零部件，通过比较维修手册车身尺寸图标上的标定尺寸和实际汽车上的尺寸来检查汽车车身是否产生变形。

7）用适当的工具或仪器检查悬架和整个车身的损伤情况。

一般而言，汽车损伤鉴定应按图7-9所示的步骤进行。

3. 目测确定碰撞损伤程度

大多数情况下，碰撞部位能显示出结构变形或断裂迹象。目测检查时，可先后退几步，对汽车进行总体观察。

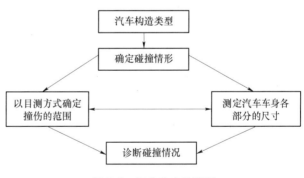

图7-9 损伤鉴定步骤图

从碰撞的位置估计受撞范围大小及方向，并判断碰撞是如何扩散的。先从总体上查看汽车是否有扭转、弯曲变形，再查看整个汽车，设法确定损伤位置及所有损伤是否都由同一事故引起。

碰撞力沿车身扩散，并使许多部位发生变形，碰撞力具有穿过车身坚固部位最终抵达并损坏薄弱部件的能力，具有扩散并深入至车身部件内的特性。因此，为了查找汽车损伤，必须沿碰撞力扩散的路径查找车身薄弱部位。沿碰撞力扩散方向逐处检查，确认是否有损伤及损伤程度。可以从以下几方面加以识别。

（1）钣金件截面突然变形　碰撞所造成的钣金件截面变形与钣金件本身设计的结构变形不一样，钣金件本身设计的结构变形处表面油漆完好无损，而碰撞所造成的钣金件的截面变形处油漆起皮、开裂。车身设计时，要使碰撞产生的能量能够按照一条既定的路线传递，由指定的方向吸收。

（2）零部件支架断裂、脱落及遗失　发动机支架、变速器支架、发动机各附件支架是碰撞应力吸收处，其汽车设计时就有保护重要零部件不受损伤的功能。在碰撞事故中常有各种支架断裂、脱落及遗失现象。

（3）检查车身每一部位的间隙和配合　车门是通过铰链装在车身立柱上的，通常立柱变形就会造成车门与车门、车门与立柱的间隙不均匀。另外还可以通过简单地开关车门，检查车门锁机与锁扣的配合，从锁机与锁扣的配合可以判断车门是否下沉，从而判断立柱是否变形。查看铰链的灵活程度可以判断主柱及车门铰链处是否变形。

在汽车前端碰撞事故中，检查后车门与后翼子板、门槛、车顶侧板的间隙，并做左右对比是判断碰撞应力扩散范围的主要手段。

（4）检查汽车本身的惯性损伤　当汽车受到碰撞时，一些质量较大的部件（如装配在橡胶支座上的发动机和离合器总成）在惯性力的作用下会造成固定件（橡胶垫、支架等）和周围部件及钢板的位移、断裂，应对其进行检查，对于承载式车身结构的汽车还需检查车身与发动机及底盘接合部是否变形。

（5）检查来自乘员及行李的损伤　乘客和行李在碰撞中由于惯性力作用还能引起车身的二次损伤，损伤的程度因乘员的位置及碰撞的力度而异，其中常见的损伤有转向盘、仪表工作台、转向柱护板及座椅等。行李碰撞是造成行李箱中部分设备（如 CD 机、音频功率放大器等）损伤的主要原因。

7.1.3　碰撞造成的受损零件修与换的把握

在汽车碰撞的损失评估中，受损零件修与换的标准是一个难题。在保证汽车修理质量的前提下，"用最小的成本完成受损部位修复"是评估受损汽车的原则。碰撞中常损零件有承载式车身结构钣金件、车身覆盖钣金件、塑料件、机械件及电器件等。

1. 承载式车身结构钣金件修与换的把握

碰撞受损的承载式车身结构件是更换还是修复？美国汽车碰撞修理协会经过大量研究，得出关于损伤结构件修复与更换的一个简单判断原则，即"弯曲变形就修，折曲变形就换"。

（1）弯曲变形的特点

① 损伤部位与非损伤部位的过渡平滑、连续。

② 通过拉拔矫正可使其恢复到事故前的形状，而不会留下永久的塑性变形。

（2）折曲变形的特点

① 弯曲变形剧烈，曲率半径小于 3mm，通常在很短的长度上弯曲达 90°以上。

② 矫正后，零件上仍有明显的裂纹和开裂，或者出现永久变形带，不经调温加热处理不能恢复到事故前的状态。

（3）承载式车身结构件换与修的把握　掌握了"弯曲与折曲"概念后，可以作为判断承载式车身结构件是更换还是修复的依据。评估人员必须懂得：

① 在车身折曲和随后的矫正过程中钢板内部发生了什么变化。

② 为什么那些仅有一些小的折曲变形或有裂纹的大结构件也必须更换。

③ 当决定采用更换结构板件时，应完全遵照制造厂的建议。这一点非常重要。当需要切割或分割板件时，厂方的工艺要求必须遵守，一些制造厂不允许反复分割结构板件。另一些制造厂规定只有在遵循厂定工艺时，才可以分割。所有制造厂家都强调，不要割断可能降低乘客安全性的区域、降低汽车性能的区域或者影响关键尺寸的地方。然而，在我国，多数汽车修理企业没有做到完全按制造厂工艺要求更换车身结构件。所以，在我国应采用"弯曲变形就修，折曲变形就换"，而不是"必须更换"，从而避免产生更大的车身损伤。

2. 非结构钣金件修与换的把握

非结构钣金件又称覆盖钣金件，承载式车身的覆盖钣金件通常包括可拆卸的前翼子板、车门、发动机舱盖、行李箱盖和不可拆卸的后翼子板、车顶等。

(1) 可拆卸件

① 前翼子板。损伤程度没有达到必须将其从车上拆下来才能修复，如整体形状还在，只是中间局部凹陷，一般不考虑更换。损伤程度达到必须将其从车上拆下来才能修复，并且前翼子板的材料价格低廉、供应流畅，材料价格达到或接近整形修复的工时费，应考虑更换。

如果每米长度超过三个折曲、破裂变形，或已无基准形状，应考虑更换（一般来说，当每米折曲、破裂变形超过三个时，整形和热处理后很难恢复其尺寸）。

如果每米长度不足三个折曲、破裂变形，且基准形状还在，应考虑整形修复。

如果修复工时费明显小于更换费用时应考虑以修理为主。

② 车门。如果门框产生塑性变形，一般来说是无法修复的，应考虑更换。许多车的车门面板是作为单独零件供应的，损坏后可单独更换，不必更换总成。其他同前翼子板。

③ 发动机舱盖和行李箱盖。发动机舱盖和行李箱盖大多用两个冲压成形的冷轧钢板经翻边胶粘制成。

判断其是否碰撞损伤变形，应看是否要将两层分开修理。如果不需分开，则不应考虑更换；若需分开整形修理，应首先考虑工时费加辅料费与其价值的关系，如果工时费加辅料费接近或超过其价值，则不应考虑修理，反之，应考虑修理。其他同车门。

(2) 不可拆卸件修与换的把握　碰撞损伤的汽车中最常见的不可拆卸件就是三厢车的后翼子板，由于更换它需从车身上将其切割下来，而国内绝大多数汽车修理厂在切割和焊接方面满足不了制造厂提出的工艺要求，从而造成车身新的损伤。所以，后翼子板只要有修理的可能都应修复，而不是和前翼子板一样考虑值不值得修理的问题。

3. 塑料件修与换的把握

目前，基于降低车身自重的考虑，在塑料工业日益发展的条件下，车身各种零部件越来越多地使用了各种塑料，特别是在车身前端（包括保险杠、格栅、挡泥板、防碎石板、仪表工作台、仪表板等）。塑料在汽车上的应用就产生了修理碰伤的新课题。

许多损坏的塑料件都可修复而不用更换，特别是不必从车上拆下零件，如划痕、擦伤、撕裂和刺穿等。此外由于某些零件不一定有现货供应，修理往往可迅速进行，从而缩短修理工期。

塑料件修与换的把握，应考虑以下几个方面的因素：对于燃油箱及要求严格的安全结构件，必须考虑更换；整体破碎以更换为主；价值较低、更换方便的零件应以更换为主；应力集中部位，应以更换为主；基础零件，并且尺寸较大，受损以划痕、撕裂、擦伤或穿孔为主，这些零件拆装麻烦、更换成本高或无现货供应，应以修理为主；表面无漆面的、不能使用氰基丙烯酸酯粘结法修理的且表面光洁度要求较高的塑料零件，由于修理处会留下明显的痕迹，一般应考虑更换。

（1）前、后保险杠及附件　保险杠主要起装饰及初步吸收碰撞能量的作用，大多用塑料制成。对于用热塑性塑料制成、价格昂贵、表面烤漆的保险杠，如破损不多，可焊接。保险杠饰条破损后基本以换为主。保险杠使用内衬的多为中高档轿车，常为泡沫制成，一般可重复使用。对于铁质保险杠骨架，轻度碰撞常采用钣金修复，价值较低的保险杆骨架出现中度以上的碰撞常采用更换的方法修复。铝合金的保险杠骨架修复难度较大，中度以上的碰撞多以更换为主。保险杠支架多为铁质，一般价格较低，轻度碰撞常用钣金修复，中度以上碰撞多为更换。保险杠等作为转向信号灯和雾灯的支撑，表面破损后应更换，对于价格较高的雾灯，且只损坏少数支撑部位的，常用焊接和粘结修理的方法修复。

（2）前护栅及附件　前护栅及附件由饰条、铭牌等组成。破损后多以更换为主。

4. 玻璃制品的评估

目前，汽车上玻璃制品越来越多，如前后风窗、车窗、天窗、后视镜和灯具等。

（1）前、后风窗玻璃及附件　风窗玻璃因撞击而损坏时基本以更换为主。前风窗玻璃胶条有密封式和粘贴式，密封式无须胶条；粘贴式的胶条必须同时更换。粘贴在风窗玻璃上的内视镜，破损后一般以更换为主。

需注意的是：若后风窗玻璃为带加热除霜的钢化玻璃，价格可能偏高。有些汽车的前风窗玻璃带有自动灯光和自动刮水器功能，价格也会偏高。

（2）天窗玻璃　天窗玻璃破碎时，一般需要更换。

（3）前照灯及角灯　现代汽车灯具的表面多为聚碳酸酯（PC）或玻璃制成。

常见损坏形式有：调节螺钉损坏，需更换，并重新校光；表面用玻璃制成的，破损后如有玻璃灯片供应的，可考虑更换玻璃灯片；若为整体式的结构，只能更换；若只是划痕，可以考虑通过抛光去除划痕；对于氙气前照灯，更换时应注意，氙气发生器是无须更换的；价格昂贵的前照灯，只是支撑部位局部破损的，可采取塑料焊接法修复。

（4）尾灯　尾灯的损坏应按照处理前照灯的方法进行。

5. 车身内外装饰件修与换的把握

（1）仪表板及中央操纵部位饰件　仪表板受正面或侧面撞击常造成整体变形、皱折和固定爪破损。整体变形在弹性限度内时，待骨架校正后重新装回即可。皱折影响美观，对美观要求较高的新车或高级车最好更换；因仪表板价格昂贵，老旧车型更换意义不大。少数固定爪破损常以焊修为主，多数固定爪破损以更换为主。

左右出风口常在侧面撞击时破碎，右出风口也常因二次碰撞被前排乘客右手支承时压坏。左右饰框常在侧面碰撞时损坏，严重的正面碰撞也会造成支爪断裂，均以更换为主。杂物箱常因二次碰撞被前排乘客膝盖撞破，一般以更换为主。

严重的碰撞会造成车身底板变形，车身底板变形后会造成过道罩破裂，以更换为主。

（2）前座椅及附件、安全带 座椅及附件因撞击造成的损伤常为骨架、导轨变形或棘轮、齿轮根切等。

座椅骨架、导轨变形常可以校正，棘轮、齿轮根切通常必须更换棘轮、齿轮机构。许多车型因购买不到棘轮、齿轮机构常需更换座椅总成。

大多数安全带在中度以下碰撞后还能使用，但必须严格检验。前部严重碰撞时的安全带，收紧器处会变形，从安全角度考虑，建议更换。中高档轿车上安装有安全带自动收紧装置，收紧器上拉力传感器感应到严重的正面撞击后，电控自动收紧装置会点火，引爆收紧装置，从而达到快速收紧安全带的作用，安全带受到有效保护但安全带自动收紧装置必须更换。

（3）A柱及饰件、前围、暖风系统、集雨栅等 A柱因碰撞产生的损伤多以整形修复为主。由于A柱为结构钢，当产生折弯变形时，以更换外片、整形整体为主要修复方式。A柱有上下内饰板，破损后一般以更换为主。前围多为结构件，整形与更换按结构件的整修与更换原则执行，A柱内饰板因撞击破损时以更换为主。较严重的碰撞常会造成暖风机壳体、进气罩的破碎，应以更换为主；暖风水箱、鼓风机一般在碰撞中不会损坏。集雨栅为塑料件，通常价格较低，因撞击常造成破损，应以更换为主。

（4）侧车身、B柱及饰件、门槛及饰件等 B柱的整修与更换同A柱。车身侧面内饰的破损以更换为主。一般碰撞造成的边梁变形以整形修复为主。边梁保护膜是评估中经常遗漏的项目，只要边梁需要整形，边梁保护膜就要更换。门槛饰条破损后一般以更换为主。

（5）车身地板 车身地板常因撞击造成变形，以整修方式修复；对于整修无法修复的车身地板，基于现有修理能力，建议考虑更换车身总成。

（6）车顶及其内外饰件 严重的碰撞和倾覆会造成车顶损伤。车顶损坏时，只要能修复，原则上不予更换。车顶内饰的修复同车门内饰。落水槽饰条为铝合金外表烤漆，损伤后一般应予更换。

7.1.4 汽车主要结构件的评估分析

1. 发动机评估分析

汽车发生一般故障时，大多数不会使发动机受到损伤。只有比较严重的碰撞、发动机拖底、发动机进水时，才可能导致其损坏。

（1）发动机及其附件的碰撞损坏认定及修复

① 发动机附件。发动机附件因撞击破损和变形时以更换为主。油底壳轻度变形一般无须修理，放油螺塞处碰伤至中度以上的变形以更换为主。发动机支架及胶垫因撞击变形、破

损应以更换为主。进气系统因撞击破损和变形应以更换为主。排气系统中最常见的撞击损伤形式为发动机移位造成的排气管变形。由于排气管长期在高温下工作，氧化严重，通常无法整修，应更换。消声器吊耳因变形超过弹性极限而破损，也是常见的损坏现象，应更换。

② 散热器及附件。铝合金散热器修与换的把握与汽车的档次有关。由于中低档车的散热器价格较低，中度以上损伤一般可更换；高档车的价格较贵，中度以下损伤常可采用氩弧焊修复。但若水室破损，一般需更换，而水室在遭受撞击时最易破损。水管破损应更换。水泵带轮变形后通常以更换为主。风扇护罩轻度变形一般以整形校正为主，严重变形需更换。主动风扇与从动风扇的损坏常为叶片破碎，由于扇叶做成了不可拆式，破碎后需要更换总成。风扇传动带在碰撞后一般不会损坏，因正常使用也会磨损，拆下后如需更换，应确定是否系碰撞所致。

③ 散热器框架。根据"弯曲变形整修，折曲变形更换"的基本原则，考虑到散热器框架形状复杂，轻度变形时可以钣金修复，中度以上的变形往往不易修复，只能更换。

④ 铸造基础件。发动机缸体大多是用球墨铸铁或铝合金铸造的。受到冲击时，常常会造成固定支脚的断裂，而球墨铸铁或铝合金铸件都是可以焊接的。

一般情况下，对发动机缸体的断裂是可以进行焊接的。当然，不论是球墨铸铁还是铝合金铸件，焊接都会造成其变形。这种变形用肉眼通常看不出来，但由于焊接部位附近对形状尺寸要求较高（如在发动机气缸壁附近），用焊接的方法修复常常是行不通的，一般应考虑更换。

(2) 发动机的拖底

① 发动机拖底的形成原因。汽车发动机在以下几种情况下易拖底：第一，通过性能较差的汽车通过坑洼路段时，可能会因为颠簸而使位于较低部位的发动机油底壳与路面相接触，从而导致发动机拖底。第二，汽车在坑洼程度并不严重的路段行驶，由于速度偏高，遇到坑洼时上下颠簸厉害，也可能导致发动机拖底。第三，汽车在路面良好的路段行驶，没有察觉前车坠落的石块，有可能导致发动机拖底。第四，汽车不慎驶入路坡等处时，被石头垫起，造成拖底。

② 发动机拖底后的损坏范围。发动机拖底后，往往会对机件造成一些损失，这些损失可以分为直接损失和间接损失。

a) 直接损失。发动机拖底后，会造成油底壳凹陷；如果程度较重，还可能使壳体破损，导致机油泄漏；如果程度严重，甚至会导致油底壳里面的机件变形、损坏，无法工作。

b) 间接损失。发动机拖底以后，如果驾驶人没有及时熄火，油底壳内的机油将会大量泄漏，导致机油泵无油可泵，使发动机的曲轴轴瓦、连杆轴瓦得不到机油的充分润滑和冷却，轴瓦很快从干磨到烧蚀，然后与曲轴活塞抱死。另外，由于机油压力的降低，发动机的凸轮轴、活塞和气缸缸筒也会因缺油而磨损。

另外，要明确区分发动机拖底造成的损失和其他原因造成的损失。由于发动机保养不当，可能会造成机油减少、油道堵塞和连杆螺栓松动等现象。这样，在运转过程中，连杆轴瓦就会烧蚀、磨损，增大了连杆瓦座间的冲击力，最后将连杆螺栓冲断或造成螺母脱落，瓦盖与连杆脱开，其固定作用消失，导致在活塞下行时，连杆冲向缸体，造成捣缸。个别汽车发动机出现捣缸时，在连杆轴瓦及瓦盖脱开的瞬间，向下的冲击作用会将瓦盖击向油底壳，将油底壳打漏造成机油泄露，油底壳破损处向外翻起。这种损坏情况，如不仔细观察，会感觉与发动机拖底的事故非常相似——区别就在于破损处是内凹还是外翻，凡属于拖底的故障，破损处一定内凹。处理此类问题时，要通过仔细分析，找出损坏原因。

（3）发动机进水后的损坏分析　四行程工作循环的发动机，包括进气行程、压缩行程、做功行程和排气行程。当处于进气行程时进气门打开、排气门关闭，活塞在外力作用下下行，缸内形成真空，燃油和空气的混合气被吸入气缸，活塞位于下止点附近时，进气行程基本结束。当处于压缩行程时，进气门、排气门均关闭，活塞在外力作用下上行，压缩进入气缸的混合气，使其压力和温度均提高，做好点火燃烧的准备，当活塞位于上止点附近时，压缩行程基本结束。当混合气被点燃（汽油发动机）或压燃（柴油发动机）以后，做功行程开始，活塞被爆炸燃烧的燃气驱动下行，对外输出功率，此时进气门、排气门仍关闭。当做功行程结束时，排气门打开，活塞上行，排出燃烧后产生的废气。当活塞到达上止点附近时，排气行程结束，进气门打开、排气门关闭，发动机的工作进入下一个循环。

如果汽车进了水，水就有可能通过进气门进入气缸。由于发动机气缸内已经进了水，在发动机的压缩行程，活塞上行压缩时，所遇到的不再只是混合气，还有水。由于水是不可压缩的，曲轴和连杆所承受的负荷会极大地增加，有可能造成曲轴和连杆弯曲，在随后的持续运转过程中就有可能导致曲轴和连杆进一步的弯曲、断裂，甚至捣坏气缸。

需要说明的是，同样是动态条件下的损坏，由于发动机的结构不同、转速高低不同、车速快慢不等、发动机进气管口安装位置不同、吸入水量多少不同等，所造成的损坏程度自然也就有所不同。例如：对于柴油发动机来说，由于其压缩比大，发动机在压缩行程结束时的气缸压力要比汽油发动机高，一旦进水，所造成的危害要比汽油发动机大得多。

如果发动机在较高转速条件下吸入了水，完全有可能导致连杆折断、活塞破碎、气门弯曲及缸体被严重捣坏等故障。有时候，发动机因进水导致自然熄火，机件经清洗后可以继续使用，但有个别汽车经一段时间的使用后，连杆折断捣坏缸体，这是因为当时的进水导致了连杆的轻微弯曲，为日后的故障留下了隐患。

2. 底盘评估分析

（1）机械零部件的定损

① 铸造基础件。变速器、主减速器和差速器的壳体往往用球墨铸铁或铝合金铸造。受到冲击载荷时，常常会造成固定支架的断裂，而球墨铸铁或铝合金铸件都是可以焊接的。所以，变速器、主减速和差速器的壳体断裂可以焊接，但焊接会造成壳体的变形。这种变形虽然用肉眼看不出来，但会影响尺寸精度。若在变速器、主减速器和差速器等的轴承座附近产生断裂，用焊接的方法修复常常是行不通的，一般应考虑更换。

② 悬架系统和转向系统零件。对非承载式车身来说，车轮定位正确与否的前提是正确的车架形状和尺寸；对承载式车身来说，正确的车轮定位前提是正确的车身定位尺寸。车身定位尺寸的允许偏差一般为 1~3mm。

悬架系统中的任何零件都不允许用校正法修理。当车轮定位仪检测出车轮定位不合格，但用肉眼无法判断出具体损伤和变形的零部件时，不要轻易做出更换某个零件的决定。

车轮外倾、主销内倾和主销后倾等都与车身定位尺寸密切相关。如果数据不对，应首先分析是否是因碰撞造成的。因为碰撞不可能造成轮胎磨损不均匀，所以可通过检查轮胎磨损是否均匀，初步判断事故前的车轮定位情况。

检查车身定位尺寸时，应在消除诸如摆臂橡胶套的磨损等原因后，再校正车身，使其相关定位尺寸正确后，再做车轮定位检测。如果此时车轮定位检测仍不合格，应根据其结构、维修手册等判断具体损伤部件，逐一更换检测，直到损伤部件得到确认为止。上述过程复杂而繁琐，且技术含量较高，这是因为悬架系统中的零件都属于价格较高的安全部件，所以在定损时切不可轻率马虎。

转向系统中的零件也同样存在类似的问题。

③ 车轮。轮辋遭撞击后以变形损伤为主，应更换。轮胎遭撞击后会出现爆胎，应更换。轮罩遭撞击后常会产生破损，应更换。

④ 前悬架零件。承载式汽车的前纵梁及悬架座属于结构件，按结构件方法处理。

前悬架系统及相关零部件：制动盘、悬架臂、转向节、稳定杆和发动机托架均为安全部件，变形后均应更换。对于减振器，主要鉴定是否在碰撞前已损坏。减振器是易损件，正常使用到一定程度会漏油，如果表面已有油泥，说明在碰撞前已损坏；如果表面无油迹，碰撞造成了弯曲变形，应更换。

⑤ 转向盘及变速杆。转向盘遭到撞击损伤后，从安全角度出发应更换。安装有安全气囊的汽车，驾驶人气囊都安装在转向盘上，当气囊因碰撞引爆后，不仅要更换气囊，通常还要更换气囊传感器与控制模块等。需要注意的是，有些车型的碰撞传感器是与SRS/ECU集成在一体的，要避免维修厂重复报价。

变速杆受撞击会产生变形，轻度的常以整形修复为主，中度以上的应以更换为主。

⑥ 后桥及后悬架部分。后悬架按前悬架方法处理；后桥按副梁方法处理。后纵梁损坏时按前纵梁方法处理，其他同车身地板处理方法相似。备胎盖在严重的追尾碰撞中会破损，以更换为主。

⑦ 变速器及传动轴。变速器损坏后，内部机件基本都可单独更换。

中低档轿车多为前轮驱动，碰撞常会造成外侧等角速万向节破损，需更换。有时还会造成半轴弯曲，也以更换为主。

从评估的角度来看，变速器的损伤主要是拖底，其他类型的损伤极少。

（2）自动变速器拖底后的处理　流程如下：

① 报案。接到自动变速器拖底碰撞的报案后，立即通知受损车辆，就地熄火停放，请现场人员观察自动变速器下面是否有红色的液压油漏出（大部分自动变速器液压油为红色）。不允许现场人员移动车辆，更不允许任何人擅自起动发动机。

② 根据查勘结果救援。根据现场查勘结果，分别采取不同的救援处理方案。

假如自动变速器油底壳只有变形而没有漏油，可将受损车辆拖到附近修理厂。进行受损汽车的牵引时，原则上距离不要超过3km，变速杆应置于空档，车速不得大于10km/h。

假如认定自动变速器油底壳已经漏油或虽然没有漏油但离汽车修理厂路途较远时，不允许直接牵引，要采用可以将受损车辆拖走的拖车，将其托运到汽车修理厂。

③ 修复处理。将受损车辆运到汽车修理厂修复。

自动变速器壳体损坏后，一般情况下，只需更换壳体就可以了。但应注意：有时候，汽车配件市场上可能只有自动变速器总成而没有单独的壳体。

3. 电器设备评估分析

（1）蓄电池　蓄电池的损坏多以壳体四个侧面的破裂为主，若出现破裂，应更换。

（2）发电机　发电机常见损伤为带轮、散热叶轮变形，壳体破损、转子轴弯曲变形等。带轮变形应更换；散热叶轮变形可校正；壳体破损、转子轴弯曲以更换发电机总成为主。

（3）刮水器系统　刮水器片、刮水器臂、刮水器电动机等因撞击损坏时，主要以更换为主。固定支架、联动杆等，中度以下的变形损伤以整形修复为主，严重变形需更换。刮水器喷水壶只在较严重的碰撞中才会损坏，若损坏，应以更换为主。洗涤器喷水电动机、喷水管和喷水嘴被撞坏的情况较少，若撞坏以更换为主。

（4）冷凝器及制冷系统　空调冷凝器采用铝合金制成，中低档车的冷凝器一般价格较低，中度以上损伤一般可以更换；高档车的冷凝器价格较贵，中度以下损伤常采用氩弧焊修复。储液罐因碰撞变形一般以更换为主。如果系统在碰撞中以开口状态暴露于潮湿的空气中时间较长，则应更换干燥器，否则会造成空调系统工作时的"冰堵"。

压缩机因碰撞造成的损伤有壳体破裂、带轮、离合器变形等，壳体破裂一般应更换；带轮变形、离合器变形一般也应更换。空调管有多根，损伤的空调管一定要注明是哪一根；汽车空调管有铝管和胶管两种，铝管常见的碰撞损伤有变形、折弯和断裂等，变形后一般可以校正。价格较低的空调管折弯、断裂时一般更换；价格较高的空调管折弯、断裂时一般采取截去折弯、断裂处，再接一节用氩弧焊接的方法修复。胶管破损一般需更换。

空调蒸发器大多用塑料制成，常见损伤多为箱体破损。局部破损可用塑料焊修复，严重破损一般需更换，决定更换时一定要考虑有无壳体单独更换。蒸发器换与修的确定基本同冷凝器。膨胀阀因碰撞损伤的可能性极小。

（5）电器设备保护装置　有些电器件在遭受碰撞后，外观虽无损伤，却显示"坏了"，其实这有可能是假象。因为如果电路过载或短路就会出现大电流，导致导线发热、绝缘损伤，有可能酿成火灾。所以，在电路中必须设置保护装置。熔断器、熔丝、大限流熔断器和短路器都是过流保护装置，它们可单独使用，也可配合使用。碰撞会造成系统过载，相关保护装置会因过载而工作，出现断路，导致相关电器装置无法工作。此时只需更换相关的熔断器、熔丝、大限流熔断器和断路器即可，无须更换相连的电器。

7.2　机动车辆水灾损失评估

夏季暴雨、洪水等自然灾害会造成汽车损坏，给车主带来不便和损失，也给公估公司带来大量工作。

由于汽车水灾损失通常是车辆很多元件同时受损，在短时间内要对众多车型、不同受损程度的汽车进行较科学的损失评估，一般评估定损人员会感到很棘手。笔者从大量的水灾案例得出，做好汽车水灾评估工作必须从以下几个方面入手：

① 认真、细致和快捷地现场查勘。

② 分车型对不同受损程度的标的进行损失评定。

③ 对同一地区、同一车型、相似受损程度的标的制定一致的损失评定标准。

7.2.1 水灾评估时机动车辆的施救与保养

1. 汽车的防水、涉水方法

汽车遇暴雨或洪水时，如驾驶人意识到有可能影响到安全时，应停车避雨；如必须行驶，则应采取必要的防护措施。

（1）雨前准备　暴雨中行车或准备涉水时，应先将空气滤清器拆下或将进气软管抬高，并将排气管通过橡胶软管接高，使汽车的进、排气口尽量远离水面，减少发动机进水的可能性。

（2）高处停车　雨季，停车、存车要尽量选择地势较高处，不要存放在容易积水的地方，以免低洼地带的积水越来越深，而周围停放的汽车又限制了移动，眼睁睁地看着自己的爱车慢慢被水淹没。

（3）行车避水　行车时应尽量躲避对面来车行驶时所拥起的水浪，必要时可停车让对方汽车先行通过。

（4）科学涉水　不了解积水深度时不要轻易地让汽车涉水。如果是很浅的水域，最好均匀加油安全驶过。不要盲目紧随前方汽车，应观察前方汽车通过情况再行决定自己是否通过。当水淹没高度达到车轮半径时，应尽量避免让汽车涉水；不得不过时，可将排气管通过软管接高，同时采用挂低档、少加油、慢而匀速行驶的方法通过，尽量避免让水进入排气管。

（5）谨慎涉水　不应采用低档、猛踩加速踏板、发动机高转速的方式通过。

2. 汽车被淹后的施救

施救进水汽车时，一定要遵循"及时、科学"原则，既保证及时救援，又避免扩大损失。

（1）严禁水中起动车辆　汽车因进水熄火后，驾驶人绝对不能抱着侥幸心理贸然起动，否则会造成发动机进水，引起损坏。当汽车被水浸入时，驾驶人应马上熄火，及时求援并拨打报案电话。

实践证明，因雨受损的车辆，大多是因为水中熄火后，驾驶人再次起动而造成的发动机损坏——大约90%的驾驶人会尝试再次起动车辆。

（2）科学拖车　施救水淹汽车时，一般应采用硬牵引，或将前轮托起后牵引；一般不要采用软牵引方式救援。如采用软牵引拖车，一旦前车减速，被拖汽车往往会采用挂档、利用发动机制动等方式减速，导致被拖车发动机损坏。如果能将汽车前轮托起后牵引，可以避免因误挂档而引起的发动机损坏。

（3）及时告知车主及承修厂商　将受淹车拖出水域后，应及时告知车主和承修厂商。车主应采取适当的措施，最大限度地防止损失进一步扩大。

容易受损的电器（如汽车电控单元、音响、仪表、继电器、电动机、开关等）应尽快从车上拆下，进行排水清洁，电子元件应用无水酒精清洗（不要长时间清洗，以免腐蚀电子元件）晾干，避免因进水引起电器短路。某些贵重的电器设备（如汽车电控单元），如果烘干及时，完全可以避免损失；如果清洗晾干不及时，就有可能导致报废。

（4）仔细检查电路部分　对所有被水浸蚀过的电路部分仔细检查、排水、烘干，用万用表检查各处线路是否有搭铁、短路等现象。确认正常后，方可通电。

（5）及时检查相关机械零部件　对发动机气缸、排气管、变速器、主减速器/差速器及制动系统等机械零件部分应及时进行相关检查。

检查气缸是否进水：将火花塞（喷油嘴）全部拆下，用手转动曲轴，如气缸进了水，则从火花塞螺孔处会有水流出。如用手转动曲轴时感到有阻力，说明发动机内部可能存在损坏。勿用工具强转，要查明原因，排除故障，以免扩大损坏范围。

查看或更换机油：将机油尺抽出，查看机油颜色。如呈乳白色或有水珠，就要将机油全部放掉，清洗发动机后更换新机油。

润滑气缸：如果通过检查未发现机油有异常，可从火花塞孔处加入10～15mL的机油，用手转动曲轴数次，给气缸壁涂上一层油膜，起到防锈、密封作用，同时也有利于起动。

检查变速器、主减速器及差速器：如果变速器、驱动桥壳进了水，会使其内的齿轮油变质，造成齿轮磨损加剧。对于采用自动变速器的汽车，还要检查控制单元是否进水。

检查制动系统：对于水位超过制动油泵的被淹汽车，应更换全车制动液。因为若制动液里混入水，会使制动液变质，导致制动效能下降，甚至失灵。

检查排气管：如果排气管进了水，要尽快排出，以免水中杂质堵塞三元催化转化器和损坏氧传感器。

（6）清洗、脱水、晾晒、消毒及美容内饰　如果车内因潮湿而有霉味，除了在阴凉处打开车门，让车内水汽充分散发，消除车内潮气和异味外，还需对车内进行大扫除，更换新的或晾晒后的地毯及座套。查看车门铰链部分、行李箱地毯之下、座位下的金属部分以及备用胎固定锁部位有没有生锈痕迹。

清洁车内不能只使用一种消毒剂和保护品，应根据各部位的材质选用不同的清洁剂。多数美容装饰店会选用碱性较大的清洁剂，这种清洁剂虽然有增白、去污功效，但有一定后患，碱性过强的清洁剂会浸透绒布、真皮座椅、顶篷，最终出现板结、龟裂等。应选择pH值不超过10的清洗液，配合专用抽油机，在清洁的同时用循环水将脏东西和清洗剂带走，并将此部位内的水汽抽出。还有一种方法是采用高温蒸汽对车内真皮座椅、车门内饰、仪表板、空调风口和地毯等进行消毒，同时清除车内烟味、油味、霉味等各种异味。

（7）保养汽车　如果整车被水浸泡，除按以上排水方法进行处理外，最好对全车进行一次二级保养。全面检查、清理进水部位，通过除锈、润滑、紧固等方式，恢复汽车性能。

（8）谨慎起动　未排水前，严禁采用起动机、人工推车或拖车方式起动被淹汽车发动机。只有排水、润滑后才能起动。

7.2.2 水淹基本情况

1. 水的种类

汽车水淹损失评估中通常将水分为淡水和海水,本书只对淡水造成的损失进行评估。对淡水的浑浊情况还应进行认真了解,多数水淹损失中的水为雨水和山洪形成的泥水,但也有由于下水道倒灌而形成的浊水,其中有油、酸性物质和各种异物,油、酸性物质和各种异物对汽车的损伤各不相同,必须在现场查勘时仔细检查,并做明确记录。

2. 水淹高度

水淹高度是确定水淹损失程度的一个重要参数,水淹高度通常不以高度的计量单位米或厘米为单位,而以重要的具体位置为参数,以乘用车为例,如图7-10所示,水淹高度通常分为6级,即:

图7-10 轿车水淹高度分级

1级:制动盘和制动毂下沿以上,乘员舱未进水。
2级:车身地板以上,乘员舱进水,而水面在驾驶人座椅座垫以下。
3级:乘员舱进水,而水面在驾驶人座椅座垫面以上,仪表工作台以下。
4级:乘员舱进水,仪表工作台中部。
5级:乘员舱进水,仪表工作台面以上,顶篷以下。
6级:水面超过车顶。
每级的损失程度差异较大,在后面的损失评估时再进行定性和定量分析。

3. 水淹时间

水淹时间(H)也是水淹损失程度的一个重要参数,水淹时间的长短对汽车损伤的差异很大,在现场查勘时确定水淹时间是一项重要工作。水淹时间的计量单位常以小时(h)为单位,通常分为6级,即:

1级:$H \leq 1h$
2级:$1 < H \leq 4h$
3级:$4 < H \leq 12h$

4级：12<H≤24h

5级：24<H≤48h

6级：H>48h

每级的损失程度差异较大，在后面的损失评估时再进行定性和定量分析。

4. 汽车的配置情况

要对被淹汽车的配置情况进行认真记录，特别注意电子器件的配置情况，如 ABS、ASR、SRS、PTS、AT、CVT、CCS、CD、GPS、TEMS 等，对水灾可能造成的受损部件一定要做到心中有数。另外，要对如真皮座椅、高档音响、车载 DVD 及影视设备等配置是否为原车配置进行确认，如果不是原车配置，对于评估结果差别悬殊。

7.2.3 水灾损失评估

汽车种类繁多，各类别之间略有差异。本节以社会保有量较大的乘用车为例，阐述汽车的水灾损失评估。

1. 水淹汽车的损坏形式

（1）静态进水损坏 汽车在停放时被暴雨或洪水侵入甚至淹没，属于静态进水，图 7-11 所示为汽车在停车场被淹，属于典型的静态进水。

图 7-11 汽车静态进水

汽车在静态条件下，如车内进水，会造成内饰、电路、空滤器、排气管等部位受损，有时气缸内也会进水。此种情况，即使不起动，也会造成内饰浸水、电路短路、空滤器、排气管和发动机浸水生锈等；电喷发动机因短路会造成无法着火；如强行起动，极有可能导致损坏。就机械部分而言，汽车被水泡过之后，进入发动机的水分在高温作用下，会使内部的运动机件锈蚀加剧，当进气吸水过多时，容易变形，严重时导致发动机报废。另外，汽车进水后，内饰容易发霉、变质。如不及时清理，天气炎热时，会出现各种异味。

（2）动态进水损坏 汽车在行驶过程中，发动机气缸吸入水分而使汽车熄火，或强行涉水未果、发动机熄火后被水淹没，图 7-12 所示为属于典型的动态进水。

动态条件下，由于发动机仍在运转，气缸吸入水后，会使发动机熄火。此种情况下，除了静态条件下可能造成的全部损失，还有可能导致发动机直接损坏。

注意：同样是动态条件下的损坏，由于发动机转速不同、车速不等、进气管口安装位置有别、气缸吸入水量不相等，所造成的损坏也有所不同。

如果高速时吸入水，有可能导致连杆折断、活塞破碎、缸体被连杆捣坏等故障。有时，因进水导致自然熄火，虽然车主没有继续使用，并将相关零部件

图7-12　汽车动态进水

进行了清洗，但个别车辆运行一段时间后，仍发生折断的连杆捣毁缸体的恶性事故。原因：当时的进水造成连杆轻微弯曲，为日后故障留下隐患。动态进水造成故障的修理费用往往比较昂贵。

2. 汽车水淹的评估分类

从评估公司的业务划分来看，因暴雨造成的汽车损失，主要分为5种：

① 由于暴雨淹及车身而进水，导致金属部件生锈、电子电器件及内饰损坏。

② 发动机进水后，驾驶人未经排水处理甚至直接在水中起动发动机，导致内部机件损坏。

③ 水中漂游物或其他异物使车身、玻璃等发生擦撞、碰伤等损失，或因其他相关原因造成汽车损失。

④ 落水后，为抢救汽车，或者为了将受损汽车拖到修理厂而支付的施救、拖车等费用。

⑤ 汽车被水冲走所造成的全车损失。

3. 水淹后的损失评估

（1）水淹高度为1级时的损失评估　水淹高度在汽车的制动盘和制动毂下沿以上，车身地板以下，乘员舱未进水，水淹高度定义为1级。

当汽车的水淹高度为1级时，有可能造成的受损零部件主要是制动盘和制动毂。损坏形式主要是生锈，生锈的程度主要取决于水淹时间的长短以及水质。通常情况下，无论制动盘和制动毂的生锈程度如何，所采用的补救措施主要是四轮的保养。

因此，当汽车的水淹高度为1级，水淹时间也为1级时，通常不计损失；水淹时间为2级或2级以上时，对损失金额的影响也不大，损失率通常为0.1%左右。

（2）水淹高度为2级时的损失评估　水淹高度在地板以上，乘员舱进水，而水面在驾驶人座椅座垫以下，水淹高度定义为2级。

当汽车的水淹高度为2级时，除造成1级水淹高度时的损失以外，还会造成以下损失：

① 汽车的四轮轴承进水。

② 全车悬架下部连接处因进水而生锈。

③ 配有ABS的汽车的轮速传感器的磁通量传感失准。

④ 地板进水后，如果车身地板防腐层和油漆层本身有损伤，就会造成锈蚀。

⑤ 少数汽车将一些控制模块置于地板的凹槽内（如上海大众帕萨特B5），若地板进水会造成一些控制模块损毁（如果水淹时间较长，被淹的控制模块有可能彻底失效）。

损失率通常为0.5%～2.5%。

（3）水淹高度为3级时的损失评估　水淹高度在驾驶人座椅垫面以上，仪表工作台以下，水淹高度定义为3级。

当汽车的水淹高度为3级时，除造成2级水淹高度时的损失以外，还会造成以下损失：

① 座椅潮湿和污染。

② 部分内饰潮湿和污染。

③ 真皮座椅和真皮内饰损伤严重。

一般来说，若水淹时间超过24h，还会造成：

① 桃木内饰板分层开裂。

② 车门电动机进水。

③ 变速器、主减速器及差速器可能进水。

④ 部分控制模块被水淹。

⑤ 起动机被水淹。

⑥ 中高档车行李箱中CD换片机、音响功放被水淹。

损失率通常为1.0%～5.0%。

（4）水淹高度为4级时的损失评估　水淹高度在仪表工作台中部，水淹高度定义为4级。

当汽车的水淹高度为4级时，除造成3级高度时的损失以外，还可能造成以下损失：

① 发动机进水。

② 仪表台中部分音响控制设备、CD机、空调控制面板受损。

③ 蓄电池放电、进水。

④ 大部分座椅及内饰被水淹。

⑤ 扬声器全损。

⑥ 各种继电器、熔丝盒可能进水。

⑦ 所有控制模块被水淹。

损失率通常为3.0%～15.0%。

（5）水淹高度为5级时的损失评估　乘员舱进水，水淹高度在仪表工作台面以上，顶篷以下，水淹高度定义为5级。

当汽车的水淹高度为5级时，除造成4级高度时的损失以外，还可能造成以下损失：

① 全部电器装置被水泡。

② 发动机严重进水。

③ 离合器、变速器、后桥可能进水。

④ 绝大部分内饰被泡。

⑤ 车架大部分被泡。

损失率通常为 10.0%～30.0%。

(6) 水淹高度为 6 级时的损失评估　水淹高度超过车顶，汽车被淹没顶部，水淹高度定义为 6 级。

当汽车的水淹高度为 6 级时，汽车所有零部件都受到损失。损失率通常为 25.0%～60.0%。

7.3　机动车辆火灾损失评估

7.3.1　汽车起火的分类

汽车起火分自燃、引燃、碰撞起火、爆炸和雷击五类。

1. 自燃

根据保险条款的解释，所谓自燃，是指机动车在没有外界火源的情况下，由于本车电器、线路和供油系统等车辆自身原因发生故障或所载货物自身原因起火燃烧的现象。

2. 引燃

引燃是指机动车在停放或者行驶过程中，因为外部物体起火燃烧，使车体乃至全车被火引着，导致部分或全面燃烧。

3. 碰撞起火

碰撞起火是指机动车在行驶过程中，因为发生意外事故而与固定物体或者移动物体相碰撞，如果机动车采用的是汽油发动机，碰撞程度又较为严重，引起部分机件的位移，挤裂了汽油管，喷射而出的汽油，遇到了运转着的发动机所发出的电火花，导致起火燃烧。

4. 爆炸

爆炸起火是指因为车内、车外的爆炸物起爆所引发的机动车起火燃烧。包括车内安置的爆炸物爆炸引爆，车外爆炸物爆炸引爆，车内放置的打火机、香水、摩丝等被晒爆引爆，车载易爆物爆炸引爆等多种形式。

5. 雷击起火

雷击起火是指机动车在雷雨天气被雷击中而起火燃烧的现象。

7.3.2 汽车自燃的原因

汽车起火尽管原因复杂，但就其本质而言，主要受火源（着火点）、可燃物、氧气（或空气）三大因素的影响。据消防部门和车险理赔专家统计，自燃中存在"五多"现象：小轿车多，占40%以上；私家车多，约占55%；行驶状态发生火灾者多，约占70%；使用5年（或10万km）以上者多，约占70%；火灾原因以漏油和导线短路居多，占60%以上。围绕这几点，结合汽车结构，基本可分析出汽车起火的真实原因。

1. 漏油

泄漏的汽油是最可怕的助燃物。漏油点大多集中在管件接口处。无论是行进还是停驶，汽车上都可能存在火源（高压电火花、蓄电池外部短路时产生的高温电弧、排气管排出的高温废气或喷出的积炭火星等），当泄漏的燃油遇到火花，就会造成起火。

一旦因燃油泄漏而使混合气达到一定浓度，只要有明火出现，自燃事故将不可避免。

例如：长途大客车发生的自燃事故居高不下。这是因为在运行了10多万km后，汽车很容易出现高压线漏电现象，瞬间电压可达10000V以上，足以引燃一定浓度的汽油蒸气。

2. 漏电

发动机工作时，点火线圈温度很高，使高压线绝缘层软化、老化、龟裂，导致高压漏电；高压线脱落引起跳火。由于高压漏电是对准某一特定部位持续进行，引发漏电处温度升高，引燃泄漏汽油。

低压线路搭铁也会引发汽车自燃。因搭铁处产生大量热能，如与易燃物接触，会导致自燃。造成低压线搭铁原因主要有导线老化、导线断路搭铁、触点式开关触点烧结。家用汽车使用时常添加防盗器、高档音响、通信设备、电动天窗、空调等，若未对整车线路布置进行分析及功率复核，会导致个别线路用电负荷过大；维修整车线路或加接控制元件时，未对导线易松动处有效固定，使导线绝缘层磨损。

3. 接触电阻过大

线路接点不牢或触电式控制开关的触点接触电阻过大等，会使局部电阻过大，长时间通电时发热引燃可燃物。

4. 明火烘烤柴油机油箱

冬季，有时柴油机会出现供油不畅。某些驾驶人在油箱外用明火烘烤，极易引起火灾。

5. 车载易燃物引发火灾

当车上装载的易燃物因泄漏、松动摩擦而起火时，易导致汽车起火。

6. 超载

汽车超载，发动机处于过度疲劳和过热状态，一旦超过疲劳极限，就有可能发生自燃。

超载时，钢板几乎被压平，可能引起机械摩擦而起火。

7. 停车位置不当

现代汽车一般装有三元催化转化器，该装置因位于排气管上而温度很高，且在大多数轿车上位置较低。如果停车时恰巧将其停在麦秆等易燃物附近，会引燃可燃物。

如果驾驶人夏季将汽车长时间停放在太阳下暴晒，会将车内习惯性放置在前窗玻璃下的一次性打火机晒爆，如果车内恰巧有火花（如吸烟、正在工作的电器设备产生的电火花等），就会引燃车内几乎没有阻燃功能的饰品。

7.3.3　汽车火损的评估与定损

1. 火险现场分析起火原因的三大要素

第一，火源在哪（火花或电火花）？

第二，易燃物是什么（汽油、柴油、润滑油、易燃物等）？

第三，火源与易燃物品的接触渠道中是否有足够的空气可供燃烧（火源与易燃物间）？

掌握以上三点，再通过勘察车身不同位置的烧损程度，首先找出起火点，进而分析起火原因，判断出汽车起火的自燃、引燃属性，为下一步准确评估奠定基础。

2. 与汽车自燃相关的几个问题

（1）汽车上的主要易燃物　汽车上的主要易燃物品有燃料、润滑油、导线、车身漆面、内饰、塑料制品、轮胎等，这些物品一旦遇火，就会起到明显的助燃作用。

（2）发动机熄火后的自燃　熄火以后，有时汽车反而会自行起火燃烧，这种现象令人费解。其实，当发动机熄火以后，由于失去了风冷条件，车体内温度反而会有所上升，有可能导致汽车上临近燃点的某些物品起火燃烧。

（3）车厢内部是否会自行起火　车厢内部自行起火这种现象在理论上是存在的，但在实际中几乎不可能发生。原因是：车内没有明显的火源，再加上汽车内饰品大多带有一定的阻燃功能，因此，一般不会出现车内自行起火燃烧现象。

（4）暴晒的打火机与自燃　当驾驶人将一次性打火机放置在仪表板处时，如果汽车在烈日下暴晒，很有可能会晒爆气体打火机。爆炸的打火机完全有可能打坏仪表板。若电源线被打断，有可能引起起火。

（5）防盗报警器与自燃　私自安装的报警器，由于始终通电，如果导线偶然断开或因电流过大而烧焦时，就容易成为汽车上的自燃火源点。

（6）轮胎与自燃　汽车起火后，由于风向的缘故，车身前后左右的轮胎燃烧程度并不一致。一般来说，顺风向轮胎烧得重，顶风向不会烧；另外，由于地面的散热条件较好，而且地面与轮胎之间没有空气流通，轮胎的接地点也不会燃烧。

（7）拆卸油管可能引起自燃　对于装有电喷式发动机的汽车来说，电喷发动机熄火后，油管中仍然有一定的残余压力，如果马上用手拆油管，会喷出汽油，引发起火。

（8）自燃与油箱爆炸　在影视作品中，汽车燃烧往往会伴随着油箱的爆炸。这种场景是导演为了追求艺术方面的视觉冲击效果而设计出来的。在实际的汽车火灾现场，极少发生油箱爆炸事件。伴随着汽车的燃烧，油箱中的汽油往往只会被烧光。这是因为，在汽车起火燃烧的过程中，油箱内并无空气，燃烧着的火焰无法被引入到油箱内部。但是，车体燃烧所产生的高温会对油箱及其内部的汽油产生强烈的烘烤，导致油箱中的汽油挥发，从而产生较高的气压，将油箱盖顶开，汽油挥发而出，快速燃烧，直至烧光。

3. 火损汽车的评估

（1）火灾对车辆损坏情况的分析

① 整体燃烧。整体燃烧是指机舱内线路、电器、发动机附件、仪表台、内装饰件、座椅烧损，机械件壳体烧熔变形，车体金属（钣金件）件脱炭（材质内部结构发生变化），表面漆层大面积烧损。

② 局部烧损。机舱着火造成发动机前部线路、发动机附件、部分电器、塑料件烧损；车身壳体或驾驶室着火造成仪表台、部分电器、装饰件烧损；载货汽车货箱内着火。

（2）火灾车辆的评估定损处理方法　对明显烧损的部件进行分类登记。

对机械件进行测试、分解检查。特别是转向、制动、传动部分的密封橡胶件。

对金属件（特别是车架，前、后桥，壳体类）考虑是否因燃烧而退火、变形。

对于因火灾使车辆遭受损害的，分解检查工作量很大，且检查、维修工期较长，一般很难在短时期内拿出准确估价单，只能是边检查边定损，反复进行。

（3）火灾汽车的评估定损　汽车起火燃烧后，其损失评估的难度相对大些。

如果燃烧被及时扑灭了，可能会导致一些局部损失，损失范围也只是局限在过火部分的车体油漆汽车内饰、相关的导线及非金属管路等。只要参照相关部件的市场价格，并考虑相应的工时费，即可确定出损失的金额。

如果燃烧持续了一段时间之后才被扑灭，虽然没有对整车造成毁灭性破坏，但也可能造成比较严重的损失。凡被火烧过的车身壳体、轮胎、导线线束、相关管路、内饰、仪器仪表、塑料制品、外露件的美化装饰都可能报废，定损时需考虑相关需更换件的市场价格、工时费用。

如果起火燃烧程度严重，车身壳体、轮胎、导线线束、相关管路、汽车内饰、仪器仪表、塑料制品、外露件的美化装饰等肯定会被完全烧毁。部分零部件，如控制单元、传感器、铝合金铸造件等，可能会被烧化，失去使用价值。一些看似"坚固"的基础件，如发动机、变速器、离合器、车架、悬架、车轮轮毂、前桥、后桥等，在长时间高温烘烤的作用下，会因"退火"而失去应有的精度，无法继续使用，这种情况下，汽车已接近完全报废了。

7.4　机动车辆修复价格评估

对各种事故车辆的修复，最终都要依靠修理厂。对于许多车主来说，他们并不清楚修理厂的资质和经营范围，这就需要查勘定损人员向他们推荐汽车修理厂。另外，不同资质的汽车修理厂所能够提供的维修服务和达到的维修质量标准也不相同，收取的服务费也有差别。因此，作为公估公司的查勘定损人员，应该了解汽车修理厂的资质标准、工时标准等。

7.4.1 汽车维修企业的资质及开业条件

1. 汽车整车维修企业

汽车整车维修企业是指有能力对所维修车型的整车、各个总成及主要零部件进行各级维护、修理及更换，使汽车的技术状况和运行性能完全（或接近完全）恢复到原车的技术要求，并符合相应国家标准和行业标准规定的汽车维修企业。按规模大小分为一类汽车整车维修企业和二类汽车整车维修企业。

汽车整车维修企业的技术负责人应具有汽车维修或相关专业的大专以上文化程度，或具有汽车维修或相关专业的中级以上专业技术职称。应熟悉汽车维修业务，并掌握汽车维修及相关行业的法规及标准。检验人员数量应与其经营规模相适应，其中至少应有 1 名总检验员和 1 名进厂检验员。业务人员应熟悉各类汽车维修检测作业，从事汽车维修工作 3 年以上，具备丰富的汽车技术状况诊断经验，熟练掌握汽车维修服务收费标准及相关政策法规。企业工种设置应覆盖维修业务中所涉及的各专业。维修人员的专业知识和业务技能应达到行业主管部门规定的要求。

2. 汽车专项维修企业

汽车专项维修企业是指从事汽车发动机、车身、电气系统、自动变速器、车身清洁维护、涂漆、轮胎动平衡及修补、四轮定位检测调整、供油系统维护及油品更换、喷油泵和喷油器维修、曲轴修磨、气缸镗磨、散热器、空调维修、汽车装潢（篷布、座垫及内装饰）、门窗玻璃安装等专项维修作业的企业（三类维修企业）。

专项维修企业的技术负责人应具有汽车维修或相关专业的大专以上文化程度，或具有汽车维修或相关专业的中级以上专业技术职称。应熟悉汽车维修业务，并掌握汽车维修相关行业的法规及标准。

7.4.2 汽车维修工时费确定

除了零部件价格，维修事故车辆还需要考虑工时费。对于不同地区的同一款车来说，虽然各地采用的维修方法不尽相同，工时标准可能略有差异，但总体差异不大。差异较大的是各地的工时费标准。

在确定各项作业工时费之前，必须首先确定作业项目的内容。

1. 作业项目的确定

（1）更换项目的确定　一般来说，需要更换的零部件归纳为以下四种：

① 结构上无法修复的零部件。由于所用原材料的缘故，某些结构件发生碰撞后，一旦

造成破损，无法进行维修，只能进行更换。脆性材料的结构件，一般都具有这一特性，如汽车灯具的严重损毁、汽车玻璃的破碎等。

② 工艺上不可修复后再使用的零部件。某些结构件，由于工艺设计就存在不可修复后再使用的特点，如胶贴的各种饰条，胶贴的风窗玻璃饰条、胶贴的门饰条、翼子板饰条等。这些零件一旦被损坏或开启后，就无法再用。对于这一点，评估人员往往会与修理厂业务人员在损失评估中产生争议。

③ 安全上不允许修理的零部件。为保证使用安全，汽车上的一些零部件，一旦发生故障或造成损坏，往往不允许修复后再用。这些为保证安全，不可修复后再用的零部件主要是指那些对汽车安全起着重要作用的零部件，如行驶系统的车桥、悬架，转向系统的所有零部件（如转向横拉杆的弯曲变形等），制动系统的所有零部件，安全气囊传感器等。这些零部件在受到明显的机械损伤后，从安全的角度出发，基本上都不允许维修后再使用。

④ 无修复价值的零件。汽车发生事故后，从经济学的角度考虑，存在着一些基本没有修复价值的零部件，及修复价值接近或超过零部件原价值的零部件。

（2）拆装项目的确定　拆装项目的确定要求评估人员对被评估汽车的结构非常清楚，对汽车修理工艺了如指掌。在对汽车拆装项目的确定有疑问时，可查阅相关的维修手册和零部件目录。注意：有些零部件或总成并没有损伤，但是，由于结构的原因，当维修人员更换、修复、检验其他部件时，需要拆下该零部件或总成，并在完成相关作业后再重新装回。

（3）修理项目的确定　在现行的汽车损失评估以及绝大多数机动车保险条款中，受损汽车在零部件的修理方式上仍以修复为主。所以在工艺、安全上允许的且具有修复价值的零部件应尽量以修复为主，而非更换。

（4）待查项目的确定　在车险查勘定损中，经常会遇到一些事故发生后从车上拆下来的零件，用肉眼和经验一时无法判断是否受损、是否达到需要更换的程度，甚至在车辆未修复前，个别单独的零件用仪器都无法检测。例如转向节、悬挂臂、副梁等，这些零件在定损中常被列为"待查项目"。然而，这些"待查项目"在进行完修理作业后，大都变成了更换项目。"待查项目"到底有多少确实需要更换？又确实更换了多少？这里到底有多少道德风险？这个问题始终困扰着理赔定损人员。

减少"待查项目"中大量道德风险的方法及步骤如下：

① 尽量减少"待查项目"。认真检验车辆上可能受损的零部件，尽量减少"待查项目"。例如，发电机在碰撞后经常会造成散热叶轮、带轮变形，它们变形后旋转时，很容易产生发电机轴弯曲的错觉。实际上，轴到底弯没弯、径向跳动量是多少，只要做一个小小的试验即可。用一根细金属丝，一端固定在发电机机身上，另一端弯曲后指向发电机前端轴心，旋转发电机，观察金属丝一端与轴心的间隙变化，即发电机轴的径向圆跳动，弯曲程度即可一目了然。用这种方法，可解决空调压缩机、转向助力泵、水泵等部件类似的问题。

② 拍照备查。对于暂时无法确定损坏程度，确实需要待查的零件，查勘定损人员要在其上做记号，并拍照备查，同时告知车主和承修的汽车修理厂。一旦在维修时进行了更换，要拿出做了记号的零件待查。

③ 参与验收。车辆初步修理后，公估公司的理赔定损人员，必须参与对"待查项目"

的检验、调试、确认等全过程。例如，转向节待查。汽车经过初步的车身修理后，安装上悬架等零部件后做四轮定位检验，假如四轮定位检验不合格，并超过调整极限，修理厂会提出要求更换转向节，理赔定损人员一般也会同意更换转向节。至于更换转向节后四轮定位检验是否合格，是否是汽车车身校正不到位等其他原因，公估公司的评估定损人员往往不再深究。实际上，四轮定位检验不合格完全可能是车身校正不到位等其他原因引起的，无须更换转向节。

④ 取走损坏件。如果"待查项目"确实损坏需要更换，公估公司的理赔人员必须将做有记号的"待查项目"零件从汽车修理厂带回，以免汽车修理厂将原本完好的"待查项目"零件留待下一次修理时更换使用。

用上述方法解决"待查项目"的问题，汽车修理厂将无法获取额外利益，最大限度地杜绝了"待查项目"中的道德风险。

2. 工时费的确定

汽车修理的工时包括更换、拆装项目的工时，修理项目的具体操作工时和辅助作业的工时等。工时费的确定是根据损失项目的确定、对应损失项目的作业工时、单位工时价格来确定的。

损失项目的确定已经在前面的阐述中表明，单位工时的价格各地均有明确规定，而对应损失项目的作业工时定额，汽车维修的主管部门则制定了详细的标准。表7-1和表7-2是2006年山东省修订的汽车维修部分作业项目的工时标准。

表7-1 汽车整车修理工时

轿车		工时/h	客车	工时/h	货车	工时/h
微型	MT	330	微型	316	微型	296
	AT	362				
普通型	MT	440	小型	普通 466	轻型	394
	AT	476		TDI 486		
中级	MT	530				
	AT	562				
中高级	MT	616	中型	普通 660	中型	502
	AT	646		TDI 690		
高级	MT	696	大型	普通 812	重型	608
	AT	736		TDI 842		

表7-2 轿车整车修理分项工时

序号	项目	工时/h	微型		普通型		中级		中高级		高级	
			MT	AT	MT	AT	MT	AT	MT	AT	MT	AT
	整车工时合计		330	362	440	476	530	562	616	646	696	736
1	发动机附离合器		70	70	90	90	100	100	120	120	130	130

(续)

序号	项目\工时/h	微型 MT	微型 AT	普通型 MT	普通型 AT	中级 MT	中级 AT	中高级 MT	中高级 AT	高级 MT	高级 AT
2	变速器附传动轴	18	50	28	60	38	70	44	80	50	90
3	前悬架（含前轮制动）	26	26	34	34	42	42	46	46	52	52
4	后桥后悬架（含后轮制动）	20	20	28	28	36	36	40	40	46	46
5	制动转向	20	20	24	24	30	30	40	40	48	48
6	空调采暖	10	10	14	14	20	20	24	24	30	30
7	电器（不含发动机）	34	34	40	40	50	50	56	56	64	64
8	车身、车架	60	60	80	80	90	90	100	100	110	110
9	喷漆烤漆	60	60	90	90	110	110	130	130	150	150
10	竣工检测调试	12	12	12	12	14	14	16	16	16	16

（1）更换、拆装项目的工时确定　事故车辆修理中更换项目与拆装项目的工时绝大多数相似，有时甚至相同。所以通常将更换与拆装作为同类工时处理。

确定汽车碰撞损失的更换、拆装项目工时标准时，可以先查阅生产厂家有无相应的工时定额，如果有，再根据当地的工时单价计算相应的工时费。在我国，汽车生产厂家几乎没有一家在销售汽车的同时向汽车购买者告知汽车碰撞损失后的修理费用。汽车发生事故后往往出现汽车所有者与生产厂家的售后服务站和保险公司因价格差异较大而产生矛盾。

如果无法查到汽车生产厂家相应的工时定额，可以查阅汽车维修主管部门制定的工时定额标准。

部分进口乘用车可从《MITCHELL 碰撞估价指南》中查到各项目换件和拆装所需要的工时。

（2）修理件的工时确定　汽车零件修理工时的确定与更换工时的确定非常复杂，原因主要有以下几点：

① 零件价格差异的影响。一般来说，零件的价格决定着零件修理工时的上限，同样一个零件，在不同的汽车上差距甚远，从而造成同样一个零件修理工时差距非常大。例如，同样是发动机舱盖，零件价格从 300 元至 10000 元不等，从而造成其修理工时从 2～100h 不等。

② 地域差异的影响。由于地域的差异，同样一个零件在甲地市场的价格是 100 元，而在乙地市场的价格是 200 元，同样的损失程度，在乙地被认为应该修理，而在甲地则认为不值得修理。所以，同样一个零件在甲地的修理工时范围可能是 1～2h，而在乙地的修理工时可能是 1～4h。

③ 修理工艺差异的影响。由于修理工艺的不同，也会导致汽车修理件工时的巨大差异。如汽车碰撞后导致的车门轻微凹陷，如果修理厂无拉拔设备，校正车门就必须拆下车门内饰板；而采用拉拔设备，则无须增加这部分作业工作量，这样车门的校正工时差距就会很大。又如桑塔纳普通型汽车的发动机缸盖因碰撞造成的发电机支架处断裂，按正常的修理工艺是

可以采取氩弧焊工艺焊接的，实际评估时会发现某地根本就没有氩弧焊制备，如果送到有氩弧焊设备的地方加工，往往因时间、运费等原因又不现实。

由于上述客观原因的存在，造成汽车零件修理工时定额的制定相当困难，美国MITCHELL国际公司在《MITCHELL碰撞估价指南》对修理工时的描述也未做出明确规定。实际上，评估人员应当根据自己的理论知识和实践经验，结合评估基准点的实际情况与当地的《汽车维修工时定额与收费标准》，较准确地确定修理工时。同时我们也呼吁汽车制造商应该编制本企业所产汽车的碰撞评估指南。

(3) 辅助工时的确定　修理作业中除包括更换件工时、拆装件工时、修理工时外，还应包括辅助作业工时。辅助工时通常包括：

把待修汽车安放到修理设备上并进行故障诊断所需的工时。

用推拉、切割等方式拆卸撞坏的零部件所需的工时。

相关零部件的矫正与调整所需要的工时。

去除内漆层、沥青、油脂及类似物质所需要的工时。

修理生锈或腐蚀的零部件所需要的工时。

松动锈死或卡死的零部件所需要的工时。

检查悬架系统和转向系统的定位所需要的工时。

拆去破碎的玻璃所需要的工时。

更换防腐蚀材料所需要的工时。

修理作业中当温度超过60℃时，拆装主要计算机模块所需要的工时。

拆卸安装车轮和轮罩所需要的工时。

虽然每项工时都不大，但对于较大的碰撞事故，各作业项累计后的工时通常是不能忽视的。

最后必须注意：将各类工时累加时，各损失项目在修理过程中有重叠作业项目时，必须考虑将劳动时间适度核减。

3. 烤漆费用的确定

汽车修理烤漆收费的标准全国各地不尽相同，有按面积计费的，有按幅计费的，但基本上都是按面积乘以漆种单价作为计价基础。

(1) 面积的计算方法　烤漆面积的计算，除笼统计算外，还有如下一种根据实践总结出来的计算方法。

计算单位按 m^2，不足 $1m^2$ 时，按 $1m^2$ 计价，第2个 $1m^2$ 按 $0.9m^2$ 计算，第3个 $1m^2$ 按 $0.8m^2$ 计算，第4个 $1m^2$ 按 $0.7m^2$ 计算，第5个 $1m^2$ 按 $0.6m^2$ 计算，第6个 $1m^2$ 以后，每 $1m^2$ 按 $0.5m^2$ 计算。

这一计算方式可以供业内人士参考。原因很简单：在价格因素中包括了作为漆料的原材料价格，更包括了辅助作业在内的各项操作项目的价格，如调漆、喷漆区域周边的防护作业、实施喷漆、烘烤等，许多项目的作业工作量与喷漆面积并非成正比增加。

例如：某车需烤漆 $8.8m^2$，计算结果为

烤漆面积 = 1+0.9+0.8+0.7+0.6+0.5+0.5+0.5+0.5 = $6m^2$

(2) 漆种单价的确定

① 确定漆种。现代汽车的面漆有喷漆或瓷漆，喷漆与瓷漆的不同点在于其干燥和固化的方式不同。喷漆通过溶剂的挥发而干燥，瓷漆和聚氨酯类漆的干燥则通过溶剂的挥发与油漆中分子的交联作用来实现，简单地说，喷漆的固化过程为物理变化，而瓷漆的固化过程是物理和化学变化的过程。

现场用蘸有硝基漆稀释剂（香蕉水）的白布摩擦漆膜，观察漆膜溶解程度，如漆膜溶解，并在白布上留下印迹，则是喷漆，反之为瓷漆。如果是瓷漆，再用砂纸在损伤部位的漆面轻轻打磨几下，鉴别是否漆了透明漆层，如果砂纸磨出白灰，就是透明漆层，如果砂纸磨出颜色，就是单级有色漆层。最后借光线的变化，用肉眼看一看颜色有无变化，如果有变化为变色漆。通过上述方法，可将汽车面漆分为四类：硝基喷漆、单涂层烤漆（常为色漆）、双涂层烤漆（常为银粉漆或珠光漆）、变色烤漆。

② 确定漆种单价。市场上所能购买的面漆大多为进口和合资品牌，世界主要汽车面漆的生产厂家，如美国的杜邦和PPG、英国的ICI、荷兰的新劲等，单价都不一样，估价时常采用市场公众都能够接受的价格。

单位面积的烤漆费用包括材料费和工时费。在经济发达地区，材料费较低而工时费较高；在经济相对落后地区，材料费较高而工时费较低。结合起来，每平方米烤漆费用差别不大。

③ 汽车塑料件烤漆。由于塑料与金属薄板的物理性能不同，在塑料上烤漆与在金属薄板表面烤漆也存在差异。由于其对塑料有很好的附着性能，多数硬塑料不需使用塑料底漆，而柔性塑料由于易膨胀、收缩和弯曲，应在漆层的底层喷涂塑料底漆，并在面层漆中加入柔软剂，否则就会产生开裂和"起皮"的现象。所以在柔性塑料上烤漆的成本会比在金属薄板表面的烤漆费用略有增加，费用可考虑增加5%～10%。

7.4.3 汽车的修复价值

对于事故车辆来说，如果损失轻微，当然可以通过维修达到复原；如果损失较重，一般也可以通过维修恢复其性能；但如果损失严重，就要考虑是否仍然具有修复价值。如果修复费用明显小于重置费用，当然有必要修复；如果修复费用接近于重置费用甚至大于重置费用，一般来说就没有修复的必要了。

1. 确定更换零配件的材料价格

在汽配市场上，一个零配件会有多种价格，如何采价也是困扰机动车辆评估业的一大难题。根据评估学及保险学的原理，评估的基准时点应以出险时间为评估基准时，以出险地为评估基准地，以重置成本法为评估基本方法，这样我们就可以得到一种价格。专业机动车公估公司都有自己的采价和报价系统，如美国的 MITCHELL 国际公司、德国的 DEKRA 公司，

我国杭州的机动车辆保险理赔参考资料调研中心、北京的精友公司等。材料的采价和报价是一个系统工程,它是由一组、一群专业人员,或者是一个专业公司来完成的,如各种专业的汽配报价公司。

注意:由于我国不允许经销旧汽车配件,在确定材料价格时不得使用旧汽车配件的价格。

2. 关于汽车的修复价值

从理论上讲,任何一辆损坏的汽车都可以通过修理恢复到事故之前甚至和新车一样的状况。但是,这样往往是不经济的或没有意义的。

(1) 汽车现值　汽车均有一定的使用寿命,在事故发生前的价值,称为汽车现值或实际价值(有些保险合同对实际价值有特殊定义)。

虽然事故发生前的状况已不复存在,但是有经验的评估人员还是可以根据现场状况比较准确地评估出被评估汽车的现值。汽车现值或实际价值还可通过相关资料及查询后的信息对评估结果进行修正。

汽车现值不能简单等同于汽车的使用年限折旧后的价值,这是评估从业人员必须明确的一个问题。根据车型的不同、新车销售价格的变化、目前该款车型在汽车市场上被推崇的程度、该具体车辆是否发生过重大损坏事故等因素,汽车的现值有可能高于或低于汽车的使用年限折旧后的价值。

(2) 推定全损　虽然具体被评估的事故汽车肯定还有一定的价值,但当其修复费用已达到或超过现值时,则可以被推定为全损。

(3) 修复价值　当被评估汽车达到全损或推定为全损时,则被评估汽车已无修复价值。

当碰撞造成损失较大时,必须对被评估汽车的修复价值进行评定。否则,评估报告很容易引起双方的纠纷,因为它违反了财产保险的损失补偿原则。

3. 确定损失车辆的残值

在对事故车辆的损失进行评估时,经常需要确定更换件的残值。在实际操作中,残值大多数折给了汽车修理厂所有,在评估实务中,汽车残值的实际价值通常会高于评估单上的残余价值。

当事故造成的损失较大,更换件也较多,委托人通常会要求公估公司确定残值。残值的确定通常有以下几步:

① 列出更换项目的清单。
② 将更换的旧件分类。
③ 估定各类旧件的质量。
④ 根据旧材料价格行情确定残值。

 **思考与练习**

1. 汽车碰撞损坏分为哪几类？
2. 发动机、变速器拖底后，容易造成哪些损失？
3. 汽车被水浸泡后，容易造成哪些损失？
4. 为什么发动机进水会导致连杆弯曲，甚至捣坏气缸壁？

第 8 章　二手车交易实务

在买卖二手车的过程中,二手车的各种身份证明,也就是我们常说的"过户手续"非常重要,手续是否齐全不但影响二手车交易的速度,而且还会影响交易价格。因此我们在交易二手车过程中务必要遵章办事,不留后患,严格遵照二手车鉴定评估流程和正确交易过程,以保证自己的合法权益。

8.1　二手车鉴定评估流程

二手车鉴定评估工作程序,也称为二手车鉴定评估操作程序,是指二手车鉴定评估机构在承接具体的车辆评估业务时,从接受立项、受理委托到完成评估任务、出具鉴定评估报告全过程的具体步骤和工作环节。二手车鉴定评估工作程序具体的工作步骤如图 8-1 所示。

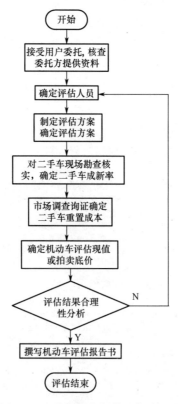

图 8-1　二手车鉴定评估工作流程图

8.2 二手车交易流程

二手车交易是一种产权交易,是实现二手车所有权从买家到卖家的转移过程,二手车必须完成所有权转移登记(即过户)才算是合法、完整的交易,交易过程所涉及的内容主要有以下几个方面。

8.2.1 二手车交易的证件和证件检查

1. 二手车手续

二手车的手续是指机动车上路行驶,按照国家法规和地方法规应该办理的各项有效证件和应该缴纳的各项税费凭证。二手车属特殊商品,它的价值包括车辆实体本身的有形价值和以各项手续构成的无形价值,只有手续齐全,才能发挥机动车辆的实际效用,才能构成车辆的全价值。如果某汽车购买使用一段时间以后,一直不按规定年检、缴纳各种规费,那么这辆车只能闲置,不能发挥效用,这样的车技术状况再好,其价值也几乎等于零。

2. 二手车交易的证件

(1) 机动车来历凭证 机动车来历凭证分新车来历凭证和旧车来历凭证。

新车来历凭证是指经国家工商行政管理机关验证盖章的机动车销售发票。其中没收的走私、非法拼(组)装汽车、摩托车的销售发票是国家指定的机动车销售单位的销售发票。

旧车来历凭证是指经国家工商行政管理机关验证盖章的二手车交易发票。除此之外,还有因经济赔偿、财产分割等所有权发生转移,由人民法院出具的发生法律效力的判决书、裁定书、调解书。

从机动车来历凭证,可以看出车主购置车辆日期和原始价值。机动车原值是二手车鉴定评估的评估参数之一。从目前的情况看,由于二手车鉴定评估没有统一的、科学的定价标准,二手车交易凭证不能反映车辆购置日期的重置成本。

(2) 机动车行驶证 机动车行驶证是由公安车辆管理机关依法对机动车辆进行注册登记核发的证件,它是机动车取得合法行驶权的凭证。农用拖拉机由当地公安交通管理部门委托农机监理部门核发证件。

机动车行驶证是机动车上路行驶必须携带的证件,也是二手车过户、转籍必不可少的证件。

(3) 机动车号牌 机动车号牌是由公安车辆管理机关依法对机动车辆进行注册登记核发的号牌,它和机动车行驶证一同核发,其号牌字码与行驶证号牌应该一致。公安交通管理机关严禁无号牌的机动车辆上路行驶,机动车号牌严禁转借、涂改和伪造。

(4) 轿车定编证 轿车是国家规定的专项控制商品之一,轿车定编证是各地方政府落实国务院关于严格控制社会集团购买力的通知精神,由各地方政府控制社会集团购买力办公室签发的证件。国家为了支持轿车工业的发展,后来又发出通知决定取消购买轿车控购审批。各地方政府根据各地实际情况，所执行控购的情况各不相同。

（5）道路运输证　道路运输证是县级以上人民政府交通主管部门设置的道路运输管理机构对从事旅客运输（包括城市出租客运）、货物运输的单位和个人核发的随车携带的证件，营运车辆转籍过户时，应到运管机构及相关部门办理营运过户有关手续。

（6）准运证　准运证是广东、福建、海南三省口岸进口并需运出三省以及三省从其他口岸进口需销往外省市的进口新旧汽车，必须经国家内贸局审批核发的证件。准运证一车一证，不能一证多车。

（7）其他证件　即买卖双方身份证明或居民身份证。这些证件主要是向注册登记机关证明机动车所有权转移的车主身份证明和住址证明。

（8）二手车的税费缴纳凭证

① 车辆购置附加费：车辆购置附加费是由国务院于1985年4月2日发文，决定对所有购置车辆的单位和个人，包括国家机关和单位一律征收车辆购置附加费，其目的是切实解决发展公路运输事业与国家财力紧张的突出矛盾，将车辆购置附加费作为我国公路建设的一项长期稳定的资金来源。车辆购置附加费由交通部门负责征收，基金的使用由交通部按照国家有关规定统一安排，车辆购置附加费的征收标准，一般是车辆价格的10%左右。按照国家规定，车辆购置附加费的征收和免征范围如下：

a）国内生产和组装（包括各种形式的中外合资和外资企业生产和组装的）并在国内销售和使用的大、小客车，通用型载货汽车，越野车，客货两用汽车，摩托车（二轮、三轮），牵引车，半挂牵引车以及其他运输车（如厢式车、集装箱车、自卸汽车、液罐车、粉状粒状物散装车、冷冻车、保温车、牲畜车、邮政车等）和挂车、半挂车、特种挂车等。

b）国外进口的（新的和旧的）前款所列车辆。

下列车辆免征车辆购置附加费：

a）设有固定装置的非运输用车辆。

b）外国驻华使领馆自用车辆，联合国所属驻华机构和国际金融组织自用车辆。

c）其他经交通部、财政部批准免征购置附加费的车辆。

② 机动车辆保险费：保险费是为了防止机动车辆发生意外事故，避免用户发生较大损失而向保险公司所交付的费用。该项费用各地区有所不同，缴纳时按本地区保险费用交付。机动车辆保险，就是各种机动车辆在使用过程中发生肇事造成车辆本身以及第三者人身伤亡和财产损失后的一种经济补偿制度。保险险种有车辆损失险、第三者责任险、车辆风窗玻璃单独破碎险、乘客意外伤害责任险、驾驶人意外伤害责任险和机动车辆盗抢险等。其中第三者责任险是强制性的，必须投保。车辆损失险和机动车辆盗抢险两种应重点投保。

③ 车船使用税：国务院1986年发布《中华人民共和国车船使用税暂行条例》规定，凡在中华人民共和国境内拥有车船的单位和个人，都应该依照规定缴纳车船使用税，这项税收按年征收，分期缴纳。

④ 公路养路费：公路养路费是交通管理部门规定车辆所有者在使用车辆所占道路应缴的费用。它是国家按照"以路养路，专款专用"的原则，规定由交通部门向有车单位或个人征收的用于养路和改善公路的专项事业费。拥有车辆的单位和个人，必须按照国家规定，

向公路养护部门缴纳养路费，缴纳养路费的车辆发给养路费缴讫证，免征的车辆也要有免缴证，此证是机动车通行公路的必备证件之一。根据《中华人民共和国公路法》，国家将用"燃油附加税"替代养路费，国务院决定，成品油税费改革自2009年1月1日起实施。

⑤ 客、货运附加费：客、货运附加费是国家本着取之于民、用之于民的原则，向从事客、货营运的单位或个人征收的专项基金。它属于地方建设专项基金，各地征收的名称叫法不一，收取的标准也不尽相同。客运附加费是用于公路汽车客运站、客运点设施建设的专项基金；货运附加费是用于港航、站场、公路和车船技术改造的专项基金。

3. 二手车交易的证件检查

一般二手车交易应该检查的证件和凭证有买卖双方证明或居民身份证、购车发票复印件、机动车行驶证、营运车辆外卖单、车辆购置附加费、公路养路费缴讫证、车辆保险、车船使用税、客运附加费、货运附加费及地方政府规定缴纳的税费凭证。对轿车进行控购的地方，还应检查轿车定编证。由广东、福建、海南三省口岸进口运出三省，以及三省从其他口岸进口需销往外省市的进口二手车，还应检查准运证。检查基本内容如下：

① 核实委托评估的车辆产权。上述证件分别是一车一证，一套证件其车主的单位名称或个人姓名、发动机号、车架号等均应一致。

② 检查车辆原始发票或二手车交易凭证，了解购置日期和账面原值，是否经工商行政管理机关验证盖章。

③ 交易车辆是否到公安车辆管理机关临时检验，查看机动车行驶证副页检验栏目是否盖有检验专用章，填注检验有效时间是否失效。

④ 查看机动车行驶证上的号牌、发动机号、车架号码与车辆实物是否一致，如发现不一致或有改动、凿痕、锉痕、重新打刻、垫支金属块等人为改变或毁坏的，应及时向公安机关报告，扣车审查。

⑤ 车辆购置附加费是否真实有效。

⑥ 是否缴纳当年的车船使用税。

⑦ 是否按国家规定购买第三者责任保险。

⑧ 检查营运车辆外卖单。外卖单是营运车辆转籍过户时向运输管理机构及相关部门办理的一套手续，该手续涉及车主各项规费的缴纳，是否违法经营等综合管理方面的问题。故这一手续，一般由营运单位或个人自己办理后，再行交易。

⑨ 检查各种证件的真伪。

4. 二手车交易中证件识伪

机动车是高价商品，一方面违法者总是试图从这里寻找突破口，从中获取暴利；另一方面用户利益一旦受到损失，不仅金额巨大，而且往往带来许多难以解决的后续问题。因此，提醒大家要防止假冒欺骗行为。

二手车交易的手续证件和税费凭证，违法者都可能伪造，他们伪造的主要目的有三个：一是将非法车辆挂上伪造牌号，携带伪造行驶证非法上路行使，以蒙骗公安交通管理部门的检查；二是伪造各种税费凭证，企图拖、欠、漏、逃应缴纳的各种规费；三是在交易中以伪造证件，蒙骗用户从中获取暴利。常见的伪造证件和凭证有机动车号牌、机动车行驶证、车辆购置附加费、公路养路费票证、准运证。

（1）机动车号牌的识伪　非法者常以非法加工、偷牌拼装等手段伪造机动车号牌。国家规定，机动车号牌生产实行准产管理制度，凡生产号牌的企业，必须申请号牌准产证，经省级公安交通管理部门综合评审，对符合条件的企业发给《机动车号牌准产证》。其号牌质量必须达到公安行业标准，而且号牌上加有防伪合格标记。因此，机动车号牌的识伪方法有：一是看号牌的识伪标记；二是看号牌底漆颜色深浅；三是看白底色或凸字体是否涂以反光材料；四是查看号牌是否按规格冲压边框、字体是否模糊等。

（2）机动车行驶证的识伪　国家对行驶证的制作也有统一规定，为了防止伪造行驶证，行驶证塑封套上有用紫光灯可识别的不规则的与行驶证卡片上图形相同的暗记，并且行驶证上按要求粘贴车辆彩色照片，因此机动车行驶证最好的识伪方法，就是查看识伪标记；然后查看车辆彩照与实物是否相符；最后检查行驶证上的印刷字体字号、纸质、印刷质量，并与车辆管理机关核发的行驶证式样进行比较认定。一般来说，伪造行驶证纸质差，印刷质量模糊。

（3）车辆购置附加费和公路养路费凭证的识伪　车辆购置附加费单位价值大，曾经有一段时间，有些单位和个人千方百计逃避附加费的征收，造成漏征现象。也有少数不法分子伪造、倒卖车辆购置附加费凭证。他们对那些漏征、来历不明或欠缴、漏缴养路费的车辆在交易市场上以伪造凭证蒙骗坑害用户，从中获取暴利。车辆购置附加费和公路养路费凭证真伪的识别一是以对比法进行认定，二是到征收机关查验。

（4）准运证的识伪　有一段时期，伪造"准运证"的现象十分突出，有时这些假证还会在路途检查中蒙混过关。因此，购买这类车辆时要注意这些证件的真伪和有效性。鉴别方法：一是请当地市以上的工商行政管理机关、内贸管理部门或公安车辆管理部门帮助认定；二是自己寻找现行的由国家内贸部门会同有关部门下发的"准运证"式样进行对比认定。国家内贸部门发放的"准运证"式样是不定期更换的，要注意"准运证"的时效性。

8.2.2　二手车交易过户、转籍的办理程序

1997年5月20日，公安部关于印发《机动车注册登记工作规范》的通知中，规范了二手车交易过户、转籍登记行为。全国车辆管理机关在执行这一法定程序时，由于各地区情况不一，在执行时根据实际情况略有变化。对二手车鉴定评估人员来说，除了掌握二手车交易过户、转籍的办理程序以外，也有必要熟悉新机动车牌号、行驶证的核发程序。

没有注册的机动车辆向公安车辆管理机关申请号牌和行驶证的登记，需要准备如下事项：

① 领取和填写《机动车登记表》一式三份，经单位、自检组盖章，填写自检组代码，私车还需填写车主居民身份证号码并准备车主居民身份证复印件一份。

② 提供车辆合法来历证明。车辆销售发票（须经工商行政管理机关验证盖章）、车辆合格证（或货物进口证明书及商检证或没收证明书）。

③ 在当地财产保险公司参加第三者责任险。
④ 在当地车辆购置附加费办公室办理"缴费凭证"或"免缴凭证"。
⑤ 提供车辆编控证明：

轿车型、旅行型、吉普型小客车及其改装的专用车需"轿车定编证"和"控购证明"；大货车需"载重汽车新增审批证明"；大客车、摩托车（除正三轮摩托车外）需"控购证明"；出租客运轿车须办"轿车定编证"和"客运出租汽车经营审批证明"。

注：三资企业、私营企业、私人自用车辆、小型特种车均不需"控购证明"。

8.2.3 二手车转籍登记

1. 车辆转入

车辆转入是指在外地登记注册的车辆办理转出手续后，持外地车辆管理所封装的档案在本市申领号牌和行驶证。

车主需持下述资料在车辆管理所办理转入档案的审核，经审核符合要求并签注意见后，车主参照新车初次注册登记程序依次进行。
① 外地转入的机动车档案。
② 车辆财产转移证明或车主工作地址变动申请入籍报告。
③ 属于规定需定编的车辆持新办"轿车定编证"或"控购证明"。
④ 领填《机动车登记表》一式三份，经单位、自检组盖章，填写自检组代码，私车还须填写居民身份证号码并带车主居民身份证复印件一份。

2. 车辆转出

车辆转出是指本市已注册登记的车辆，因车主工作地址变动或车辆转往外地时，办理的车辆档案转出。
① 车主持双方证明和行驶证在车辆管理所签发《机动车辆交易申请单》后到机动车交易市场取得交易发票。
② 凭车辆财产转移证明（交易发票、调拨证明、司法证明、政府批文、车主工作地址变动申请报告）到原车主所辖交通大队提取该车《机动车登记表》。

3. 办理程序

车辆检验—登记审核—核发号牌—固封号牌—车辆照相—核发行驶证。
① 车主持登记表、车辆发票、合格证到车辆管理所办理"市内移动证"，车辆到车辆管理所的机动车安全技术检测站进行安全技术检验（对部分国产车型不再进行安全性能检测，仅确认车辆型号、车身颜色、车架号码、发动机号码），领取车辆检测记录单。
② 车主持上述资料到车辆管理所办理登记审核手续并缴费后，领取机动车行驶证《待办凭证》，凭《待办凭证》领取新号牌，将车开到车辆管理所"车辆装牌、照相处"接受安装、固封号牌和车辆照相，十五天内凭《待办凭证》到车辆管理所领取行驶证。

车主领到行驶证后还应办理车船使用税的纳税事宜；办理"轿车定编证"回执登记；办理"车辆购置附加费"回执登记；办理养路费缴纳事宜。

③ 出让方填写《机动车定期检验表》一份并加盖公章，填写《机动车档案异动卡》一份。

④ 机动车行驶证和号牌。

8.2.4 二手车过户

1. 跨区过户准备事项

① 车主持双方证明和行驶证在车辆管理所签发《机动车辆交易申请单》后到机动车交易市场取得交易发票。

② 新车主（受让方）填写《机动车登记表》一式三份，经单位、自检组盖章，填写自检组代码，私车还须填写车主居民身份证号码并带车主居民身份证复印件一份。

③ 凭车辆财产转移证明（交易发票、调拨证明、司法证明、政府批文）到原车主所辖交通大队提取该车《机动车登记表》。

④ 属定编车辆的持新办"轿车定编证"或"控购证明"。

⑤ 车辆原号牌和行驶证。

车主持上述资料到车辆管理所办理过户登记手续，领取《待办凭证》，凭《待办凭证》领取新号牌，将车开到车辆管理所"车辆装牌、照相处"接受安装、固封号牌和车辆照相，十五天内凭《待办凭证》到车辆管理所领取新行驶证。

2. 本区过户准备事项

① 车主持双方证明和行驶证在车辆管理所签发《机动车辆交易申请单》后到机动车交易市场取得交易发票。

各类机动车过户领取行驶证后，新车主需持车辆财产转移证明到各主管部门办理"轿车定编证""车辆购置附加费凭证"和"车辆养路费证"的过户、回执事宜。

② 新车主（受让方）填写《机动车过户审批申请表》一式两份，经单位、自检组盖章，填写自检组代码，私车还须填写车主居民身份证号码并带车主居民身份证复印件一份。

③ 机动车行驶证。

④ 属定编车辆的持新办"轿车定编证"或"控购证明"。

⑤ 交易发票或调拨证明、司法证明、政府批文。

车主持上述资料到车辆管理所办理过户登记手续，领取《待办凭证》后，将车开到车辆管理所"车辆装牌、照相处"进行车辆照相。十五天内凭《待办凭证》到车辆管理所领取新行驶证。

8.3 二手车销售实务

二手车销售过程和新车销售过程区别不大。但由于二手车的独特性以及二手车的展示方式不同，销售过程要做一些小的调整。二手车销售的步骤大致有以下几个方面：

1. 招呼顾客

初步接触二手车的潜在顾客与接触新车顾客不同，因为和二手车顾客接触通常发生在当他或她检查展示中的某一辆二手车时。大部分有经验的营销人员都会延迟打招呼，直到他们觉得顾客已经看过了存货中的一些产品。招呼顾客过于匆忙只会让顾客感到烦躁。一旦招呼顾客，就应像招呼新朋友一样，欢迎、介绍以及出示自己的业务卡这些工作都必须像招呼新车顾客一样。谈论天气或者顾客选出的车辆是打破僵局的好办法。问顾客姓名的最好时间是在打招呼时。当销售员介绍完自己后，就应询问顾客的姓名并找机会把名字写下来，温暖、诚挚的招呼正是销售过程的开始。

2. 询问和面谈

询问顾客对二手车的有关需要、期望是整个销售过程中必不可少的一部分，但也不一定是整个销售过程所分出的完全独立的一部分。营销人员首先要了解知道：顾客是否想购买二手车，顾客想要哪种型号的二手车，车辆将被用作何种用途，顾客想要开多少里程数，二手车的哪些性能特点较重要，顾客能承受的预算价格范围或每月支付额是多少，顾客多久就要用车等。

随着销售过程的深入，营销人员在了解顾客特定需求、欲望的基础上还要问一些其他重要问题。每一个问题及其回答都是顾客购买或不购买的因素的提示。

3. 推销自己、经销企业还有产品

在销售过程中，营销人员还要积极提供顾客感兴趣的关于经销商、营销人员和产品的有关情况。这些情况应包括营销人员自己的经历背景和个人成就。此外，营销人员还应谈到经销商的成熟性以及价值观。整个销售过程都应设计好并反复练习，以确保顾客对营销人员和经销商的信心。

4. 推荐产品

一旦顾客选定车辆，营销人员就应发动这辆车驶出展台停泊的位置，以便顾客和营销人员有足够的空间绕车走动，全面检查车辆。就像营销人员为新车做六点走动介绍一样，以同样的步骤为二手车做介绍。

5. 演示

观察完后，下一步很自然是邀请顾客坐进车内进行演示性驾驶。营销人员应确保顾客愿意驾车试试看。当然，驾驶还得由营销人员先进行，并且在驾驶途中要不断变换使用车辆主要的零部件。事先应有设计好的演示路线，包括各种路况，但为安全起见，不宜有左手拐弯的道路。

6. 服务部门之行

演示驾驶返回经销商处后，应引导顾客去服务部门。这也可以在演示驾驶返回途中将示范车停在服务部门附近。顾客走访服务部门非常重要，这样他们才会相信经销商会在售后提供服务。

7. 检验步骤

此时，营销人员需要暂时中断一下销售过程，有两个原因。营销人员需要回顾一下他（她）现在处在销售过程中的哪一步，有没有选出正确的车辆，顾客是否接受价格，顾客是否会立即购买。换句话说，就是营销人员是否正在向成功达成交易前进，如果不是，应立即采取哪些措施。顾客也需要时间来讨论一下他们的决定。这个中断正是顾客做出决定所需要的。

如果所有为完成交易的各项上述情况都正常，营销人员可以继续以下的步骤。如果情况是不适合立即达成交易的，营销人员和经理就应决定采取哪些措施使顾客考虑在将来再与经销商达成交易。

8. 签约

签约是销售过程自然的延续。它将关于车辆交易的所有口头协议都变成书面的，这一步当中营销人员还要报价。很多情况下，高级营销员和一般营销员的区别主要就在于报价能力的高低。价格和付款方式写在文件上，通常都称之为"买方报价"，保质期以及顾客的其他权利和要求都将被讨论并落实在文件上。

9. 交货

这对营销人员和顾客来说是"黄金时刻"。交付的车辆对营销人员来说可能是旧的，但对顾客来说却是新的。在完成所有必要的手续后，车辆应再提供给顾客看一看，检查车辆的所有性能以及演示各个零部件将使整笔交易变得更为具体、实在。就像交付新车一样，顾客应被介绍给服务部门经理或他的助手（一个专门的服务助手），并约好第一次售后服务的时间。这不仅使交货成为顾客印象深刻的仪式，而且还在顾客和服务部门之间建立了良好的关系。

10. 售后追踪

交货后五天内，营销人员应和顾客联系一次。现在的技术手段已使售后追踪提醒变得非常简单和有条理。经理人员应确保售后追踪被执行。汽车零售行业一直提倡这样的早期售后追踪，但目前很少这样做。营销人员应非常关注顾客的满意度。售后追踪不仅使顾客对自己的购买决定更加满意，还会吸引其他顾客。车主购车后很自然会向他的朋友和邻居展示他的"新"车。如果顾客对交易印象深刻，自然会向其他人推荐这家经销商和营销人员。

追踪某一特定的销售会产生较高的签约率，导致更高的销售量。成熟的营销人员会把握这一销售过程所提供的机会。对于缺乏经验的营销人员，必须有一个经理来掌握销售过程以实现交易。

附　　录

附录 A　国务院办公厅关于促进二手车便利交易的若干意见

国办发〔2016〕13 号

各省、自治区、直辖市人民政府，国务院各部委、各直属机构：

汽车业是国民经济重要的战略性、支柱性产业，是稳增长、扩消费的关键领域。目前，我国汽车保有量超过 1.7 亿辆，二手车市场潜力巨大。但二手车交易不便利、信息不透明等问题制约了二手车消费。为便利二手车交易，繁荣二手车市场，为新车消费创造更大的市场空间，同时带动汽配、维修、保险等相关服务业发展，经国务院同意，现提出以下意见：

一、营造二手车自由流通的市场环境。

各地人民政府要严格执行《国务院关于禁止在市场经济活动中实行地区封锁的规定》（国务院令第 303 号），不得制定实施限制二手车迁入政策。符合国家在用机动车排放和安全标准，在环保定期检验有效期和年检有效期内的二手车均可办理迁入手续，国家鼓励淘汰和要求淘汰的相关车辆及国家明确的大气污染防治重点区域（京津冀：北京、天津、河北，长三角：上海、江苏、浙江，珠三角：广州、深圳、珠海、佛山、江门、肇庆、惠州、东莞、中山等 9 个城市）有特殊要求的除外。已经实施限制二手车迁入政策的地方，要在 2016 年 5 月底前予以取消。（各地人民政府负责）

二、进一步完善二手车交易登记管理。

整合二手车交易、纳税、保险和登记等流程，开展一站式服务，对具备条件的二手车交易市场推行进场服务。简化二手车交易登记程序，不得违规增加限制办理条件。优化服务流程，推行二手车异地交易登记，便利交易方在车辆所在地直接办理交易登记手续。（商务部会同公安部、税务总局、保监会按照职责分工负责）

三、加快完善二手车流通信息平台。

建立二手车流通信息工作机制，积极整合现有资源，加强互联互通和信息共享，加快建立覆盖生产、销售、登记、检验、保养、维修、保险、报废等汽车全生命周期的信息体系。非保密、非隐私性信息应向社会开放，便于查询，符合国家有关要求的信息服务可以市场化运作，已经具备条件的行业信息要进一步加大开放力度。（商务部会同工业和信息化部、公安部、环境保护部、交通运输部、保监会按照职责分工负责）

四、加强二手车市场主体信用体系建设。

依法采集二手车交易市场、经销企业、拍卖企业、鉴定评估机构、维修服务企业以及其他市场主体的信用信息,建立二手车市场主体信用记录,纳入全国信用信息共享平台,并按照有关规定及时在企业信用信息公示系统以及"信用中国"网站予以公开,方便社会查询和应用。(商务部、国家发展改革委、环境保护部、交通运输部、税务总局、工商总局、保监会按照职责分工负责)

五、优化二手车交易税收政策。

按照"统一税制、公平税负、促进公平竞争"原则,结合全面推开营改增试点,进一步优化二手车交易税收政策,同时加强对二手车交易的税收征管。(财政部、税务总局按照职责分工负责)

六、加大金融服务支持力度。

加大二手车交易信贷支持力度,降低信贷门槛,简化信贷手续。支持二手车贷款业务,适当降低二手车贷款首付比例。加快开发符合二手车交易特点的专属保险产品,不断提高二手车交易保险服务水平。(银监会、保监会按照职责分工负责)

七、积极推动二手车流通模式创新。

推动二手车经销企业品牌化、连锁化经营,提升整备、质保等增值服务能力和水平。积极引导二手车交易企业线上线下融合发展,鼓励发展电子商务、拍卖等交易方式。推动新车销售企业开展二手车经销业务,积极发展二手车置换业务。(商务部、交通运输部按照职责分工负责)

八、完善二手车流通制度体系建设。

抓紧修订《二手车流通管理办法》,规范二手车交易行为,强化市场主体责任;加强消费者权益保护,确保消费放心、交易便捷、服务完备;明确监管职责,加强市场监管,规范交易秩序,促进二手车市场健康、有序发展。(商务部牵头负责)

各地区、各有关部门要充分认识便利二手车交易、促进二手车流通的重要意义,加强组织领导,健全工作机制,强化部门协同和上下联动,确保各项政策措施落到实处。各地区要根据本意见,结合地方实际研究制定具体实施方案,细化政策措施。商务部等有关部门要抓紧研究制定配套政策和具体措施,加强部门协作配合,共同开展好相关工作。

国务院办公厅
2016 年 3 月 14 日

附录 B　二手车流通管理办法

商务部　公安部　工商总局　税务总局令第 2 号

第一章　总　则

第一条　为加强二手车流通管理,规范二手车经营行为,保障二手车交易双方的合法权益,促进二手车流通健康发展,依据国家有关法律、行政法规,制定本办法。

第二条　在中华人民共和国境内从事二手车经营活动或者与二手车相关的活动,适用本办法。

本办法所称二手车，是指从办理完注册登记手续到达到国家强制报废标准之前进行交易并转移所有权的汽车（包括三轮汽车、低速载货汽车，即原农用运输车，下同）、挂车和摩托车。

第三条 二手车交易市场是指依法设立、为买卖双方提供二手车集中交易和相关服务的场所。

第四条 二手车经营主体是指经工商行政管理部门依法登记，从事二手车经销、拍卖、经纪、鉴定评估的企业。

第五条 二手车经营行为是指二手车经销、拍卖、经纪、鉴定评估等。

（一）二手车经销是指二手车经销企业收购、销售二手车的经营活动；（二）二手车拍卖是指二手车拍卖企业以公开竞价的形式将二手车转让给最高应价者的经营活动；（三）二手车经纪是指二手车经纪机构以收取佣金为目的，为促成他人交易二手车而从事居间、行纪或者代理等经营活动；（四）二手车鉴定评估是指二手车鉴定评估机构对二手车技术状况及其价值进行鉴定评估的经营活动。

第六条 二手车直接交易是指二手车所有人不通过经销企业、拍卖企业和经纪机构将车辆直接出售给买方的交易行为。二手车直接交易应当在二手车交易市场进行。

第七条 国务院商务主管部门、工商行政管理部门、税务部门在各自的职责范围内负责二手车流通有关监督管理工作。

省、自治区、直辖市和计划单列市商务主管部门（以下简称省级商务主管部门）、工商行政管理部门、税务部门在各自的职责范围内负责辖区内二手车流通有关监督管理工作。

第二章　设立条件和程序

第八条 二手车交易市场经营者、二手车经销企业和经纪机构应当具备企业法人条件，并依法到工商行政管理部门办理登记。

第九条 二手车鉴定评估机构应当具备下列条件：（一）是独立的中介机构；（二）有固定的经营场所和从事经营活动的必要设施；（三）有 3 名以上从事二手车鉴定评估业务的专业人员（包括本办法实施之前取得国家职业资格证书的旧机动车鉴定估价师）；（四）有规范的规章制度。

第十条 设立二手车鉴定评估机构，应当按下列程序办理：（一）申请人向拟设立二手车鉴定评估机构所在地省级商务主管部门提出书面申请，并提交符合本办法第九条规定的相关材料；（二）省级商务主管部门自收到全部申请材料之日起 20 个工作日内作出是否予以核准的决定，对予以核准的，颁发《二手车鉴定评估机构核准证书》；不予核准的，应当说明理由；（三）申请人持《二手车鉴定评估机构核准证书》到工商行政管理部门办理登记手续。

第十一条 外商投资设立二手车交易市场、经销企业、经纪机构、鉴定评估机构的申请人，应当分别持符合第八条、第九条规定和《外商投资商业领域管理办法》、有关外商投资法律规定的相关材料报省级商务主管部门。省级商务主管部门进行初审后，自收到全部申请材料之日起 1 个月内上报国务院商务主管部门。合资中方有国家计划单列企业集团的，可直接将申请材料报送国务院商务主管部门。国务院商务主管部门自收到全部申请材料3个月内会同国务院工商行政管理部门,作出是否予以批准的决定,对予以批准的,颁发或者换发《外商投资企业批准证书》;不予批准的,应当说明理由。

申请人持《外商投资企业批准证书》到工商行政管理部门办理登记手续。

第十二条 设立二手车拍卖企业(含外商投资二手车拍卖企业)应当符合《中华人民共和国拍卖法》和《拍卖管理办法》有关规定,并按《拍卖管理办法》规定的程序办理。

第十三条 外资并购二手车交易市场和经营主体及已设立的外商投资企业增加二手车经营范围的,应当按第十一条、第十二条规定的程序办理。

第三章 行 为 规 范

第十四条 二手车交易市场经营者和二手车经营主体应当依法经营和纳税,遵守商业道德,接受依法实施的监督检查。

第十五条 二手车卖方应当拥有车辆的所有权或者处置权。二手车交易市场经营者和二手车经营主体应当确认卖方的身份证明,车辆的号牌、《机动车登记证书》、《机动车行驶证》,有效的机动车安全技术检验合格标志、车辆保险单、交纳税费凭证等。

国家机关、国有企事业单位在出售、委托拍卖车辆时,应持有本单位或者上级单位出具的资产处理证明。

第十六条 出售、拍卖无所有权或者处置权车辆的,应承担相应的法律责任。

第十七条 二手车卖方应当向买方提供车辆的使用、修理、事故、检验以及是否办理抵押登记、缴纳税费、报废期等真实情况和信息。买方购买的车辆如因卖方隐瞒和欺诈不能办理转移登记,卖方应当无条件接受退车,并退还购车款等费用。

第十八条 二手车经销企业销售二手车时应当向买方提供质量保证及售后服务承诺,并在经营场所予以明示。

第十九条 进行二手车交易应当签订合同。合同示范文本由国务院工商行政管理部门制定。

第二十条 二手车所有人委托他人办理车辆出售的,应当与受托人签订委托书。

第二十一条 委托二手车经纪机构购买二手车时,双方应当按以下要求进行:(一)委托人向二手车经纪机构提供合法身份证明;(二)二手车经纪机构依据委托人要求选择车辆,并及时向其通报市场信息;(三)二手车经纪机构接受委托购买时,双方签订合同;(四)二手车经纪机构根据委托人要求代为办理车辆鉴定评估,鉴定评估所发生的费用由委托人承担。

第二十二条 二手车交易完成后,卖方应当及时向买方交付车辆、号牌及车辆法定证明、凭证。车辆法定证明、凭证主要包括:(一)《机动车登记证书》;(二)《机动车行驶证》;(三)有效的机动车安全技术检验合格标志;(四)车辆购置税完税证明;(五)养路费缴付凭证;(六)车船使用税缴付凭证;(七)车辆保险单。

第二十三条 下列车辆禁止经销、买卖、拍卖和经纪:(一)已报废或者达到国家强制报废标准的车辆;(二)在抵押期间或者未经海关批准交易的海关监管车辆;(三)在人民法院、人民检察院、行政执法部门依法查封、扣押期间的车辆;(四)通过盗窃、抢劫、诈骗等违法犯罪手段获得的车辆；（五）发动机号码、车辆识别代号或者车架号码与登记号码不相符，或者有凿改迹象的车辆；（六）走私、非法拼（组）装的车辆；（七）不具有第二十二条所列证明、凭证的车辆；（八）在本行政辖区以外的公安机关交通管理部门注册登记的车辆；（九）国家法律、行政法规禁止经营的车辆。

二手车交易市场经营者和二手车经营主体发现车辆具有（四）、（五）、（六）情形之一的，应当及时报告公安机关、工商行政管理部门等执法机关。

对交易违法车辆的，二手车交易市场经营者和二手车经营主体应当承担连带赔偿责任和其他相应的法律责任。

第二十四条 二手车经销企业销售、拍卖企业拍卖二手车时，应当按规定向买方开具税务机关监制的统一发票。

进行二手车直接交易和通过二手车经纪机构进行二手车交易的，应当由二手车交易市场经营者按规定向买方开具税务机关监制的统一发票。

第二十五条 二手车交易完成后，现车辆所有人应当凭税务机关监制的统一发票，按法律、法规有关规定办理转移登记手续。

第二十六条 二手车交易市场经营者应当为二手车经营主体提供固定场所和设施，并为客户提供办理二手车鉴定评估、转移登记、保险、纳税等手续的条件。二手车经销企业、经纪机构应当根据客户要求，代办二手车鉴定评估、转移登记、保险、纳税等手续。

第二十七条 二手车鉴定评估应当本着买卖双方自愿的原则，不得强制进行；属国有资产的二手车应当按国家有关规定进行鉴定评估。

第二十八条 二手车鉴定评估机构应当遵循客观、真实、公正和公开原则，依据国家法律法规开展二手车鉴定评估业务，出具车辆鉴定评估报告；并对鉴定评估报告中车辆技术状况，包括是否属事故车辆等评估内容负法律责任。

第二十九条 二手车鉴定评估机构和人员可以按国家有关规定从事涉案、事故车辆鉴定等评估业务。

第三十条 二手车交易市场经营者和二手车经营主体应当建立完整的二手车交易购销、买卖、拍卖、经纪以及鉴定评估档案。

第三十一条 设立二手车交易市场、二手车经销企业开设店铺，应当符合所在地城市发展及城市商业发展有关规定。

第四章 监督与管理

第三十二条 二手车流通监督管理遵循破除垄断，鼓励竞争，促进发展和公平、公正、公开的原则。

第三十三条 建立二手车交易市场经营者和二手车经营主体备案制度。凡经工商行政管理部门依法登记，取得营业执照的二手车交易市场经营者和二手车经营主体，应当自取得营业执照之日起2个月内向省级商务主管部门备案。省级商务主管部门应当将二手车交易市场经营者和二手车经营主体有关备案情况定期报送国务院商务主管部门。

第三十四条 建立和完善二手车流通信息报送、公布制度。

二手车交易市场经营者和二手车经营主体应当定期将二手车交易量、交易额等信息通过所在地商务主管部门报送省级商务主管部门。省级商务主管部门将上述信息汇总后报送国务院商务主管部门。国务院商务主管部门定期向社会公布全国二手车流通信息。

第三十五条 商务主管部门、工商行政管理部门应当在各自的职责范围内采取有效措施，加强对二手车交易市场经营者和经营主体的监督管理，依法查处违法违规行为，维护市场秩序，保护消费者的合法权益。

第三十六条 国务院工商行政管理部门会同商务主管部门建立二手车交易市场经营者和二手车经营主体信用档案，定期公布违规企业名单。

第五章 附 则

第三十七条 本办法自2005年10月1日起施行，原《商务部办公厅关于规范旧机动车鉴定评估管理工作的通知》（商建字［2004］第70号）、《关于加强旧机动车市场管理工作的通知》（国经贸贸易［2001］1281号）、《旧机动车交易管理办法》（内贸机字［1998］第33号）及据此发布的各类文件同时废止。

附录C 二手车交易规范

商务部公告2006年第22号

二〇〇六年三月二十四日

第一章 总 则

第一条 为规范二手车交易市场、经营者和二手车经营主体的服务、经营行为，以及二手车直接交易双方的交易行为，明确交易规程，增加交易透明度，维护二手车交易双方的合法权益，依据《二手车流通管理办法》，制定本规范。

第二条 在中华人民共和国境内从事二手车交易及相关的活动适用于本规范。

第三条 二手车交易应遵循诚实、守信、公平、公开的原则，严禁欺行霸市、强买强卖、弄虚作假、恶意串通、敲诈勒索等违法行为。

第四条 二手车交易市场经营者和二手车经营主体应在各自的经营范围内从事经营活动，不得超范围经营。

第五条 二手车交易市场经营者和二手车经营主体应按下列项目确认卖方的身份及车辆的合法性：

（一）卖方身份证明或者机构代码证书原件合法有效。

（二）车辆号牌、机动车登记证书、机动车行驶证、机动车安全技术检验合格标志真实、合法、有效。

（三）交易车辆不属于《二手车流通管理办法》第二十三条规定禁止交易的车辆。

第六条 二手车交易市场经营者和二手车经营主体应核实卖方的所有权或处置权证明。车辆所有权或处置权证明应符合下列条件：

（一）机动车登记证书、行驶证与卖方身份证明名称一致；国家机关、国有企事业单位出售的车辆，应附有资产处理证明。

（二）委托出售的车辆，卖方应提供车主授权委托书和身份证明。

（三）二手车经销企业销售的车辆，应具有车辆收购合同等能够证明经销企业拥有该车所有权或处置权的相关材料，以及原车主身份证明复印件。原车主名称应与机动车登记证、行驶证名称一致。

第七条 二手车交易应当签订合同，明确相应的责任和义务。交易合同包括：收购合同、销售合同、买卖合同、委托购买合同、委托出售合同、委托拍卖合同等。

第八条 交易完成后，买卖双方应当按照国家有关规定，持下列法定证明、凭证向公安机关交通管理部门申办车辆转移登记手续：

（一）买方及其代理人的身份证明。

（二）机动车登记证书。

（三）机动车行驶证。

（四）二手车交易市场、经销企业、拍卖公司按规定开具的二手车销售统一发票。

（五）属于解除海关监管的车辆，应提供《中华人民共和国海关监管车辆解除监管证明书》。

车辆转移登记手续应在国家有关政策法规所规定的时间内办理完毕，并在交易合同中予以明确。

完成车辆转移登记后，买方应按国家有关规定，持新的机动车登记证书和机动车行驶证到有关部门办理车辆购置税、养路费变更手续。

第九条 二手车应在车辆注册登记所在地交易。二手车转移登记手续应按照公安部门有关规定在原车辆注册登记所在地公安机关交通管理部门办理。需要进行异地转移登记的，由车辆原属地公安机关交通管理部门办理车辆转出手续，在接收地公安机关交通管理部门办理车辆转入手续。

第十条 二手车交易市场经营者和二手车经营主体应根据客户要求提供相关服务，在收取服务费、佣金时应开具发票。

第十一条 二手车交易市场经营者、经销企业、拍卖公司应建立交易档案，交易档案主要包括以下内容：

（一）本规范第五条第二款规定的法定证明、凭证复印件。

（二）购车原始发票或者最近一次交易发票复印件。

（三）买卖双方身份证明或者机构代码证书复印件。

（四）委托人及授权代理人身份证或者机构代码证书以及授权委托书复印件。

（五）交易合同原件。

（六）二手车经销企业的《车辆信息表》（见附件一），二手车拍卖公司的《拍卖车辆信息》（见附件二）和《二手车拍卖成交确认书》（见附件三）。

（七）其他需要存档的有关资料。

交易档案保留期限不少于3年。

第十二条 二手车交易市场经营者、二手车经营主体发现非法车辆、伪造证照和车牌等违法行为，以及擅自更改发动机号、车辆识别代号（车架号码）和调整里程表等情况，应及时向有关执法部门举报，并有责任配合调查。

第二章 收购和销售

第十三条 二手车经销企业在收购车辆时，应按下列要求进行：

（一）按本规范第五条和第六条所列项目核实卖方身份以及交易车辆的所有权或处置权，并查验车辆的合法性。

（二）与卖方商定收购价格，如对车辆技术状况及价格存有异议，经双方商定可委托二手车鉴定评估机构对车辆技术状况及价值进行鉴定评估。达成车辆收购意向的，签订收购合同，收购合同中应明确收购方享有车辆的处置权。

（三）按收购合同向卖方支付车款。

第十四条 二手车经销企业将二手车销售给买方之前，应对车辆进行检测和整备。

二手车经销企业应对进入销售展示区的车辆按《车辆信息表》的要求填写有关信息，在显要位置予以明示，并可根据需要增加《车辆信息表》的有关内容。

第十五条 达成车辆销售意向的，二手车经销企业应与买方签订销售合同，并将《车辆信息表》作为合同附件。按合同约定收取车款时，应向买方开具税务机关监制的统一发票，并如实填写成交价格。

买方持本规范第八条规定的法定证明、凭证到公安机关交通管理部门办理转移登记手续。

第十六条 二手车经销企业向最终用户销售使用年限在3年以内或行驶里程在6万公里以内的车辆（以先到者为准，营运车除外），应向用户提供不少于3个月或5000公里（以先到者为准）的质量保证。质量保证范围为发动机系统、转向系统、传动系统、制动系统、悬架系统等。

第十七条 二手车经销企业向最终用户提供售后服务时，应向其提供售后服务清单。

第十八条 二手车经销企业在提供售后服务的过程中，不得擅自增加未经客户同意的服务项目。

第十九条 二手车经销企业应建立售后服务技术档案。售后服务技术档案包括以下内容：

（一）车辆基本资料。主要包括车辆品牌型号、车牌号码、发动机号、车架号、出厂日期、使用性质、最近一次转移登记日期、销售时间、地点等。

（二）客户基本资料。主要包括客户名称（姓名）、地址、职业、联系方式等。

（三）维修保养记录。主要包括维修保养的时间、里程、项目等。

售后服务技术档案保存时间不少于3年。

第三章 经　　纪

第二十条 购买或出售二手车可以委托二手车经纪机构办理。委托二手车经纪机构购买二手车时，应按《二手车流通管理办法》第二十一条规定进行。

第二十一条 二手车经纪机构应严格按照委托购买合同向买方交付车辆、随车文件及本规范第五条第二款规定的法定证明、凭证。

第二十二条 经纪机构接受委托出售二手车，应按以下要求进行：

（一）及时向委托人通报市场信息。

（二）与委托人签订委托出售合同。

（三）按合同约定展示委托车辆，并妥善保管，不得挪作他用。

（四）不得擅自降价或加价出售委托车辆。

第二十三条 签订委托出售合同后，委托出售方应当按照合同约定向二手车经纪机构交付车辆、随车文件及本规范第五条第二款规定的法定证明、凭证。

车款、佣金给付按委托出售合同约定办理。

第二十四条 通过二手车经纪机构买卖的二手车，应由二手车交易市场经营者开具国家税务机关监制的统一发票。

第二十五条 进驻二手车交易市场的二手车经纪机构应与交易市场管理者签订相应的管理协议，服从二手车交易市场经营者的统一管理。

第二十六条 二手车经纪人不得以个人名义从事二手车经纪活动。

二手车经纪机构不得以任何方式从事二手车的收购、销售活动。

第二十七条 二手车经纪机构不得采取非法手段促成交易，以及向委托人索取合同约定佣金以外的费用。

第四章　拍　卖

第二十八条 从事二手车拍卖及相关中介服务活动，应按照《拍卖法》及《拍卖管理办法》的有关规定进行。

第二十九条 委托拍卖时，委托人应提供身份证明、车辆所有权或处置权证明及其他相关材料。拍卖人接受委托的，应与委托人签订委托拍卖合同。

第三十条 委托人应提供车辆真实的技术状况，拍卖人应如实填写《拍卖车辆信息》。

如对车辆的技术状况存有异议，拍卖委托双方经商定可委托二手车鉴定评估机构对车辆进行鉴定评估。

第三十一条 拍卖人应于拍卖日 7 日前发布公告。拍卖公告应通过报纸或者其他新闻媒体发布，并载明下列事项：

（一）拍卖的时间、地点。

（二）拍卖的车型及数量。

（三）车辆的展示时间、地点。

（四）参加拍卖会办理竞买的手续。

（五）需要公告的其他事项。

拍卖人应在拍卖前展示拍卖车辆，并在车辆显著位置张贴《拍卖车辆信息》。车辆的展示时间不得少于 2 天。

第三十二条 进行网上拍卖，应在网上公布车辆的彩色照片和《拍卖车辆信息》，公布时间不得少于 7 天。

网上拍卖是指二手车拍卖公司利用互联网发布拍卖信息，公布拍卖车辆技术参数和直观图片，通过网上竞价，网下交接，将二手车转让给超过保留价的最高应价者的经营活动。

网上拍卖过程及手续应与现场拍卖相同。网上拍卖组织者应根据《拍卖法》及《拍卖管理办法》有关条款制定网上拍卖规则，竞买人则需要办理网上拍卖竞买手续。

任何个人及未取得二手车拍卖人资质的企业不得开展二手车网上拍卖活动。

第三十三条 拍卖成交后，买受人和拍卖人应签署《二手车拍卖成交确认书》。

第三十四条 委托人、买受人可与拍卖人约定佣金比例。

委托人、买受人与拍卖人对拍卖佣金比例未作约定的，依据《拍卖法》及《拍卖管理办法》有关规定收取佣金。

拍卖未成交的，拍卖人可按委托拍卖合同的约定向委托人收取服务费用。

第三十五条 拍卖人应在拍卖成交且买受人支付车辆全款后，将车辆、随车文件及本规范第五条第二款规定的法定证明、凭证交付给买受人，并向买受人开具二手车销售统一发票，如实填写拍卖成交价格。

第五章 直 接 交 易

第三十六条 二手车直接交易方为自然人的，应具有完全民事行为能力。无民事行为能力的，应由其法定代理人代为办理，法定代理人应提供相关证明。

二手车直接交易委托代理人办理的，应签订具有法律效力的授权委托书。

第三十七条 二手车直接交易双方或其代理人均应向二手车交易市场经营者提供其合法身份证明，并将车辆及本规范第五条第二款规定的法定证明、凭证送交二手车交易市场经营者进行合法性验证。

第三十八条 二手车直接交易双方应签订买卖合同，如实填写有关内容，并承担相应的法律责任。

第三十九条 二手车直接交易的买方按照合同支付车款后，卖方应按合同约定及时将车辆及本规范第五条第二款规定的法定证明、凭证交付买方。

车辆法定证明、凭证齐全合法，并完成交易的，二手车交易市场经营者应当按照国家有关规定开具二手车销售统一发票，并如实填写成交价格。

第六章 交易市场的服务与管理

第四十条 二手车交易市场经营者应具有必要的配套服务设施和场地，设立车辆展示交易区、交易手续办理区及客户休息区，做到标识明显，环境整洁卫生。交易手续办理区应设立接待窗口，明示各窗口业务受理范围。

第四十一条 二手车交易市场经营者在交易市场内应设立醒目的公告牌，明示交易服务程序、收费项目及标准、客户查询和监督电话号码等内容。

第四十二条 二手车交易市场经营者应制定市场管理规则，对场内的交易活动负有监督、规范和管理责任，保证良好的市场环境和交易秩序。由于管理不当给消费者造成损失的，应承担相应的责任。

第四十三条 二手车交易市场经营者应及时受理并妥善处理客户投诉，协助客户挽回经济损失，保护消费者权益。

第四十四条 二手车交易市场经营者在履行其服务、管理职能的同时，可依法收取交易服务和物业等费用。

第四十五条 二手车交易市场经营者应建立严格的内部管理制度，牢固树立为客户服务、为驻场企业服务的意识，加强对所属人员的管理，提高人员素质。二手车交易市场服务、管理人员须经培训合格后上岗。

<h3 style="text-align:center">第七章 附 则</h3>

第四十六条 本规范自发布之日起实施。

附录 D 机动车强制报废标准规定

商务部令 2012 年第 12 号

《机动车强制报废标准规定》已经 2012 年 8 月 24 日商务部第 68 次部务会议审议通过，并经发展改革委、公安部、环境保护部同意，现予发布，自 2013 年 5 月 1 日起施行。《关于发布〈汽车报废标准〉的通知》（国经贸经〔1997〕456 号）、《关于调整轻型载货汽车报废标准的通知》（国经贸经〔1998〕407 号）、《关于调整汽车报废标准若干规定的通知》（国经贸资源〔2000〕1202 号）、《关于印发〈农用运输车报废标准〉的通知》（国经贸资源〔2001〕234 号）、《摩托车报废标准暂行规定》（国家经贸委、发展计划委、公安部、环保总局令〔2002〕第 33 号）同时废止。

<h4 style="text-align:center">机动车强制报废标准规定</h4>

第一条 为保障道路交通安全、鼓励技术进步、加快建设资源节约型、环境友好型社会，根据《中华人民共和国道路交通安全法》及其实施条例、《中华人民共和国大气污染防治法》、《中华人民共和国噪声污染防治法》，制定本规定。

第二条 根据机动车使用和安全技术、排放检验状况，国家对达到报废标准的机动车实施强制报废。

第三条 商务、公安、环境保护、发展改革等部门依据各自职责，负责报废机动车回收拆解监督管理、机动车强制报废标准执行有关工作。

第四条 已注册机动车有下列情形之一的应当强制报废，其所有人应当将机动车交售给报废机动车回收拆解企业，由报废机动车回收拆解企业按规定进行登记、拆解、销毁等处理，并将报废机动车登记证书、号牌、行驶证交公安机关交通管理部门注销：

（一）达到本规定第五条规定使用年限的。

（二）经修理和调整仍不符合机动车安全技术国家标准对在用车有关要求的。

（三）经修理和调整或者采用控制技术后，向大气排放污染物或者噪声仍不符合国家标准对在用车有关要求的。

（四）在检验有效期届满后连续 3 个机动车检验周期内未取得机动车检验合格标志的。

第五条 各类机动车使用年限分别如下：

（一）小、微型出租客运汽车使用 8 年，中型出租客运汽车使用 10 年，大型出租客运汽车使用 12 年。

（二）租赁载客汽车使用 15 年。

（三）小型教练载客汽车使用 10 年，中型教练载客汽车使用 12 年，大型教练载客汽车使用 15 年。

（四）公交客运汽车使用 13 年。

（五）其他小、微型营运载客汽车使用10年，大、中型营运载客汽车使用15年。

（六）专用校车使用15年。

（七）大、中型非营运载客汽车（大型轿车除外）使用20年。

（八）三轮汽车、装用单缸发动机的低速货车使用9年，装用多缸发动机的低速货车以及微型载货汽车使用12年，危险品运输载货汽车使用10年，其他载货汽车（包括半挂牵引车和全挂牵引车）使用15年。

（九）有载货功能的专项作业车使用15年，无载货功能的专项作业车使用30年。

（十）全挂车、危险品运输半挂车使用10年，集装箱半挂车20年，其他半挂车使用15年。

（十一）正三轮摩托车使用12年，其他摩托车使用13年。

对小、微型出租客运汽车（纯电动汽车除外）和摩托车，省、自治区、直辖市人民政府有关部门可结合本地实际情况，制定严于上述使用年限的规定，但小、微型出租客运汽车不得低于6年，正三轮摩托车不得低于10年，其他摩托车不得低于11年。

小、微型非营运载客汽车、大型非营运轿车、轮式专用机械车无使用年限限制。

机动车使用年限起始日期按照注册登记日期计算，但自出厂之日起超过2年未办理注册登记手续的，按照出厂日期计算。

第六条 变更使用性质或者转移登记的机动车应当按照下列有关要求确定使用年限和报废：

（一）营运载客汽车与非营运载客汽车相互转换的，按照营运载客汽车的规定报废，但小、微型非营运载客汽车和大型非营运轿车转为营运载客汽车的，应按照本规定附件1所列公式核算累计使用年限，且不得超过15年。

（二）不同类型的营运载客汽车相互转换，按照使用年限较严的规定报废。

（三）小、微型出租客运汽车和摩托车需要转出登记所属地省、自治区、直辖市范围的，按照使用年限较严的规定报废。

（四）危险品运输载货汽车、半挂车与其他载货汽车、半挂车相互转换的，按照危险品运输载货车、半挂车的规定报废。

距本规定要求使用年限1年以内（含1年）的机动车，不得变更使用性质、转移所有权或者转出登记地所属地市级行政区域。

第七条 国家对达到一定行驶里程的机动车引导报废。

达到下列行驶里程的机动车，其所有人可以将机动车交售给报废机动车回收拆解企业，由报废机动车回收拆解企业按规定进行登记、拆解、销毁等处理，并将报废的机动车登记证书、号牌、行驶证交公安机关交通管理部门注销：

（一）小、微型出租客运汽车行驶60万千米，中型出租客运汽车行驶50万千米，大型出租客运汽车行驶60万千米。

（二）租赁载客汽车行驶60万千米。

（三）小型和中型教练载客汽车行驶50万千米，大型教练载客汽车行驶60万千米。

（四）公交客运汽车行驶40万千米。

（五）其他小、微型营运载客汽车行驶 60 万千米，中型营运载客汽车行驶 50 万千米，大型营运载客汽车行驶 80 万千米。

（六）专用校车行驶 40 万千米。

（七）小、微型非营运载客汽车和大型非营运轿车行驶 60 万千米，中型非营运载客汽车行驶 50 万千米，大型非营运载客汽车行驶 60 万千米。

（八）微型载货汽车行驶 50 万千米，中、轻型载货汽车行驶 60 万千米，重型载货汽车（包括半挂牵引车和全挂牵引车）行驶 70 万千米，危险品运输载货汽车行驶 40 万千米，装用多缸发动机的低速货车行驶 30 万千米。

（九）专项作业车、轮式专用机械车行驶 50 万千米。

（十）正三轮摩托车行驶 10 万千米，其他摩托车行驶 12 万千米。

第八条 本规定所称机动车是指上道路行驶的汽车、挂车、摩托车和轮式专用机械车；非营运载客汽车是指个人或者单位不以获取利润为目的的自用载客汽车；危险品运输载货汽车是指专门用于运输剧毒化学品、爆炸品、放射性物品、腐蚀性物品等危险品的车辆；变更使用性质是指使用性质由营运转为非营运或者由非营运转为营运，小、微型出租、租赁、教练等不同类型的营运载客汽车之间的相互转换，以及危险品运输载货汽车转为其他载货汽车。本规定所称检验周期是指《中华人民共和国道路交通安全法实施条例》规定的机动车安全技术检验周期。

第九条 省、自治区、直辖市人民政府有关部门依据本规定第五条制定的小、微型出租客运汽车或者摩托车使用年限标准，应当及时向社会公布，并报国务院商务、公安、环境保护等部门备案。

第十条 上道路行驶拖拉机的报废标准规定另行制定。

第十一条 本规定自 2013 年 5 月 1 日起施行。2013 年 5 月 1 日前已达到本规定所列报废标准的，应当在 2014 年 4 月 30 日前予以报废。《关于发布〈汽车报废标准〉的通知》（国经贸经〔1997〕456 号）、《关于调整轻型载货汽车报废标准的通知》（国经贸经〔1998〕407 号）、《关于调整汽车报废标准若干规定的通知》（国经贸资源〔2000〕1202 号）、《关于印发〈农用运输车报废标准〉的通知》（国经贸资源〔2001〕234 号）、《摩托车报废标准暂行规定》（国家经贸委、发展计划委、公安部、环保总局令〔2002〕第 33 号）同时废止。

附录 E 车辆购置税征收管理办法

国家税务总局令第 33 号

《车辆购置税征收管理办法》已经 2014 年 11 月 25 日国家税务总局第 3 次局务会议审议通过，现予公布，自 2015 年 2 月 1 日起施行。

第一条 根据《中华人民共和国税收征收管理法》（以下简称税收征管法）、《中华人民共和国税收征收管理法实施细则》《中华人民共和国车辆购置税暂行条例》（以下简称车辆购置税条例）及有关法律法规规定，制定本办法。

第二条 车辆购置税的征税、免税、减税范围按照车辆购置税条例的规定执行。

第三条 纳税人应到下列地点办理车辆购置税纳税申报：

（一）需要办理车辆登记注册手续的纳税人，向车辆登记注册地的主管税务机关办理纳税申报。

（二）不需要办理车辆登记注册手续的纳税人，向纳税人所在地的主管税务机关办理纳税申报。

第四条 车辆购置税实行一车一申报制度。

第五条 纳税人购买自用应税车辆的，应自购买之日起60日内申报纳税；进口自用应税车辆的，应自进口之日起60日内申报纳税；自产、受赠、获奖或者以其他方式取得并自用应税车辆的，应自取得之日起60日内申报纳税。

第六条 免税车辆因转让、改变用途等原因，其免税条件消失的，纳税人应在免税条件消失之日起60日内到主管税务机关重新申报纳税。

免税车辆发生转让，但仍属于免税范围的，受让方应当自购买或取得车辆之日起60日内到主管税务机关重新申报免税。

第七条 纳税人办理纳税申报时应如实填写《车辆购置税纳税申报表》（以下简称纳税申报表），同时提供以下资料：

（一）纳税人身份证明。

（二）车辆价格证明。

（三）车辆合格证明。

（四）税务机关要求提供的其他资料。

第八条 免税条件消失的车辆，纳税人在办理纳税申报时，应如实填写纳税申报表，同时提供以下资料：

（一）发生二手车交易行为的，提供纳税人身份证明、《二手车销售统一发票》和《车辆购置税完税证明》（以下简称完税证明）正本原件。

（二）未发生二手车交易行为的，提供纳税人身份证明、完税证明正本原件及有效证明资料。

第九条 车辆购置税计税价格按照以下情形确定：

（一）纳税人购买自用的应税车辆，计税价格为纳税人购买应税车辆而支付给销售者的全部价款和价外费用，不包含增值税税款。

（二）纳税人进口自用的应税车辆：

计税价格＝关税完税价格＋关税＋消费税

（三）纳税人购买自用或者进口自用应税车辆，申报的计税价格低于同类型应税车辆的最低计税价格，又无正当理由的，计税价格为国家税务总局核定的最低计税价格。

（四）纳税人自产、受赠、获奖或者以其他方式取得并自用的应税车辆的计税价格，主管税务机关参照国家税务总局规定的最低计税价格核定。

（五）国家税务总局未核定最低计税价格的车辆，计税价格为纳税人提供的有效价格证明注明的价格。有效价格证明注明的价格明显偏低的，主管税务机关有权核定应税车辆的计税价格。

（六）进口旧车、因不可抗力因素导致受损的车辆、库存超过 3 年的车辆、行驶 8 万公里以上的试验车辆、国家税务总局规定的其他车辆，计税价格为纳税人提供的有效价格证明注明的价格。纳税人无法提供车辆有效价格证明的，主管税务机关有权核定应税车辆的计税价格。

（七）免税条件消失的车辆，自初次办理纳税申报之日起，使用年限未满 10 年的，计税价格以免税车辆初次办理纳税申报时确定的计税价格为基准，每满 1 年扣减 10%；未满 1 年的，计税价格为免税车辆的原计税价格；使用年限 10 年（含）以上的，计税价格为 0。

第十条 价外费用是指销售方价外向购买方收取的基金、集资费、违约金（延期付款利息）和手续费、包装费、储存费、优质费、运输装卸费、保管费以及其他各种性质的价外收费，但不包括销售方代办保险等而向购买方收取的保险费，以及向购买方收取的代购买方缴纳的车辆购置税、车辆牌照费。

第十一条 最低计税价格是指国家税务总局依据机动车生产企业或者经销商提供的车辆价格信息，参照市场平均交易价格核定的车辆购置税计税价格。

车辆购置税最低计税价格管理办法由国家税务总局另行制定。

第十二条 纳税人购买自用或者进口自用的应税车辆，申报的计税价格低于同类型应税车辆的最低计税价格，又无正当理由的，是指除本办法第九条第（六）项规定车辆之外的情形。

第十三条 主管税务机关应对纳税申报资料进行审核，确定计税价格，征收税款，核发完税证明。

第十四条 主管税务机关对已经办理纳税申报车辆的征管资料及电子信息按规定保存。

第十五条 已缴纳车辆购置税的车辆，发生下列情形之一的，准予纳税人申请退税：

（一）车辆退回生产企业或者经销商的。

（二）符合免税条件的设有固定装置的非运输车辆但已征税的。

（三）其他依据法律法规规定应予退税的情形。

第十六条 纳税人申请退税时，应如实填写《车辆购置税退税申请表》（以下简称退税申请表），由本人、单位授权人员到主管税务机关办理退税手续，按下列情况分别提供资料：

（一）车辆退回生产企业或者经销商的，提供生产企业或经销商开具的退车证明和退车发票。

未办理车辆登记注册的，提供原完税凭证、完税证明正本和副本；已办理车辆登记注册的，提供原完税凭证、完税证明正本、公安机关车辆管理机构出具的机动车注销证明。

（二）符合免税条件的设有固定装置的非运输车辆但已征税的，未办理车辆登记注册的，提供原完税凭证、完税证明正本和副本；已办理车辆登记注册的，提供原完税凭证、完税证明正本。

（三）其他依据法律法规规定应予退税的情形，未办理车辆登记注册的，提供原完税凭证、完税证明正本和副本；已办理车辆登记注册的，提供原完税凭证、完税证明正本、公安机关车辆管理机构出具的机动车注销证明或者税务机关要求的其他资料。

第十七条　车辆退回生产企业或者经销商的，纳税人申请退税时，主管税务机关自纳税人办理纳税申报之日起，按已缴纳税款每满 1 年扣减 10% 计算退税额；未满 1 年的，按已缴纳税款全额退税。

其他退税情形，纳税人申请退税时，主管税务机关依据有关规定计算退税额。

第十八条　纳税人在办理车辆购置税免（减）税手续时，应如实填写纳税申报表和《车辆购置税免（减）税申报表》（以下简称免税申报表），除按本办法第七条规定提供资料外，还应根据不同情况，分别提供下列资料：

（一）外国驻华使馆、领事馆和国际组织驻华机构及其外交人员自用的车辆，分别提供机构证明和外交部门出具的身份证明。

（二）中国人民解放军和中国人民武装警察部队列入军队武器装备订货计划的车辆，提供订货计划的证明。

（三）设有固定装置的非运输车辆，提供车辆内、外观彩色 5 寸照片。

（四）其他车辆，提供国务院或者国务院授权的主管部门的批准文件。

第十九条　车辆购置税条例第九条"设有固定装置的非运输车辆"，是指列入国家税务总局下发的《设有固定装置非运输车辆免税图册》（以下简称免税图册）的车辆。

第二十条　纳税人在办理设有固定装置的非运输车辆免税申报时，主管税务机关应当依据免税图册对车辆固定装置进行核实无误后，办理免税手续。

第二十一条　需要列入免税图册的车辆，机动车生产企业或者纳税人按照规定填写《设有固定装置非运输车辆信息表》（以下简称车辆信息表）向主管税务机关报送车辆有关资料及信息，国家税务总局定期审核下发免税图册。

车辆购置税免税图册管理办法由国家税务总局另行制定。

第二十二条　主管税务机关要加强完税证明管理，不得交由税务机关以外的单位核发。主管税务机关在税款足额入库后发放完税证明。

完税证明不得转借、涂改、买卖或者伪造。

第二十三条　完税证明分正本和副本，按车核发，每车一证。正本由车主保管，副本用于办理车辆登记注册。

税务机关积极推行与车辆登记管理部门共享车辆购置税完税情况电子信息。

第二十四条　购买二手车时，购买者应当向原车主索要完税证明。

第二十五条　完税证明发生损毁丢失的，车主在补办完税证明时，填写《车辆购置税完税证明补办表》（以下简称补办表），分别按照以下情形予以补办：

（一）车辆登记注册前完税证明发生损毁丢失的，主管税务机关应依据纳税人提供的车辆购置税完税凭证联次或者主管税务机关车辆购置税完税凭证留存联次或者其电子信息、车辆合格证明补办。

（二）车辆登记注册后完税证明发生损毁丢失的，主管税务机关应依据车主提供的《机动车行驶证》或者《机动车登记证书》，核发完税证明正本（副本留存）。

第二十六条　完税证明内容与原申报资料不一致时，纳税人可以到发证税务机关办理完税证明的更正。

第二十七条　完税证明的样式、规格、编号由国家税务总局统一规定并印制。

第二十八条　主管税务机关应加强税源管理。发现纳税人不按规定进行纳税申报，造成不缴或者少缴应纳税款的，按税收征管法有关规定处理。

第二十九条　本办法涉及的纳税申报表、补办表、退税申请表、免税申报表、车辆信息表的样式、规格由国家税务总局统一规定，另行下发。各省、自治区、直辖市和计划单列市国家税务局自行印制使用，纳税人也可在主管税务机关网站自行下载填写使用。

第三十条　本办法自2015年2月1日起实施。《车辆购置税征收管理办法》（国家税务总局令第15号）、《国家税务总局关于修改〈车辆购置税征收管理办法〉的决定》（国家税务总局令第27号）同时废止。

附录F　中华人民共和国车船税暂行条例

中华人民共和国国务院令第482

《中华人民共和国车船税暂行条例》已经2006年12月27日国务院第162次常务会议通过，现予公布，自2007年1月1日起施行。

总　理　温家宝

二〇〇六年十二月二十九日

第一条　在中华人民共和国境内，车辆、船舶（以下简称车船）的所有人或者管理人为车船税的纳税人，应当依照本条例的规定缴纳车船税。

本条例所称车船，是指依法应当在车船管理部门登记的车船。

第二条　车船的适用税额，依照本条例所附的《车船税税目税额表》执行。

国务院财政部门、税务主管部门可以根据实际情况，在《车船税税目税额表》规定的税目范围和税额幅度内，划分子税目，并明确车辆的子税目税额幅度和船舶的具体适用税额。车辆的具体适用税额由省、自治区、直辖市人民政府在规定的子税目税额幅度内确定。

第三条　下列车船免征车船税：

（一）非机动车船（不包括非机动驳船）。

（二）拖拉机。

（三）捕捞、养殖渔船。

（四）军队、武警专用的车船。

（五）警用车船。

（六）按照有关规定已经缴纳船舶吨税的船舶。

（七）依照我国有关法律和我国缔结或者参加的国际条约的规定应当予以免税的外国驻华使馆、领事馆和国际组织驻华机构及其有关人员的车船。

第四条　省、自治区、直辖市人民政府可以根据当地实际情况，对城市、农村公共交通车船给予定期减税、免税。

第五条　车船税由地方税务机关负责征收。

第六条 车船税的纳税地点,由省、自治区、直辖市人民政府根据当地实际情况确定。跨省、自治区、直辖市使用的车船,纳税地点为车船的登记地。

第七条 车船税的纳税义务发生时间,为车船管理部门核发的车船登记证书或者行驶证书所记载日期的当月。

第八条 车船税按年申报缴纳。具体申报纳税期限由省、自治区、直辖市人民政府确定。

第九条 车船的所有人或者管理人未缴纳车船税的,使用人应当代为缴纳车船税。

第十条 从事机动车交通事故责任强制保险业务的保险机构为机动车车船税的扣缴义务人,应当依法代收代缴车船税。

税务机关付给扣缴义务人代收代缴手续费的标准由国务院财政部门、税务主管部门制定。

第十一条 机动车车船税的扣缴义务人依法代收代缴车船税时,纳税人不得拒绝。

第十二条 各级车船管理部门应当在提供车船管理信息等方面,协助地方税务机关加强对车船税的征收管理。

第十三条 车船税的征收管理,依照《中华人民共和国税收征收管理法》及本条例的规定执行。

第十四条 本条例自2007年1月1日起施行。1951年9月13日原政务院发布的《车船使用牌照税暂行条例》和1986年9月15日国务院发布的《中华人民共和国车船使用税暂行条例》同时废止。

附:车船税税目税额表

税目	计税单位	每年税额	备注
载客汽车	每辆	60元至660元	包括电车
载货汽车	按自重每吨	16元至120元	包括半挂牵引车、挂车
三轮汽车低速货车	按自重每吨	24元至120元	
摩托车	每辆	36元至180元	
船舶	按净吨位每吨	3元至6元	拖船和非机动驳船分别按船舶税额的50%计算

注:专项作业车、轮式专用机械车的计税单位及每年税额由国务院财政部门、税务主管部门参照本表确定。

附录G 轿车类事故车修复工时费、拆检工时费和做漆工时费

附表1~附表3为某市的实例,由于地域不同,各地有一定差异。

附表1 轿车类事故车修复工时费

| 序号 | 项目 | | 微型轿车 | | | 普通型轿车 | | | 中级轿车 | | | | | | 中高级轿车 | | | 高级轿车 | | | 备注 |
| | | | | | | | | | 普通类 | | | 豪华类 | | | | | | | | | |
			轻微	一般	较重	轻微	一般	较重	轻微	一般	较重	轻微	一般	较重	轻微	一般	较重	轻微	一般	较重	
1	前保险杠	根	20	30	50	40	80	120	60	100	140	120	200	280	120	240	360	220	600	900	
2	保险杠骨架	根	20	40	60	30	ω	70	30	50	60	50	120	180	120	240	360	180	240	480	
3	保险杠支架	只	10	20	30	10	20	30	10	20	30	20	40	60	20	40	60	40	80	120	
4	前面罩	只	10	20	30	10	20	30	10	20	30	30	60	120	60	150	300	120	240	360	
5	散热器框架	只	20	40	60	40	120	180	40	120	180	80	160	300	120	280	420	180	360	600	
6	前横梁	根	20	40	60	40	120	180	40	120	180	120	240	360	120	280	420	180	360	480	
7	发动机盖	只	20	40	60	40	80	120	40	80	120	60	240	360	120	360	540	240	720	960	
8	前翼子板	块	15	20	30	15	40	80	20	40	80	40	80	120	40	120	240	120	240	480	
9	前轮廓	个	30	80	160	50	80	180	50	120	240	100	240	320	180	320	480	240	480	960	
10	前纵梁	根	30	50	100	50	80	180	50	120	240	100	240	320	180	320	480	240	480	960	
11	前围	个	40	80	160	50	80	180	50	120	240	100	240	320	180	320	480	240	480	960	
12	前风窗玻璃框	只	50	80	140	80	160	240	100	300	400	120	350	480	240	450	600	300	600	800	
13	风窗玻璃下围板	个	20	60	100	30	60	160	50	100	220	50	100	220	200	400	600	300	600	900	
14	仪表台框架	台	30	60	90	40	70	100				50	80	120	50	80	120	80	120	200	
15	前立柱	根	60	160	200	100	180	280				200	400	600	300	600	750	400	800	1000	
16	中立柱	根	40	100	140	80	160	260				120	200	280	200	350	500	300	400	600	
17	后立柱	根	30	80	120	80	160	260				120	180	240	200	350	500	300	400	600	
18	车门	扇	40	80	120	40	120	240				80	200	400	100	300	600	120	300	500	
19	车门窗框	扇	50	100	150	100	200	300				100	200	300	150	300	450	150	300	450	
20	车门槛梁	根	30	60	80	30	60	120				40	120	180	80	180	240	200	300	450	
21	后纵梁	根	30	50	100	30	60	120	50	120	240	100	240	320	180	320	480	240	480	960	
22	车顶	个	50	100	180	60	120	240				100	240	320	100	320	480	200	400	800	天窗加30%
23	车顶梁	根	10	20	30	10	20	30	10	20	30	20	40	60	20	40	60	40	80	120	
24	车身底梁	根										200	400	600	300	600	900	300	600	900	
25	转向机固定支架	只	10	20	30	10	20	30	10	20	30	20	30	40	40	60	80	60	80	120	
26	后翼子板	块	30	60	120	40	80	140	50	120	140	120	240	450	200	400	600	200	600	900	
27	后翼子板轮廓	个	30	80	160	50	80	180	50	120	240	100	240	320	180	320	480	240	480	960	
28	刮水器下围板	个	20	40	60	40	80	160	50	100	240	100	240	320	100	240	320	120	240	320	
29	后座椅靠背挡板	个	10	20	30	10	20	30	10	20	30	20	40	60	20	40	60	40	80	120	
30	排气管消声器	只	10	20	30	10	30	60	30	60	120	30	60	120	30	60	120	50	80	160	
31	座椅骨架	个	20	30	60	30	60	120	30	60	120	60	120	240	80	150	260	80	150	260	
32	后行李箱底板	个	30	80	120	30	120	160	30	120	lω	60	160	240	60	160	240	120	240	360	

(续)

序号	项目		微型轿车			普通型轿车			中级轿车						中高级轿车			高级轿车			备注
									普通类			豪华类									
			轻微	一般	较重	轻微	一般	较重	轻微	一般	较重	轻微	一般	较重	轻微	一般	较重	轻微	一般	较重	
33	后三角窗框架	个	20	30	40	20	40	60	20	40	60	40	60	120	60	120	240	60	120	240	注（I）
34	后悬架臂架	个	30	40	50	30	40	50	40	50	60	50	60	80	60	80	100	100	150	200	
35	外侧梁	根	30	40	50	30	40	50	50	60	80	60	80	100	80	100	120	120	180	240	
36	行李箱盖	个	20	80	140	60	120	160	60	120	180	120	180	320	180	240	480	240	320	640	
37	行李箱后围板	个	60	100	160	60	120	240	60	120	240	100	240	300	100	240	300	200	300	500	
38	后保险杠	根	20	30	50	40	80	120	60	100	140	120	300	450	120	300	450	220	600	900	
39	车身底板	块	30	60	180	60	120	300	60	160	360	160	240	400	160	320	480	200	400	600	
40	后横梁	根				40	120	180	60	180	240	180	280	380	180	360	520	240	480	963	
41	尾门（二厢）	扇	20	80	140	60	160	280				120	320	560	240	480	760	240	760	1000	
42	天窗	个							200	400	600	400	600	1000	400	800	1200				
43	副梁	根	20	30	40	40	160	240				120	240	360	120	280	420	180	360	480	

注：玻璃安装采用粘接工艺时，按同事故级别的豪华类结算。

附表2 事故车拆检工时费标准

序号	名称	轿车定额/元	客车定额/元	货车定额/元
1	全车拆检	992	1098	984
2	拆保险杠	16	18	16
3	拆散热器冷凝器	32	60	48
4	拆发动机	88	200	80
5	解体发动机	224	180	160
6	拆气缸盖	24	32	32
7	拆气门室盖	8	8	8
8	拆前桥	64	100	80
9	拆方向机总成	32	40	24
10	拆制动主缸	16	8	8
11	拆仪表台	96	80	56
12	拆组合仪表	64	72	32
13	拆门饰板	32	20	16
14	解体变速器	192	80	64
15	拆灯光线束	48	40	24
16	拆驾驶室			128
17	拆车厢			112
18	拆后桥	56	160	96

附表3 事故车做漆收费标准

车型分类	漆 种	基本车型	元/m²	漆料比重	工时费比例
微型	普漆	夏利、奥拓、长安、凯旋、昌河、飞虎、大发、松花江、云雀、英格尔	120	50%	50%
普通型	普漆	普桑、富康、依维柯、捷达	240	50%	50%
普通型	出租双色	普桑、富康、捷达	320	60%	40%
普通型	出租金属漆双色	普桑、桑2000、捷达、富康等	400	60%	40%
中级	单色普通烤漆	桑2000、切诺基、标致、奥迪100、红旗7200、时代超人	340	60%	40%
中高级	银粉、珠光烤漆	奥迪A6、奥迪V8、沃尔沃、本田、现代、丰田、蓝鸟、别克、帕萨特	440	60%	40%
高级	高级车金属烤漆	雷克萨斯、道奇、凯迪拉克、庞帝克、宝马、雪佛兰、奔驰	540	60%	40%
高级客车	高级烤漆	沃尔沃、凯斯鲍尔、北方大客C6120、奔驰亚星、金龙XMQ6120	单色：340 金属：440	60%	40%
其他	一般普漆	大货、普通大客、普通中巴	120	50%	50%

参 考 文 献

[1] 庞昌乐，上官文斌．二手车评估与交易实务［M］．北京：北京理工大学出版社，2010．
[2] 刘仲国．二手车交易与评估［M］．北京：机械工业出版社，2008．
[3] 明光星，厉承玉．二手车鉴定评估实用教程［M］．北京：机械工业出版社，2011．
[4] 毛矛，张鹏九．汽车评估实务［M］．北京：机械工业出版社，2008．
[5] 陈家瑞．汽车构造［M］．北京：人民交通出版社，2003．
[6] 明光星，等．二手车鉴定与评估［M］．北京：中国人民大学出版社，2010．
[7] 韩建宝．旧车鉴定与评估［M］．北京：高等教育出版社，2006．
[8] 吴兴敏，陈卫红．二手车鉴定与评估［M］．北京：人民邮电出版社，2010．
[9] 于鸿君．资产评估教程［M］．北京：机械工业出版社，2000．
[10] 张礼军．美国二手车市场模式研究［J］．上海汽车，2010（10）：54-59．